KB114965

임대사업자가 알아야 할
절세와 법률 지식의 모든 것!

임대사업
바이블

| 정진형 · 곽종규 지음 |

새로운제안

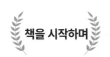

　주택이나 상가를 임대용으로 매입한 이후부터는 세금 이슈와 법률 이슈가 많이 발생한다. (예를 들어) 임대차 계약서는 어떻게 써야 하는지, 부가가치세는 어떻게 내야 하는지, 소득세 신고는 어떻게 해야 하는지, 임차인과 분쟁이 발생하면 어떻게 처리해야 하는지 등이 있다. 그런데 주변에 물어볼 만한 세무 전문가나 법률 전문가가 별로 없는 것이 현실이다. 결국 인터넷 검색 등을 하는데 하필 검색해서 본 정보가 잘못된 정보, 또는 제도가 바뀌기 전 정보인지 모르고 그대로 따랐다가 나중에 곤란한 상황에 직면하기도 한다.

　최근에 상담하다가 안타까운 고객을 만났다. 일시적 2주택자이므로 비과세 혜택을 받을 수 있었는데 새로운 주택을 취득한 지 3년이 넘는 바람에 받지 못하고 거액의 양도소득세(이하 '양도세')까지 부담한 것이다. 또 다른 고객은 지인에게서 잘못된 정보를 듣고 공시 가격 6억 원을 초과하는 대형 평수의 아파트를 장기일반민간임대주택으로 등록했다. 대형 평수의 6억 원을 초과하는 아파트는 등록해도 세제상 아무런 혜택이 없고 의무 임대 기간 내에 팔면 과태료를 내야 한다.

최근 몇 년 사이, 주택 임대사업자와 관련한 세금에 전반적으로 큰 변화가 있었다. 그런데 이러한 변화를 미처 파악하지 못하고 주택 임대사업을 하는 사람들이 있다. 개정된 세법을 숙지하고 있지 않으면 생각하지도 못한 거액의 세금을 부담할 수도 있다.

또한, 법률 관련해서도 예전과 다르게 임대사업자들의 관심이 높아졌다. 예전부터 발생하던 월세 연체, 보증금 반환 등과 관련한 분쟁이 최근에 부쩍 늘어났기 때문이다. 무엇보다도 개정된 주택임대차보호법에 나오는 임차인의 갱신 요구권 요건과 영향을 임대사업자들이 알 필요가 생겼다. 물론, 임차인과 분쟁이 생기면 임대차 분쟁조정위원회 등을 이용해서 해결하면 된다. 그렇다고 해도 임차인과의 분쟁뿐만 아니라 임대사업을 하면서 발생하는 문제와 관련한 법률 지식을 임대사업자가 알고 있어야 실제 현장에서 슬기롭게 대처할 수 있다. 임대사업자에게 필요한 법률 지식도 정리해 이 책에 담았다.

이 책에는 주택 또는 상가를 취득했을 때부터 임대하는 동안, 그리고 양도할 때까지 임대사업자라면 궁금해하는 절세 지식과 법률 지식을 담았다.

'Part 1. 임대사업자에게 필요한 절세 지식'은 크게 주택 임대사업을 다룬 1부와 상가 임대사업을 다룬 2부로 되어 있다.

1부에서는 주택 임대사업의 전 과정(취득, 임대, 처분)에서 발생할 수 있는 세금 이슈와 관련 절세 지식을 다뤘다. 1부 1장과 2장에서는 최근에 많이 개정된 장기일반민간임대주택과 단기민간임대주택 임대사업자의 세제 혜택과 변경사항에 대해 다뤘다. 최근에 개정된 취득세* 관련 이슈와 임대사업자들이 많이 궁금해하는 부동산 매입자금이 부족할 때 자금을 차용하는 방법 등도 다뤘다.

3장에서는 주택을 임대할 때 필연적으로 발생하는 월세 또는 전세와 관련한 소득세, 재산세, 종합부동산세 등을 다뤘다. 4장에서는 주택을 처분할 때 발생하는 세금 이슈에 대해 다뤘다. 양도세 절세 방법, 상가주택에 대한 세금 이슈, 1세대 1주택 비과세, 조정대상지역 다주택자의 양도세 중과, 다가구주택 양도 시 주의할 점, 분양권과 조합입주권 관련 세금 이슈, 특수관계인 간 매매 시 주의할 점, 위약금의 세무 처리 등에 대해 자세히 알게 될 것이다. 아울러 법인으로 주택 임대사업을 할 경우 알아야 하는 절세 지식도 다뤘다.

2부에서는 상가 임대사업의 전 과정(취득, 임대, 처분)에서 발생할 수 있는 세금 이슈와 관련한 절세 지식을 다뤘다.

★ 부동산 매매과정에서 '취득세'를 낸다고 할 때, 그 '취득세'에는 농어촌특별세, 지방세까지 포함되어 있다. 그래서 '취득세 등'이라고 해야 하는데 실제 현장에서는 보통 '취득세'라고 하므로 본문에서도 '취득세 등'이 아니라 '취득세'로 표기했다. 본문에서 취득세라고 하면 농특세, 지방세가 포함됐다고 생각하면 된다. 주택, 상가 모두에 해당한다.

2부 1장에서는 상가를 취득할 때 알아야 하는 사업자 등록 관련 사항, 취득세 관련 내용, 개인과 법인 간의 차이 등을 다뤘다. 2장에서는 상가를 임대할 때 알아야 하는 대출이자 경비 처리문제, 필요경비 인정항목, 오피스텔의 세무 처리방법, 상가 임대 시 건강보험료에 대한 궁금증, 보증금과 관련한 세금 이슈, 세금계산서 작성방법, 법인 전환 시 세제 혜택 등을 다뤘다.

마지막 3장에서는 상가를 처분할 때 발생하는 세금 이슈에 대해 다뤘다. 상가 양도세 관련 내용, 포괄 사업 양수도(양수·양도) 시 세금 이슈, 임대용 부동산 증여 시 평가방법과 부담부 증여 활용방법 등에 대해 자세히 알 수 있을 것이다.

'Part 2. 임대사업자에게 필요한 법률 지식'은 크게 3부로 구성되어 있다. 1부에서는 임대 계약을 체결할 때 임대인이 확인해야 하는 점에 대해, 2부에서는 임대사업을 할 때 임대인이 알아야 하는 주택임대차보호법, 상가건물임대차보호법 등과 관련해 사례와 함께 설명했다. 여기서 좀 더 말하자면, 1부에서는 (임대 계약을 체결할 때 임대인이 확인해야 하는 사항과 관련해) 계약 체결 상대방 확인방법, 계약 체결단계에서 계약 하자가 발생했을 때 조치방법, 상가 임대와 관련한 제소전 화해조서 작성 필요성, 임대차 관련 법의 적용에 있어 우선순위 등을 다뤘다.

2부에서는 현재 이슈가 되고 있는 주택임대차보호법의 개정 내용과 그에 대한 해석을 사례와 함께 다루면서 독자들이 이해하기 쉽게 풀어 설명했다. 또한, 상가건물임대차보호법의 개정 내용도 책에 모두 반영했다. 상가 임대인이 임대사업을 할 때 유의해야 하는 법 규정에는 무엇이 있는지, 어떻게 바뀌었는지를 사례와 함께 소개하고 있으니 큰 도움이 될 것이다.

마지막 3부에서는 임대사업을 처분 등으로 종료할 때 발생할 수 있는 원상 회복문제, 임대차 보증금 반환과 공제 관련 문제 등을 다뤘다.

주택이나 상가로 임대사업을 할 경우 관련된 절세 지식, 법률 지식은 매우 중요하다. '알고 있느냐?', '알고 있지 않으냐?'에 따라 수천만 원을 합법적으로 아낄 수 있다. 임대사업을 하겠다면 좋은 부동산을 보는 눈 외에도 절세에 대한 지식, 법률에 대한 지식도 갖고 있어야 한다.

이 책은 주택 임대사업, 상가 임대사업을 할 때 필요한 절세 지식과 법률 지식을 전반적으로 다룬 만큼 임대사업을 하는 독자의 똑똑한 동반자가 될 것이다.

Part 1. 임대사업자에게 필요한 절세 지식

1부 주택 임대사업

1장 주택 임대사업은 장기와 단기로 나뉜다

2장 주택을 취득할 때 필요한 절세 지식

3장 주택을 임대할 때 필요한 절세 지식

4장 주택을 처분할 때 필요한 절세 지식

⟪2부⟫ 상가 임대사업

1장 상가를 취득할 때 필요한 절세 지식

2장 상가를 임대할 때 필요한 절세 지식

3장 상가를 처분할 때 필요한 절세 지식

2장 상가 임대사업자라면 상가건물임대차보호법을 알아야 한다

3부   임대사업을 끝낼 때 필요한 법률 지식

Part 1.
임대사업자에게 필요한 절세 지식

임대사업자에게는 투자 지식 외에도 절세 지식이 꼭 필요하다. 절세에 대해 잘 모르면 그동안 벌었다고 생각한 투자 수익을 대부분 세금으로 낼 수도 있기 때문이다.

이 책에서 수많은 부동산 중 주택과 상가를 중점적으로 다룬 이유는 투자자 대부분이 가장 많이 투자하는 부동산이기 때문이다. 1부에서는 주택, 2부에서는 상가로 구분해서 각각 필요한 절세 지식을 담았다.

1부

주택 임대사업

최근 몇 년 사이에 주택 임대사업과 관련해서 변화가 많았다. 2020년 7월 10일에 발표한 '주택 시장 안정 보완대책(이하 '7·10 대책')'에 따라 다주택자에 대한 취득세율이 대폭 올랐다. 물론, 보유세, 양도세도 올랐다.

주택 임대사업 등록자가 3년 사이에 많이 늘어나는 상황에서 7·10 대책의 영향으로 장기일반민간임대주택과 관련한 세제 혜택이 대폭 축소됐다. '민간임대주택에 관한 특별법' 개정을 통해 단기민간임대주택(4년)은 폐지됐고, 아파트의 경우 장기일반민간임대주택의 신규 등록이 폐지됐다. 단, 이미 등록한 주택 임대사업자는 등록 말소 시점까지 세제 혜택을 일부 유지해준다.

장기일반민간임대주택의 의무 기간이 8년에서 10년으로 늘어난다. 즉, 다세대주택, 빌라, 오피스텔 등의 경우 신규로 등록할 때 의무 임대 기간이 10년으로 늘어났다고 보면 된다. 기존 세법에서 정해진 세제 혜택은 받을 수 있다.

아파트의 경우 이제 신규 등록을 할 수 없다. 기등록한 아파트의 경우에는 의무 임대 기간이 지나면 자동으로 말소된다. 참고로, 자동 말소가 되는 아파트 중에서 의무 임대 기간이 2분의 1 이상이 지났다면 과태료 없이 자진 말소가 가능하다.

단기민간임대주택, 장기일반민간임대주택과 관련한 세제 혜택은 조정대상지역 여부, 면적, 금액에 따라 다르므로 이후 자세히 다루려고 한다.

주택 임대사업을 하기 위해 주택을 살 때는 취득세가 발생한다. 취득세는 주택 수, 면적, 조정대상지역 여부, 거래 형태(매매 또는 증여)에 따라 달라진다. 2019년 소득분부터는 주택을 통해 월세나 전세를 받을 때 일정 요건을 초과하면 소득세를 내야 한다. 주택 임대소득금액이 2,000만 원 이하라면 분리과세와 종합과세 중에서 선택할 수 있다. 2,000만 원을 초과하면 종합소득세를 내야 한다.

주택을 보유하면 당연히 재산세를 부담하는데 상황에 따라 종합부동산세(이하 '종부세') 부담이 커질 수 있다. 이제는 조정대상지역 내 2주택 이상이거나 비조정대상지역 내 3주택 이상이라면 종부세가 높게 오르니 주택 임대사업을 하기 전에 보유세 부담을 충분히 고려하면서 신중하게 결정할 필요가 있다.

법인으로 주택 임대사업을 하는 경우도 있다. 법인으로 주택을 취득할 경우 법인 설립 후 5년 이내에 주택을 취득하면 취득세 중과 이슈가 발생할 수 있다. 최근 세법 개정으로 인해 종부세 부담이 상당할 수도 있다. 또한, 법인이 주택을 처분할 때에는 주택 수와 관계없이 양도소득과 관련해 법인세 등 외에 추가로 20%가 과세된다. 이처럼 법인으로 주택 임대사업을 할 경우 취득세, 보유세 및 법인세 등이 상당할 수 있으니 유의한다.

주택 임대사업을 하다가 언젠가는 주택을 처분하게 된다. 1세대 1주택이라면 세금이 거의 없다. 그래서 1세대 1주택 요건을 잘 알고 있는 것이 중요하다. 단, 2017년 8월 3일 이후 조정대상지역에서 취득하는 주택의 1세대 1주택 요건을 위해서는 2년 이상의 거주 요건이 추가됐다.

기존 주택을 처분하고 다른 주택을 살 경우 일시적 2주택 비과세 관련해서 알아야 할 것이 많아졌다. 기존 주택이 조정대상지역에 있는 상황에서 2019년 12월 17일 이후 조정대상지역에 있는 주택을 추가로 취득하면 일시적 2주택 비과세 관련 보유 기간이 1년으로 줄었고, 신규 주택 취득일로부터 1년 내에 신규 주택에 전입 신고를 해야 하는 등 신경 쓸 것이 많아진 것이다.

조정대상지역 내에 2주택 이상일 경우 양도세가 20% 중과되며, 3주택 이상이면 양도세가 30% 중과된다. 그러므로 다주택자라면 양도세 절세를 위해 양도 차익이 적은 주택부터 매각하는 것이 하나의 방법이다. 일정 요건을 충족한 장기일반민간임대주택이라면 의무 기간이 지난 후에 매각할 때 장기 보유 특별 공제율 50%를 받을 수 있으므로 관련한 출구 전략을 고민해본다.

지금까지 주택 임대사업자라면 큰 틀로 알고 있어야 하는 내용을 담았다. 이제부터 본격적으로 자세하게 알아보자.

1장

주택 임대사업은
장기와 단기로 나뉜다

장기일반민간임대주택 임대사업자의
등록 요건과 세제 혜택

7·10 대책(2020년) 이후 장기일반민간임대주택 임대사업자에 대한 세제 혜택이 많이 변경되고 상당히 복잡해졌다. 단기민간임대주택 임대사업자로는 이제 새로 가입할 수 없으므로 장기일반민간임대주택 임대사업자에게 적용되는 세제 혜택부분을 좀 더 비중 있게 다루려고 한다.

'민간임대주택'이란, 임대 목적으로 제공하는 주택[토지를 임차해 건설된 주택, 오피스텔 등 준주택(전용면적 $85m^2$ 이하에 한함) 및 일부만을 임대하는 주택 포함]으로서 임대사업자가 '민간임대주택에 관한 특별법' 제5조에 따라 시·군·구청에 등록한 주택을 말한다. 즉, 일반 주택은 면적에 제한이 없고 오피스텔은 전용면적 $85m^2$ 이하에 한해 주택 임대사업자로 등록할 수 있다.

장기일반민간임대주택의 기준은 임대사업자가 공공 지원 민간임대주택이 아닌 주택을 10년 이상 임대할 목적으로 취득해서 임대하는 민간임대주택이다. 세제 혜택을 받기 위해서는 관할 구청과 세무서에 모두 장기일반민간임대주택 임대사업자로 등록해야 하니 주의가 필요하다. 면적 기준 및 공동주택 가격에 따라 세제 혜택이 달라지므로 단계별로 어떤 차이가 있는지 알아둘 필요가 있다.

취득단계에서의 세제 혜택

공동주택 또는 오피스텔을 최초로 분양받고, 장기일반민간임대주택 임대사업자로 등록하면 취득세가 다음과 같이 2021년 말까지 한시적으로 감면된다(2022년부터는 법 개정에 따라 감면 여부가 결정된다). 단, 취득 당시 가액(價額)이 3억 원(수도권은 6억 원)을 초과하면 감면 대상에서 제외된다.

① 전용면적 $60m^2$ 이하인 공동주택 또는 오피스텔을 취득하면 취득세 전액 면제(취득세 200만 원 초과 시 85% 감면)
② 전용면적 $60~85m^2$ 이하의 10년 이상 장기임대주택으로 20채 이상을 구매하면 취득세 50% 감면

분양받는 경우가 아니고 일반 매매로 취득하면 취득세 감면은 적용되지 않는다. 일반 매매로 취득하면 취득세를 내야 한다.

보유단계에서의 세제 혜택

주택 임대사업자가 임대용 공동주택 또는 오피스텔을 2채 이상 매입해 임대하면 2021년 말까지 재산세가 감면된다(2022년부터는 법 개정에 따라 감면 여부가 결정된다). 단, 2020년 8월 12일 이후 공동주택을 신규로 등록할 때 주택 공시가액이 3억 원(수도권은 6억 원)을 초과하면 감면 대상에서 제외된다. 오피스텔의 경우 등록 당시 시가표준액이 2억 원(수도권은 4억 원)을 초과하면 감면 대상에서 제외된다.

① 전용면적 40㎡ 이하: 재산세 전액 면제(재산세 50만 원 초과 시 85% 감면)

② 전용면적 60㎡ 이하: 재산세 75% 감면

③ 전용면적 85㎡ 이하: 재산세 50% 감면

그리고 임대 개시일 또는 임대주택 합산 배제 신청 과세 기준일 현재에 주택 공시 가격이 6억 원(수도권 외 3억 원) 이하 주택이면서 10년 이상 계속 임대하면 종부세가 합산 배제된다. 즉, 합산 배제 신청 과세 기준일 현재(매년 6월 1일) 공시 가격이 6억 원(수도권 외 3억 원)을 초과하면 종부세 합산 배제 혜택을 받을 수 없다.

이때 알아둘 점이 있다. 2018년 9월 14일 이후 조정대상지역 내 주택(주택을 취득할 수 있는 권리 포함)을 취득하면 종부세 합산 배제 대상에서 제외된다는 것이다. 만일 2018년 9월 13일 이전에 조정대상지역 내 주택을 취득했다면? 이후 장기일반민간임대주택 임대사업자로 등록할 경우 공시 가격 기준만 충족하면 종부세 합산 배제 대상이 된다.

기등록(2020년 7월 10일 이전)한 아파트의 경우에는 종부세 합산 배제 혜택이 유지된다. 하지만 이후 신규 등록이 폐지되는 바람에 종부세에 합산되니 주의한다.

한편, 2017년 12월 13일에 발표된 '임대주택 등록 활성화방안'에 따르면, 주택 임대소득과 관련해 건강보험료를 정상적으로 부과할 방침인데 2020년 말까지는 장기일반민간임대주택 임대사업자로 등록한 연 2,000만 원 이하 분리과세 대상 사업자는 임대 의무 기간 동안 건강보험료 인상분의 80%를 감면해줄 예정이다.

85m^2 이하이면서 기준시가 6억 원 이하인 주택 1채를 장기일반민간임대주택으로 임대했을 때 발생한 소득세(법인세)는 75%가 감면된다. 단, 2채 이상 임대하면 2021년 임대소득분부터 관련한 소득세의 50%가 감면된다.

연간 2,000만 원 이하의 주택 임대소득에 대해 분리과세를 선택하면 장기일반민간임대주택 임대사업자는 필요 경비율을 60%로 적용받을 수 있다. 주택 임대소득 외 다른 종합소득금액이 2,000만 원 이하라면 추가로 400만 원이 공제되므로 장기일반민간임대주택 임대사업자로 등록할 경우 연간 주택 임대소득 1,000만 원까지는 소득세 부담이 없다고 할 수 있다.

양도단계에서의 세제 혜택

2020년 말까지 등록한 장기일반민간임대주택 임대사업자가 임대 개시일 당시에 해당 주택의 공시 가격이 6억 원(수도권 외 3억 원) 이하, 85㎡ 이하, 임대료 증가율 5% 이하였다면 8년 이상 임대하고 매도할 경우 장기 보유 특별 공제율 50%가 적용된다. 10년 이상 임대하고 매도하면 70%가 적용된다. 현재 장기일반민간임대주택 임대사업자가 아닌 소유주가 15년 이상 보유했을 경우 장기 보유 특별 공제율이 최대 30%가 적용되는 것에 비춰볼 때, 이는 상당히 큰 혜택이라고 할 수 있다.

2018년 9월 13일 이전에 취득한 주택은 주택 공시 가격과 관계없이 85㎡ 이하이고 임대료 증가율이 5% 이하라면 장기 보유 특별 공제율이 최대 70%가 적용된다.

단, 아파트의 경우 상황이 약간 달라진다. 기등록한 아파트는 의무 임대 기간 8년이 지나면 자동으로 등록이 말소되기 때문에 실질적으로 10년 이상 임대가 불가능해져서 장기 보유 특별 공제율은 최대 50%만 적용된다. 그리고 장기 보유 특별 공제 특례 적용 시 장기일반민간임대주택 등록 이후의 임대 기간으로 한정하는 것으로 개정됐다. 참고로, 일반적인 부동산을 매각할 때 적용되는 장기 보유 특별 공제율은 다음의 표와 같다.

조정대상지역에 있는 주택을 양도할 때 1세대 2주택에 해당하면 소득세율에 10%가 중과(2021년 6월 1일 이후 매각 시 20% 중과)되며 장기 보유 특별 공제를 받을 수 없다. 1세대 3주택자라면 20%가 중

보유 기간	공제율
3년 이상~4년 미만	6%
4년 이상~5년 미만	8%
5년 이상~6년 미만	10%
6년 이상~7년 미만	12%
7년 이상~8년 미만	14%
8년 이상~9년 미만	16%
9년 이상~10년 미만	18%
10년 이상~11년 미만	20%
11년 이상~12년 미만	22%
12년 이상~13년 미만	24%
13년 이상~14년 미만	26%
14년 이상~15년 미만	28%
15년 이상	30%

과(2021년 6월 1일 이후 매각 시 30% 중과)되며 장기 보유 특별 공제를 받을 수 없다. 예를 들어, 조정대상지역에 3채를 갖고 있는 1세대 3주택자가 주택을 매각하면 양도세 최고세율이 65%(2021년 6월 1일 이후 매각 시 최고세율 75%)에 달하므로, 생각하지도 못한 높은 세금을 부담할 수 있다.

만일 장기일반민간임대주택 임대사업자로 등록했다면? 10년 (2020년 8월 18일 전 등록 시 8년) 이상 임대하고 해당 주택의 임대 개시일 당시 기준시가가 6억 원(수도권 외 3억 원)을 초과하지 않으면 장기 보유 특별 공제를 받을 수 있으며 다주택자 중과에서도 배제된다. 단, 2018년 9월 14일 이후에 조정대상지역 내 주택을 신규로 취득했다면 주택 임대사업자로 등록해도 중과가 되므로 주의한다.

한편, 앞에서 언급한 조건을 충족한 조정대상지역 내 1세대 2주택 이상에 해당되는 다주택자의 경우 장기일반민간임대주택 임대사업자 등록을 통해 장기 보유 특별 공제 배제 및 양도세 중과를 피할 수 있으므로 장기일반민간임대주택 임대사업자 등록을 고려할 필요가 있다.

아파트의 경우 앞에서 언급한 조건을 충족한 기등록분은 양도세 중과 배제를 적용받을 수 있으나 (앞에서 설명한 것처럼) 신규 등록이 폐지되는 바람에 등록하지 않은 아파트는 양도세 중과 배제를 적용받을 수 없다. 그리고 2020년 8월 7일에 발표된 '민간임대주택에 관한 특별법' 개정에 따른 임대주택 세제 지원 보완조치에는 아파트의 경우 임대 등록 자진 말소(의무 임대 기간의 2분의 1 이상 임대한 경우) 시 말소 후 1년 내에 양도하면 양도세 중과 배제가 적용된다고 나온다.

장기일반민간임대주택 임대사업자에게 적용되는 거주주택 매각 혜택을 알아둘 필요가 있다. 임대 개시일 당시 공시 가격이 6억 원(수도권 외 3억 원) 이하인 주택을 8년(2020년 8월 10일 이후 등록분부터는 10년) 이상 임대한 경우 장기일반민간임대주택으로 등록한 주택 외에 2년 이상 보유 및 거주한 1주택을 양도할 때 양도세가 비과세(매매가 9억 원 이하분은 비과세, 9억 원 초과분은 과세가 됨. 이하 동일)되도록 해주는 것을 말한다. 즉, 거주자(장기일반민간임대주택 임대사업자)가 2년 이상 보유 및 거주한 주택을 제외하고 다른 주택을 모두 장기일반민간임대주택사업 대상 주택으로 등록할 경우 기존 거주주택을 매각할 때 1세대 1주택 비과세 적용이 가능한 것이다. 단, 2019년 2월 12일 이후 취득한 주택부터는 생애 단 한 차례만 거주주택 매각 혜택이 적용되므로 주의한다. 현재 임대주택 외 거주주택을 매각할 계획이 있는 다주택자의 경우 지금 말한 내용을 잘 활용하면 양도세의 상당 부분을 줄일 수 있다.

또한, 2020년 8월 7일에 발표된 '민간임대주택에 관한 특별법' 개정에 따른 임대주택 세제 지원 보완조치에는 임대 등록 자진 말소(의무 임대 기간의 2분의 1 이상 임대한 경우 세입자의 동의를 받아 관할 시·구·군청에 자진 말소하는 경우) 및 자동 말소 시(의무 임대 기간이 끝나면 자동 말소됨)* 임대 등록이 말소된 이후 5년 안에 2년 이상 거주하고 있는 주택을 양도하면 양도세가 비과세(매매가 9억 원 이하분은 비과세, 9억 원 초과분은 과세)된다고 나온다.

---

* 2채 이상 임대 시 최초로 등록 말소되는 경우를 말함.

장기일반민간임대주택 임대사업자의
출구 전략

 최근 7·10 대책의 영향으로 장기일반민간임대주택에 대한 세제 혜택이 많이 달라졌다. 2020년 8월 18일에 '민간임대주택에 관한 특별법'이 개정됨에 따라 단기민간임대주택(4년)은 폐지됐고, 아파트는 장기일반민간임대주택으로 등록할 수 없게 됐다. 단기민간임대주택과 장기일반민간임대주택으로 등록된 기존 아파트는 법 시행 이후 임대 의무 기간이 끝나는 날에 자동으로 등록이 말소된다. 기존에 등록한 주택 임대사업자의 임대주택에는 등록 말소 시점까지 앞에서 언급한 세제 혜택을 유지해준다.

 이제는 아파트를 제외한 다세대주택, 빌라 등에 한해 장기일반민간임대주택으로 등록이 가능하다. 그리고 '민간임대주택에 관한 특별법'에 따라 2020년 8월 18일 이후에 등록하거나 단기를 장기로 전환하는 경우 의무 임대 기간이 8년에서 10년으로 늘어난다. 기존에 아파트를 임대사업 대상 주택으로 등록한 경우 의무 임대 기간이 끝나면 자동으로 말소되고 앞에서 말했던 장기일반민간임대주택의 세제 혜택은 없어진다.

의무 임대 기간이 종료될 때 종부세가 크다면 종료한 후 종부세 기준일(6월 1일) 전에 매각한다. 특히 장기 보유 특별 공제 50% 혜택을 받을 수 있는 장기일반민간임대주택이라면 의무 기간 종료 후 매각 시 양도세를 절세할 수 있다.

양도세 중과 배제 대상의 (임대주택인) 아파트가 있는데 의무 임대 기간의 2분의 1이 지났다면 임대 등록 자진 말소 후 1년 내 양도 시 양도세 중과가 배제된다. 의무 임대 기간을 다 채우지 못한 상황인데 갑자기 자금이 필요할 경우 미리 양도하는 것도 하나의 방법이 된다.

아파트 외 다세대주택 등은 신규로 등록할 경우 의무 임대 기간이 10년으로 늘어나는 대신 기존 세제 혜택은 유지된다. 그러므로 장기적으로 보유할 목적이라면 장기일반민간임대주택으로 다시 등록한다.

다주택자와 임대사업자 간의
양도세 비교

2021년에 다주택자가 장기일반민간임대주택 임대사업자로 등록하지 않고 주택을 매각하는 경우와 등록하고 매각하는 경우 양도세가 어떻게 달라지는지 알아보자.

3주택자인 A는 이 중 하나인 2011년에 산 서울 영등포구의 빌라(84㎡)를 올해 매각하고자 한다. 이 빌라의 취득 가격은 3억 원이고, 현재 시세는 8억 원이다. 장기일반민간임대주택 사업자로 등록한 지 10년이 넘었으며 등록 당시 주택 공시 가격은 6억 원이하였다.

구분	등록하지 않고 매각	등록하고 매각 [2]
양도가액	800,000,000	800,000,000
(─) 취득가액 [1]	300,000,000	300,000,000
양도 차익	500,000,000	500,000,000
(─) 장기 보유 특별 공제	─	350,000,000
양도소득금액	500,000,000	150,000,000
(─) 기본공제	2,500,000	2,500,000
과세표준	497,500,000	147,500,000
양도세	273,100,000	36,725,000
(+) 지방소득세	27,310,000	3,672,500
총 납부세액	**300,410,000**	**40,397,500**

• 주: 1) 취득세 및 중개수수료 등은 필요 경비로 인정되나 계산 편의상 생략함.
　　 2) 취득일로부터 3개월이 지난 후 장기일반민간주택 임대사업자 등록을 한 경우로 가정함.
• 단위: 원

　위와 같이 조정대상지역 내에 3주택자인 경우 장기일반민간임대주택으로 매각하면 양도세가 크게 절감됨을 알 수 있다.

　물론, 장기일반민간임대주택 임대사업자로 등록하면 의무 임대기간 동안 임대료를 5% 이하로만 증액해야 한다. 그리고 의무 임대기간이 끝나지 않았는데 매각하면 세무상 불이익을 받고 과태료가 부과될 수 있으므로, 세무 전문가와 면밀한 상담을 통해 의사 결정을 해야 한다.

02

단기민간임대주택 임대사업자의
세제 혜택

'민간임대주택에 관한 특별법' 제2조에 따르면, '단기민간임대주택'이란, 임대사업자가 4년 이상 임대할 목적으로 취득해 임대하는 민간임대주택을 말한다. 단, 단기민간임대주택으로 등록해 세제 혜택을 받기 위해서는 5년 이상 임대해야 한다. '민간임대주택에 관한 특별법'에서는 단기민간임대주택의 의무 임대 기간을 4년으로 정했으나 세법에서는 5년으로 정하고 있어서 세제 혜택을 받기 위해서는 5년 이상 임대해야 한다.

7·10 대책(2020년)이 발표된 이후 '민간임대주택에 관한 특별법' 개정으로 인해 단기민간임대주택(4년)은 폐지됐기 때문에 2020년 7월 11일 이후에는 단기민간임대주택 임대사업자 신청이 불가능하다. 그러나 7·10 대책 이전에 등록한 단기민간임대주택은 말소될 때까

지 세제 혜택이 유지된다. 여기서 다루는 단기민간임대주택 임대사업자의 세제 혜택은 7·10 대책 이전에 등록한 임대사업자에 해당한다.

취득단계에서의 세제 혜택

이제는 단기민간임대주택 임대사업자로 등록할 수 없지만 전체적인 흐름을 알 필요가 있어 취득단계와 관련해 설명한다.

공동주택 또는 오피스텔을 최초로 분양받고 단기민간임대주택 임대사업자로 등록하면 다음과 같은 취득세 세제 혜택이 있다.

전용면적 60m^2 이하인 공동주택 또는 오피스텔을 취득하는 경우 취득세 전액 면제(취득세 200만 원 초과 시 85% 감면)

분양이 아니라 일반 매매로 취득하면 취득세 감면은 적용되지 않는다.

보유단계에서의 세제 혜택

주택 임대사업자가 임대용 공동주택 또는 오피스텔을 2채 이상 매입해 임대하면 2021년 말까지 재산세가 감면된다(2022년부터는 법 개정에 따라 감면 여부가 결정된다).

① 전용면적 40m^2 이하: 재산세 전액 면제(재산세 50만 원 초과 시 85% 감면)

② 전용면적 $60\,m^2$ 이하: 재산세 50% 감면

③ 전용면적 $85\,m^2$ 이하: 재산세 25% 감면

그리고 임대 개시일 또는 임대주택 합산 배제 신청 과세 기준일 현재에 주택 공시 가격 6억 원(수도권 외 3억 원) 이하 주택이면서 5년 이상 계속 임대를 하면 임대료 등의 증가율이 5%를 초과하지 않는 경우에 한해 종부세가 합산 배제된다. 이때 2018년 3월 31일 이전에 같은 법 제5조에 따른 임대사업자 등록과 사업자 등록을 한 주택으로 한정한다는 것에 주의한다. 즉, 2018년 4월 1일 이후 등록한 경우에는 종부세가 합산된다.

$85\,m^2$ 이하이면서 기준시가 6억 원 이하인 주택을 1채 이상 임대하면 임대사업에서 발생한 소득세(법인세)의 30%가 감면된다. 단, 2채 이상이면 2021년 임대소득분부터 관련한 소득세의 20%가 감면될 예정이다.

또한, 연간 2,000만 원 이하의 주택 임대소득에 대해 분리과세를 선택하면 단기민간임대주택 임대사업자는 필요 경비율을 60%로 적용받을 수 있다. 주택 임대소득 외 다른 종합소득금액이 2,000만 원 이하라면 추가로 400만 원이 공제되므로 연간 주택 임대소득 1,000만 원까지는 소득세 부담이 없다고 할 수 있다.

양도단계에서의 세제 혜택

2018년 3월 31일 이전까지 단기민간임대주택 임대사업자로 등

록하고 임대 개시일 당시 주택 공시 가격이 6억 원(수도권 외 3억 원) 이하이면서 임대료 증가율이 5% 이하일 경우 6년 이상 임대 후 매도 시 다음의 장기 보유 특별 공제율을 추가로 적용받을 수 있다.

임대 기간	추가 공제율
6년 이상~7년 미만	2%
7년 이상~8년 미만	4%
8년 이상~9년 미만	6%
9년 이상~10년 미만	8%
10년 이상	10%

예를 들어, 2018년 3월 31일 이전까지 단기민간임대주택 임대사업자로 등록하고 15년 이상 보유하면 최대 40%의 장기 보유 특별 공제를 적용받을 수 있다(15년 이상 보유 시 장기 보유 특별 공제율 30%+추가 공제율 10%).

단기민간임대주택 임대사업자로 등록했고 해당 주택의 임대 개시일 당시 기준시가가 6억 원(수도권 외 3억 원)을 초과하지 않고 5년 이상 임대하면 장기 보유 특별 공제를 적용받으면서 다주택자 양도세 중과에서도 배제된다. 단, 2018년 4월 1일 이후부터 7·10 대책 전까지는 신규로 단기민간임대주택 임대사업자로 등록해도 조정대상지역 내 다주택자라면 양도세가 중과되므로 주의가 필요하다.

그리고 2020년 8월 7일에 발표된 '민간임대주택에 관한 특별법' 개정에 따른 임대주택 세제 지원 보완조치에 따르면, 아파트는 임대 등록이 자진 말소(의무 임대 기간의 2분의 1 이상 임대한 경우)를 해서 말소가 된 후 1년 내에 양도하면 양도세 중과 배제가 적용된다.

앞에서 거주주택 매각 혜택에 대해 말했는데 단기민간임대주택 임대사업자와 관련해서도 거주주택 매각 혜택이 있다.

임대 개시일 당시 공시 가격이 6억 원(수도권 외 3억 원) 이하인 주택을 5년 이상 임대한 경우 단기민간임대주택으로 등록한 주택 외 2년 이상 보유 및 거주한 1주택을 양도할 때 양도세가 비과세(매매가 9억 원 이하분은 비과세, 9억 원 초과분은 과세)된다. 즉, 거주자(단기민간임대주택 임대사업자)가 2년 이상 보유 및 거주한 주택을 제외하고 다른 주택을 모두 단기민간임대주택사업 대상 주택으로 등록할 경우 기존 거주주택을 매각할 때 1세대 1주택 비과세 적용이 가능한 것이다. 단, 2019년 2월 12일 이후 취득한 주택부터는 생애 단 한 차례만 거주주택 매각 혜택이 적용되므로 주의한다.

또한, 2020년 8월 7일에 발표된 '민간임대주택에 관한 특별법' 개정에 따른 임대주택 세제 지원 보완조치에 따르면, 아파트의 경우 임대 등록 자진 말소(의무 임대 기간의 2분의 1 이상 임대한 경우 세입자의 동의를 받아 관할 시·구·군청에 자진 말소하는 경우) 및 자동 말소 시(의무 임대 기간이 끝나면 자동 말소됨)*, 임대 등록이 말소된 이후 5년 안에 2년 이상 거주하고 있는 주택을 양도하면 양도세가 비과세(매매가 9억 원 이하분은 비과세, 9억 원 초과분은 과세)된다.

---

* 2채 이상 임대 시 최초로 등록 말소되는 경우를 말함.

03

주택 임대사업자의
등록절차 및 과태료

주택 임대사업자의 등록절차 및 임대 조건 신고 등은 다음과 같다.

등록절차	장소	구비 서류	비고
민간임대주택사업자 등록	거주지 시·군·구청 (주택과)	• 매매계약서(분양계약서) 사본, 신분증 • 작성 서류: 주택 임대사업자 등록신청서	• 취득일로부터 60일 이내에 등록해야 취득세 감면 가능 • 임대사업자 종류 구분해 등록 신청
임대사업자 등록	거주지 세무서	• 주택 임대사업자 등록증 사본, 신분증 • 작성 서류: 면세사업자 등록신청서	• 기한: 20일 이내(사업 개시일 이전 신청 가능)
취득세 감면 신청	물건지 시·군·구청 (세무과)	• 주택 임대사업자 등록증 • 작성 서류: 세액 감면신청서	• 기한: 취득일(잔금일)로부터 60일 이내 • 최초 분양으로 취득하는 공동주택, 오피스텔만 가능

등록절차	장소	구비 서류	비고
임대차 계약 체결	공인중개사 사무소 등	• 작성 서류: 표준임대차계약서	–
임대조건 신고	물건지 시·군·구청 (주택과)	• 표준임대차계약서 • 작성 서류: 임대조건 신고서 • 임대차 계약(변경)신고서(신고증명서)	• 기한: 임대차 계약 체결일로부터 3개월(100세대 이상 공동주택 임대차 변경 신고는 1개월) 이내 • 계약 기간, 보증금, 임대료 등 신고

장기일반민간임대주택 임대사업자로 등록하면 앞에서 말한 많은 세제 혜택을 주지만 표준임대차계약서를 사용하지 않는 등 다음에 해당하는 상황이 되면 과태료를 부과받을 수 있으니 주의가 필요하다.

과태료 부과 대상(예시)	과태료
임대 의무 기간 중 양도하거나 임대를 하지 않은 경우	3,000만 원 이하
임대료 상한 규정(5%)을 위반한 경우	3,000만 원 이하
시장, 군수, 구청장의 허가를 받지 않고 임대 의무 기간 중에 임대사업자가 아닌 자에게 민간임대주택을 양도한 경우	3,000만 원 이하
임대보증금 보증 가입 의무를 위반한 경우	2000만 원 or 2년 이하 징역(기존 임대 계약은 21년 8월 18일 이후부터)
임대 의무 기간 중 임대차 계약을 해제하거나 재계약을 거부한 경우	1,000만 원 이하
임대차 계약 신고를 하지 않거나 허위로 신고한 경우	1,000만 원 이하
표준임대차계약서를 사용하지 않은 경우	1,000만 원 이하
등록한 오피스텔(준주택)을 주거용으로 사용하지 않은 경우	1,000만 원 이하

과태료 부과 대상(예시)	과태료
임대 의무 기간과 임대료 증액 기준을 준수해야 하는 재산임을 소유권 등기에 부기 등기를 하지 않은 경우	500만 원 이하
임차인에게 선순위 담보권, 체납 사실 등의 설명 및 확인 의무를 위반하거나 민간임대주택에 관한 특별법 제48조 제2항에 따른 정보 제공 의무를 위반한 임대사업자	500만 원 이하
등록 신청 당시 임대차 계약이 없는 경우 산정한 임대보증금의 상한을 추후 임대차 계약에서 준수하지 않은 임대사업자	500만 원 이하
임대주택 부기 등기 의무를 위반한 경우	500만 원 이하(기존 임대주택은 22년 12월 10일까지 등기)

2장

주택을 취득할 때
필요한 절세 지식

아파트를 취득할 때
세금은 얼마?

B는 서울에 아파트 2채를 갖고 있다. 추가로 성남시 분당에 있는 주택(85㎡ 초과)을 9억 원에 사려고 한다. 매매금액 외에 추가로 드는 취득비용은 얼마나 될까?

새로운 주택을 취득할 때 취득세가 발생한다. 취득세율은 다음 표와 같이 주택 수, 금액, 면적에 따라 세분되어 있다.

7·10 대책(2020년)에 따라 다주택자에 대한 취득세율이 대폭 인상됐다. 조정대상지역 2주택(비조정대상지역 3주택)인 경우 취득세율이 8%로, 조정대상지역 3주택(비조정대상지역 4주택) 이상인 경우 취득세율이 12%로 인상됐다. 또한, 조정대상지역 3억 원 이상의 주택을 증여할 때도 취득세율이 표의 내용처럼 대폭 인상됐다. 단, 1

구분	주택 수	매매금액	면적	취득세	농특세	지방교육세	합계
주택 (유상 취득)	1세대 4주택 미만	6억 원 이하	85㎡ 이하	1.0%	–	0.1%	1.1%
			85㎡ 초과	1.0%	0.2%	0.1%	1.3%
		6억 원 초과 9억 원 이하	85㎡ 이하	(2/3억 원× 취득가액-3 억 원)%[1]	–	취득세 10%	취득가액에 따라 다름
			85㎡ 초과		0.2%		
		9억 원 초과	85㎡ 이하	3.0%	–	0.3%	3.3%
			85㎡ 초과	3.0%	0.2%	0.3%	3.5%
	조정대상지역 2주택 (비조정대상지역 2주택 제외, 3주택 포함)		85㎡ 이하	8.0%	–	0.4%	8.4%
			85㎡ 초과	8.0%	0.6%	0.4%	9.0%
	조정대상지역 3주택 이상 (비조정대상지역 3주택 제외, 4주택 이상 포함)		85㎡ 이하	12.0%	–	0.4%	12.4%
			85㎡ 초과	12.0%	1.0%	0.4%	13.4%
주택 (증여)	주택 (조정대상지역)[2]		85㎡ 이하	12.0%	–	0.4%	12.4%
			85㎡ 초과	12.0%	1.0%	0.4%	13.4%
	주택 (그 외)		85㎡ 이하	3.5%	–	0.3%	3.8%
			85㎡ 초과	3.5%	0.2%	0.3%	4.0%
주택 (상속)	1주택 이상		85㎡ 이하	2.80%	–	0.16%	2.96%
			85㎡ 초과	2.80%	0.2%	0.16%	3.16%

- 주: 1) 단위: 소수점 5자리에서 반올림.
  2) 조정대상지역 내 기준시가 3억 원 이상의 주택을 증여하는 경우. 단, 1세대 1주택을 배우자 또는 직계존비속에 증여하는 경우 제외.

세대 1주택을 배우자 또는 직계존비속에 증여하는 경우에는 취득세가 중과(12.4~13.4%)되지 않고 기존 취득세율(3.8~4.0%)이 적용된다.

전용면적 85㎡ 이하이면 농어촌특별세(이하 '농특세')가 비과세되고, 85㎡를 초과하면 농특세가 추가된다. 또한, 지방교육세가 추가된다. 따라서 취득할 때 실효세율은 좀 더 높아진다.

앞에서 말한 B는 분당의 주택을 사는 것이므로 '조정대상지역 3주택 이상'에 해당한다. B가 9억 원에 매매하므로 취득세는 1억 2,060만 원(9억 원×13.4%)이 된다. 일시적 2주택이나 1주택으로 취득했다면 취득세가 3,150만 원(9억 원×3.5%)이므로 다주택자였을 때보다 차이가 크다는 것을 알 수 있다.

취득세 외에도 중개수수료 등 추가로 들어가는 비용도 만만치 않다. 그래서 아파트를 취득할 때는 취득세만 생각하면 안 된다.

이처럼 다주택자이거나 조정대상지역 내 기준시가 3억 원 이상 주택을 증여할 경우 취득세 부담이 상당하므로 주의가 필요하다.

가족에게서 자금을
차용할 수 있다

C는 흑석동에 있는 한 주택을 4억 원에 매입해서 임대를 두려고 한다. C는 가진 돈이 2억 원밖에 되지 않아 나머지 2억 원은 부모에게 빌리려고 한다. 그런데 2억 원을 빌리면 국세청에서 증여로 볼까?

타인으로부터 금전을 무상으로 또는 적정 이자율보다 낮은 이자율로 대출받으면, 해당 금전을 대출받은 날 기준으로 다음의 금액을 대출받은 사람의 증여 재산가액으로 본다.

증여 재산가액=대출금액×적정 이자율－실제 지급한 이자
상당액

- '적정 이자율'이란 기획재정부령이 정하는 이자율을 말하며, 현재 4.6%임.

대출 기간이 정해져 있지 않으면 그 대출 기간을 1년으로 본다. 대출 기간이 1년 이상이면 1년이 되는 날의 다음 날에 매년 새로 대출받은 것으로 보고 해당 증여 재산가액을 계산한다. 1,000만 원 미만이면 증여 재산가액에서 제외한다.

C는 부모와 자식 간의 금전 거래라고 해도 금전대차약정서를 작성해놓는 것이 좋다. 금전대차약정서에는 원금, 이자율, 이자 지급 시기, 상환일이 명확하게 기재되어 있어야 한다.

또한, 매달 이자를 부모의 계좌로 이체하는 것이 바람직하다. 정당한 금전대차 거래로 인정받기 위해서다. 이자를 장기간 지급하지 않으면 국세청에서 증여 거래로 간주할 가능성이 있다.

그렇다면 C는 부모에게 시중 이자율보다 높은 4.6%의 이자를 줘야 할까? 그렇지는 않다. 대출 기간이 1년 이상일 경우 연간 적정 이자(4.6%)와 실제 지급한 이자 간 차이가 1,000만 원 미만이면 증여 재산가액에서 제외된다. C가 1% 이자를 준다고 하며 다음과 같이 계산된다.

2억 원×4.6%−2억 원×1%=720만 원

차액이 1,000만 원 미만이기 때문에 C는 부모에게 1% 이자만 줘도 된다.

이자를 전혀 지급하지 않거나 정해진 상환일에 상환하지 않으면 국세청에서 자금 출처조사를 할 때 증여로 보고 과세할 가능성이 높다. 원칙적으로 직계존비속 간이나 배우자 간에 금전대차는 인정하지 않는 것으로 보고 있기 때문이다. 앞의 사례처럼 적정 이자와의 차이가 1,000만 원 미만이면 증여 재산에 해당하지 않으므로 증여세 이슈가 없는 것으로 봐도 된다.

부모가 이자로 받은 금액은 사인(私人) 간의 금전대차약정으로 받은 이자소득이다. 그러므로 연간 금융소득이 2,000만 원 이하라면 소득세[27.5%(지방소득세 포함)]를 부담해야 한다. 연간 금융소득이 2,000만 원을 초과하면 종합소득세 대상에 해당해 소득세가 많이 나올 수 있다. 그러므로 이자를 너무 많이 받기보다 증여세 과세 대상이 되지 않는 선에서 이자를 받아야 절세 측면에서 낫다.

03

자금 출처조사와
입증방법

D는 최근에 하남시의 한 아파트를 5억 원에 취득하려고 한다. 그동안 세금을 제외하고 받은 급여 등을 모아 2억 원 정도를 만들었다. 그런 상황에서 5억 원짜리 집을 사면 국세청에서 자금 출처조사가 나올 수 있다는 말을 들었는데 나머지 금액을 어떻게 입증해야 할지 고민이다.

재산 취득자의 직업, 연령, 소득 및 재산 상태 등으로 볼 때 재산을 자력으로 취득했다고 인정하기 어려우면 해당 재산을 취득한 때에 들어간 자금을 재산 취득자가 증여받은 것으로 추정한다.
취득한 재산이 10억 원 이하일 경우 80%를 입증하면 증여세를 부과하지 않는다. 10억 원을 초과하면 취득 재산가액에서 2억 원을 제외한 가액을 입증해야 한다. 입증하지 못하면 전액 증여로 추정한다. D는 5억 원의 80%인 4억 원의 출처를 입증해야 한다.

자금 출처로 인정되는 금액은 다음과 같다.

① 본인이 소유한 재산의 처분 사실이 증빙에 따라 확인되는 경우의 해당 처분금액
② 근로소득인 경우 총급여액에서 원천징수세액을 제외한 금액
③ 퇴직소득인 경우 퇴직금에서 퇴직소득세를 제외한 금액
④ 사업소득인 경우 사업소득금액에서 소득세를 제외한 금액
⑤ 이자, 배당, 기타 소득인 경우 총지급액에서 원천징수세액을 제외한 금액
⑥ 재산 취득일 이전에 차용한 부채, 국가, 지방자치단체 및 금융회사 등의 채무는 해당 기관에 대한 채무임을 확인할 수 있는 서류로 입증이 가능해야 한다. 그 외 채무는 채무부담계약서, 채권자 확인서, 담보 설정 및 이자 지급에 관한 증빙 등에 의해 해당 사실을 확인할 수 있는 서류로 입증이 가능해야 한다.
⑦ 농지 경작소득
⑧ 재산 취득일 이전에 받은 전세금 및 보증금
⑨ 신고한 증여 재산가액과 상속 재산가액

물론, 부동산을 취득했다고 다 자금 출처조사를 받지 않는다. 주

로 경제 능력이 없는데 고가의 부동산을 취득했을 때 자금 출처조사를 받을 확률이 높아진다.

부동산을 취득하자마자 바로 받지는 않는다. 그런데 증여세 신고를 하지 않으면 국세청은 15년 안에 자금 출처조사를 할 수 있다. 자금 출처로 인정받을 수 있는 증빙은 미리미리 최대한 마련해놓는 것이 좋다.

조정대상지역 내 주택을 취득할 경우 자금 조달계획서와 증빙서류를 제출해야 한다. 매매 계약 체결 후 30일 이내에 해야 한다. 미신고 시 과태료 500만 원, 허위 신고 시 취득가액의 2%에 해당하는 과태료가 부과된다. 국세청에서는 자금 조달계획서상 자금 출처가 불분명한 건에 대해서는 별도로 자금 출처조사를 할 수 있다. 그러므로 자금 조달계획서와 증빙서류를 제출할 때 적정하게 준비하는 것이 중요하다.

상증세법(상속세 및 증여세법) 집행 기준에 따르면, 연령, 세대주, 직업, 재산 상태, 사회·경제적 지위 등을 고려하여 재산 취득일 전 또는 채무 상환일 전 10년 이내에 해당 재산 취득자금 또는 해당 채무 상환자금의 합계액이 다음 표의 기준금액 미만인 경우와 취득자금 또는 상환자금의 출처에 관한 충분한 소명이 있는 경우에는 앞에서 말한 증여세 추정 대상에서 제외될 수 있다.

구분	취득 재산		채무 상환	총액 한도
	주택	기타 재산		
1. 세대주인 경우 　가. 30세 이상인 자 　나. 40세 이상인 자	2억 원 4억 원	5천만 원 1억 원	5천만 원 —	2.5억 원 5억 원
2. 세대주가 아닌 경우 　가. 30세 이상인 자 　나. 40세 이상인 자	1억 원 2억 원	5천만 원 1억 원	5천만 원 —	1.5억 원 3억 원
3. 30세 미만인 자	5천만 원	5천만 원	5천만 원	1억 원

단, 위에서 정한 금액 이하라고 해도 타인에게 증여받은 사실이 확인되면 증여세 과세 대상이 된다.

이처럼 자금 출처의 입증 책임이 납세자에게 있으므로 고가의 부동산을 취득한다면 자금 출처를 철저히 준비해야 한다. 국세청에 신고한 소득만 인정된다. 예를 들어, 아르바이트를 해서 벌었다고 해도 국세청에 신고되지 않은 소득이라면 인정되지 않는다.

D처럼 신고가 된 소득(급여 등)으로 아파트 취득가액 전액을 입증되기 힘들다면 D 명의로 금융기관에 대출을 받거나 취득 전에 부모에게 부족한 자금을 증여받고 증여세를 신고해 부동산 취득 자금 출처로 인정받는 것이 좋다.

조정대상지역 내 고가주택을 취득하면
임대사업자 혜택이 거의 없다

서울 강남의 아파트에 거주하고 있는 E는 약속이 있어 고덕동에 갔다. 약속장소에 도착했는데 시간이 남아 근처 공인중개사 사무소에 들렀다. 공인중개사는 근처의 F빌라(전용면적 84㎡)를 투자 유망 빌라라고 하면서 적극적으로 추천했다. F빌라의 매매가는 15억 원이었고, 주택 공시 가격은 10억 원이었다.

공인중개사는 장기일반민간임대주택 임대사업자로 등록하면 세금이 거의 없으니 오래 갖고 있으면 수익을 크게 얻을 수 있다고 했다. 과연 맞을까?

고객들과 상담을 하다 보면 의외로 세무 정보를 잘못 알고 있는 경우가 많다는 것을 알게 된다. 비전문가에게 잘못된 정보를 듣거나 세무업무를 대행해주는 세무사에게 잘못 듣기도 한다. 최근에는 세법이 수시로 개정되는 바람에 현직 세무사도 개정된 세법 내용을 놓치는 경우가 허다하다.

앞의 E와 관련해서는 7·10 대책 이후에 임대사업자로 등록하는 기준으로 설명하겠다.

장기일반민간임대주택 대부분의 세제 혜택은 등록 당시에 공시 가격 6억 원 이하, 85㎡ 이하일 때 받을 수 있다.

먼저, F빌라 취득 시 취득세는 감면받지 못한다. 분양받는 경우가 아닌 일반 매매로 취득하면 취득세 감면을 받을 수 없기 때문이다. 조정대상지역에 2주택을 취득하는 것이므로 취득세로 8.4%가 적용되어 1억 2,600만 원이다.

그렇다면 보유하고 있는 동안의 보유세는 줄어들까? 재산세부터 살펴보자.

재산세는 2세대 이상의 임대주택부터 감면이 된다. E는 1채만 장기일반민간임대주택으로 등록할 예정이므로 재산세 감면이 되지 않는다.

주택 공시 가격이 6억 원을 초과했기 때문에 종부세도 합산된다. 설령 주택 공시 가격이 6억 원 미만이라고 해도 2018년 9월 14일 이후에 조정대상지역에서 주택(주택을 취득할 수 있는 권리 포함)을 취득한 경우에는 종부세 합산 배제 대상에서 제외된다.

임대 시 소득세도 감면되지 않는다. 주택 공시 가격 6억 원 이하인 경우에만 감면 혜택을 주고 있기 때문이다.

이제 양도할 때 세금이 줄어들지 보자. 장기일반민간임대주택 임대사업자가 임대 개시일 당시 주택 공시 가격 6억 원(수도권 외 3억 원) 이하이면서 전용면적 85㎡ 이하인 주택으로 임대료 증가율 5% 이하로 임대사업을 했다면 8년 이상 임대한 후에 양도할 경우 50%의 장기 보유 특별 공제율이 적용된다(10년 이상 임대했다면 70%).

F빌라는 취득 당시 이미 주택 공시 가격이 6억 원을 초과해서 장기 보유 특별 공제 추가 혜택을 받을 수 없다.

조정대상지역에 있는 주택이라서 1세대 2주택에 해당된다면 소득세율에 10%가 중과(2021년 6월 1일 이후 양도 시 20% 중과)되며, 장기 보유 특별 공제를 적용받을 수 없다. 2018년 9월 14일 이후에 조정대상지역 내 주택을 신규로 취득하면 임대사업자로 등록해도 중과가 된다. 결국 F빌라를 양도할 때에 조정대상지역에 해당하면 장기 보유 특별 공제를 받을 수 없고 양도세는 10% 중과가 된다.

앞에서도 말했듯이 거주주택 매각 혜택이라는 것이 있다. 임대 개시일 당시 공시 가격이 6억 원(수도권 외 3억 원) 이하인 주택을 의무 임대 기간 이상 임대했을 때 거주자(장기일반민간임대주택 임대사업자)가 임대주택 외에 2년 이상 보유 및 거주한 주택(거주주택, 9억 원 이하)을 양도하면 양도세가 비과세된다. F빌라는 이미 주택 공시 가격이 6억 원을 초과했으므로 현재 2년 이상 거주한 아파트를 양도해도 비과세가 되지 않는다.

만일 F빌라를 취득해서 2주택이 됐고 2021년 7월에 양도해서 양도 차익이 5억 원이 났다고 해보자. 다음과 같이 양도세 등이 3억 원 정도가 발생한다. 양도 차익의 절반 이상을 세금으로 내야 한다.

구분	일반 주택으로 매각 시
양도가액	2,000,000,000
(−) 취득가액	1,500,000,000
양도 차익	500,000,000
(−) 장기 보유 특별 공제	—
양도소득금액	500,000,000
(−) 기본 공제	2,500,000
과세표준	497,500,000
양도세	273,100,000
(+) 지방소득세	27,310,000
총납부세액	300,410,000

- 주: '취득가액'에서는 계산 편의를 위해 취득세 등 필요경비는 반영하지 않았음. 이하 동일함.
- 단위: 원

F빌라를 장기일반민간임대주택 임대사업자로 등록해도 보유하는 동안 세금 혜택이 거의 없어 재산세 및 종부세 부담이 커질 수 있다. 최근에 고가주택의 공시 가격이 시세의 70~80% 이상으로 현실화되고 있으므로 이에 따라 재산세 및 종부세 부담이 가중될 수 있다.

이처럼 조정대상지역에 있는 고가빌라를 취득할 때 세금 혜택이 거의 없는데도 장기일반민간임대주택 임대사업자로 등록하면 10년간 매각할 수 없고 임대료를 5% 초과해 올릴 수 없으며 표준임대차계약서를 사용해야 하는 등 앞에서도 말한 의무는 부담해야 한다. 세금 혜택은 거의 없고 의무만 부담해야 하니 조정대상지역 내 고가빌라를 취득해서 장기일반민간임대주택 임대사업자로 등록할 필요가 없어 보인다.

만일 장기일반민간임대주택 임대사업자로 등록하려고 한다면 취득 시기, 조정대상지역 여부, 면적, 주택 공시 가격에 따라 세제 혜택이 다르므로 사전에 세무 전문가와 충분하게 상담을 해야 한다.

3장

주택을 임대할 때
필요한 절세 지식

사업장 현황 신고를
잊지 말자

주택 임대업은 부가가치세법상 면세 업종에 해당한다. 면세 사업자는 해당 사업장의 현황을 해당 과세 기간의 다음 연도 2월 10일까지 사업장 소재지 관할 세무서장에게 신고해야 한다.

사업장 현황 신고를 해야 하는 사업자는 다음 사항이 포함된 사업장 현황 신고서를 제출해야 한다.

① 사업자의 인적사항

② 업종별 수입금액 명세

③ 수입금액의 결제수단별 내역

④ 계산서, 세금계산서, 신용카드 매출전표 및 현금영수증 수취 내역

⑤ 그 밖에 사업장의 현황과 관련된 사항

매년 국세청에서는 사업장 현황 신고 안내문을 발송한다. 신고 안내문은 국세청에서 전년도 인별 보유 주택 수를 자체 분석해서 파악한 주택 임대사업자에게 발송하는데 정확하지 않을 수 있다. 신고 안내문을 받지 못해도 과세 대상(뒤의 '월세 임대와 전세 임대의 세금은 다르다' 참고)에 해당하면 사업장 현황 신고를 해야 한다.

세무서를 방문하지 않고 홈택스(www.hometax.go.kr)에 들어가 다음과 같은 경로로 간편하게 신고할 수도 있다.

로그인 → 신고/납부 → 일반신고 → 사업장 현황 신고

참고로 사업장 현황 신고를 해야 5월 말에 종합소득세를 신고할 때 국세청에서 간편 신고 서비스[기장 의무 및 경비율 등 안내, 미리(모두)채움신고서 제공 등]를 제공받아 편하게 소득세를 신고할 수 있다.

정리해보면, 실제로 주택 임대소득이 있다면 홈택스로 사업자 현황 신고를 해서 이후 간편 신고 서비스를 제공받아 5월 말에 종합소득세 신고를 편하게 하도록 한다.

02

월세 임대와 전세 임대의
세금은 다르다

G는 서울에 있는 아파트에 거주하면서 용인에 있는 $85\,m^2$ 이하 주택을 전세로 임대를 주고 있다.

최근 주택 임대와 관련해서 소득세를 내야 한다고 들었는데, 얼마나 내야 하는지 궁금해졌다.

2018년 말까지는 주택 임대소득금액이 2,000만 원 미만이면 소득세 비과세 대상이라서 주택 임대사업자 대부분은 세금을 내지 않았다. 2019년부터는 주택 임대소득금액이 2,000만 원 이하여도 분리과세 또는 종합과세를 선택해 세금을 납부하도록 개정됐다. 분리과세를 선택하면 주택 임대소득금액에 대해 15.4%(지방소득세 포함)가 적용되며, 종합과세를 선택하면 주택 임대소득과 다른 소득금

액이 합쳐져서 종합과세가 된다. 종합과세가 되면 종합소득세율은
다음과 같다.

과세표준	적용 세율	누진공제액
1,200만 원 이하	6%	—
1,200만 원 초과~4,600만 원 이하	15%	108만 원
4,600만 원 초과~8,800만 원 이하	24%	522만 원
8,800만 원 초과~1억 5천만 원 이하	35%	1,490만 원
1억 5천만 원 초과~3억 원 이하	38%	1,940만 원
3억 원 초과~5억 원 이하	40%	2,540만 원
5억 원 초과~10억 원 이하	42%	3,540만 원
10억 원 초과	45%	6,540만 원

먼저, (주택 임대소득 과세 여부를 판정할 때 부부는 합산해 주택 수를
산정하므로) 부부 합산 1주택자인 경우 기준시가가 9억 원 이하인
주택을 임대로 주면 비과세 대상이므로 안심해도 된다. 단, 9억 원
을 초과하는 주택으로 월세를 받고 있으면 과세 대상이 된다.

부부 합산 2주택자인 경우에는 월세를 줄 때와 전세를 줄 때가
다르다. 전세를 주는 경우는 과세 대상이 아니다. 3주택 이상부터
과세 대상이다. 월세를 주는 경우는 과세 대상이 된다.

부부 합산 3주택자라면 월세를 주든지, 전세를 주든지 모두 과세
대상이다. 단, 전세의 경우 2021년까지 전용면적 $40\,m^2$ 이하이면서
기준시가 2억 원 이하인 주택은 제외하도록 하고 있다. 즉, 2주택자
로 전세를 주고 있을 때는 여전히 과세 대상이 아니다.

주택 수(임대차 구조)	월세	보증금(전세)
1주택(부부 합산)	비과세 (기준시가 9억 원 초과 고가주택은 과세)	비과세
2주택(부부 합산)	과세	비과세
3주택 이상(부부 합산)	과세	과세 • 2021년까지 전용면적 40㎡ 이하+기준시가 2억 원 이하 주택은 제외

이제 임대소득을 산정해보자. 연 임대소득은 다음과 같다.

연 임대소득=월세×12+(임대보증금−3억 원)×60%×1.2%*

• 1.2%: 금융회사 등의 정기예금 이자율을 고려해 기획재정

부령으로 정하는 이자율

연 임대소득이 2,000만 원 이하라면 분리과세와 종합과세를 선택할 수 있다. 먼저 분리과세를 선택한 경우를 보자.

• 주택 임대소득 외 종합소득금액이 2,000만 원 초과인 경우

=연 임대소득×(1−50%)×15.4%(지방소득세 포함, 이하

동일)

---

* 2021년 3월 16일에 공포된 소득세법 시행규칙에 따라 이자율은 1.2%를 적용했음.

- 주택 임대소득 외 종합소득금액이 2,000만 원 이하인 경우

  =[연 임대소득×(1−50%)−200만 원]×15.4%

- 임대주택일 때 주택 임대소득 외 종합소득금액이 2,000만 원 초과인 경우

  =연 임대소득×(1−60%)×15.4%

- 임대주택일 때 주택 임대소득 외 종합소득금액이 2,000만 원 이하인 경우

  =[연 임대소득×(1−60%)−400만 원]×15.4%

단기민간임대주택인 경우 소득세 30%(2채 이상 20%)가, 장기일반민간임대주택인 경우 소득세 75%(2채 이상 50%)가 감면된다.

그렇다면 임대소득이 얼마 정도이면 임대소득세를 내지 않을 수 있는지 알아보자. 먼저, 임대사업자에 해당하지 않으면서 주택 임대소득 외 종합소득금액이 2,000만 원 이하인 경우를 보자.

분리과세를 신청했을 때 연 임대소득이 400만 원 이하라면 사업소득금액이 0이 되므로 소득세 대상에 해당하지 않는다. 전세로만 임대했을 때는 전세보증금이 8억 5,500만 원 이하면 소득세 대상에 해당하지 않는다.

임대주택이면서 주택 임대소득 외 종합소득금액이 2,000만 원 이하인 경우 연 임대소득이 1,000만 원 이하라면 소득세 대상에 해

당하지 않는다. 전세로만 임대했을 때는 전세보증금이 16억 8,800만 원 이하면 소득세 대상에 해당하지 않는다. 이처럼 월세보다 전세일 때 소득세 대상에 해당하지 않는 범위가 넓다.

앞으로 소득세 절세를 위해서는 월세를 전세로 전환하는 것을 고려해본다. 단기민간임대주택 등록은 폐지되어 더는 등록할 수 없지만 장기일반민간임대주택으로 등록하면 소득세 대상에 해당하지 않는 면세점 금액이 높아지므로, 조만간 처분할 것이 아니라면 임대주택으로 등록을 고려해본다.

G는 2주택자이지만 전세를 주고 있으므로 앞에서 설명한 것처럼 소득세 과세 대상에서 제외된다.

2020년 1월 1일 이후부터는 주택 임대사업자 등록을 하지 않으면 임대소득의 0.2%를 가산세로 부담해야 한다. 주택 임대수입이 있다면 관할 세무서에 등록해야 한다. 단, 세무서에 주택 임대사업자로 등록하는 것은 관할 구청에 등록하는 장기일반민간임대주택과 다르다. 즉, 앞으로는 장기일반민간임대주택으로 등록하지 않아도 주택을 임대하면 관할 세무서에 주택 임대사업자 등록을 해야한다.

관할 세무서에만 주택 임대사업자로 등록하면 의무 임대 기간, 임대료 상승률 제한이 없지만, 만일 장기일반민간임대주택으로 등록하면 의무 임대 기간 동안 주택을 양도하지 못하고 임대료 상승률도 5%로 제한된다. 관할 세무서에 주택 임대사업자를 등록하는 경우와 혼동하지 않아야 한다.

03

재산세는
얼마나 낼까?

H는 1월 말에 서울 서대문구에 있는 소형 주택을 9억 원에 취득했다. 공시 가격은 6억 원이었다. 매년 재산세가 나온다는데 과연 얼마나 될까?

주택을 임대하면 매년 보유세를 부담해야 한다. 보유세는 재산세와 종부세로 나눠진다. 먼저, 재산세 과세 대상에 대해 알아보자.

재산세는 토지, 건축물, 주택, 항공기 및 선박을 과세 대상으로 한다. 주택을 보유하고 있다면 매년 재산세를 부담해야 한다. 재산세 납세 의무자는 매년 6월 1일 현재에 재산을 사실상 소유하고 있는 자다. 만일 H가 6월 2일에 잔금을 지급했다면 올해 재산세는 양도한 사람이 납세 의무자가 된다. H는 올해 재산세를 내지 않아도 된다.

주택의 재산세 과세표준은 주택 공시 가격의 60%다. 이 과세표준에 다음의 재산세율을 적용하면 재산세가 산출된다.

과세표준	세율
6천만 원 이하	0.1%
6천만 원 초과~1억 5천만 원 이하	60,000원＋6천만 원 초과금액의 0.15%
1억 5천만 원 초과~3억 원 이하	195,000원＋1억 5천만 원 초과금액의 0.25%
3억 원 초과	570,000원＋3억 원 초과금액의 0.4%

H가 부담할 재산세는 81만 원이다.

한편, 지자체의 장은 도시지역 중 해당 지방의회의 의결을 거쳐 고시한 지역 안에 있는 토지, 건축물 또는 주택은 조례로 정한 대로 다음의 세액을 재산세액에 추가로 부과할 수 있다.

재산세 도시지역분 추가 부담액=재산세 과세표준×0.14%

만약 H에게 추가로 부과가 된다면 앞에서 말한 재산세에 50만 4,000원이 추가로 부과된다.

지방 교육의 질적 향상에 필요한 지방 교육 재정의 확충에 드는 재원을 확보하기 위해 지방교육세를 재산세액의 20%만큼 추가로 부과한다. H에게는 앞에서 말한 재산세 81만 원의 20%인 16만 2,000원이 추가로 부과된다.

지금까지 말한 재산세, 재산세 도시지역분의 추가 부담액, 지방교육세를 모두 더한 금액이 실질적으로 부담해야 할 재산세 등이라고 할 수 있다. 즉, H가 매년 실질적으로 부담해야 할 재산세 등은 147만 6,000원이다.

그렇다면 H는 언제까지 재산세를 내야 할까? 주택의 경우 매년 7월 16일에서 7월 31일까지와 9월 16일에서 9월 30일까지 각각 2분의 1씩 재산세 등이 부과된다.

급격한 과세표준 증가에 따른 세 부담을 방지하기 위해 주택 공시 가격에 따라 다음과 같이 세 부담 상한을 두고 있다.

주택 공시 가격	세 부담 상한
3억 원 이하	직전 연도 해당 재산에 대한 재산세 상당액[※]×105%
3억 원 초과~6억 원 이하	직전 연도 해당 재산에 대한 재산세 상당액×110%
6억 원 초과	직전 연도 해당 재산에 대한 재산세 상당액×130%

• ※ 재산세 상당액=재산세+재산세 도시지역분

물론, 인별 주택 공시 가격이 6억 원(1주택 단독 보유분은 9억 원)을 초과하면 종부세가 추가로 과세된다.

주택을 임대할 때 보유세가 높으면 주택의 실질 임대수익률이 낮아지므로 보유세를 고려하면서 주택 임대 여부를 결정한다.

04

종부세의 구조와
절세 포인트

종부세의 과세 기준일은 재산세 과세 기준일과 같다. 즉, 매년 6월 1일 기준으로 보유 주택에 대해 부과된다.

그렇다면 모든 주택이 종부세를 내야 할까? 그렇지 않다. 과세 기준일 현재, 주택분 재산세의 납세 의무자 중에 국내에 있는 재산세 과세 대상인 주택의 공시 가격을 합산한 금액이 6억 원을 초과하면 종부세를 낼 의무가 있다.

만약 공동명의로 주택을 보유하고 있으면 각각 6억 원씩 공제되어 주택 공시 가격이 12억 원을 초과할 때 종부세가 과세된다. 다주택자는 공동명의로 취득하면 종부세를 절세할 수 있다.

주택을 1채만 단독으로 소유한 1세대 1주택자는 9억 원을 초과하는 경우 종부세를 낼 의무가 있다.

종부세 과세표준은 주택 공시 가격에서 앞에서 말한 공제금액을 차감한 후의 금액에 공정시장가액비율을 곱한 금액이다. 공정시장가액비율은 다음과 같이 꾸준하게 올라 2022년에 100%를 적용하게 된다.

2019년	2020년	2021년	2022년
85%	90%	95%	100%

위 과세표준에 종합부동산세율(종부세율)을 적용한다.

종부세율은 최근 급격히 오르고 있다. 7·10 대책(2020년)에 따라 종부세율은 다음과 같이 개정됐다.

과세표준	일반			3주택 이상+ 조정대상지역 2주택		
	개정 전	개정		개정 전	개정	
3억 원 이하	0.5%	0.6%	+0.1%p	0.6%	1.2%	+0.6%p
3~6억 원	0.7%	0.8%	+0.1%p	0.9%	1.6%	+0.7%p
6~12억 원	1.0%	1.2%	+0.2%p	1.3%	2.2%	+0.9%p
12~50억 원	1.4%	1.6%	+0.2%p	1.8%	3.6%	+1.8%p
50~94억 원	2.0%	2.2%	+0.2%p	2.5%	5.0%	+2.5%p
94억 원 초과	2.7%	3.0%	+0.3%p	3.2%	6.0%	+2.8%p

주택분 과세표준의 금액과 관련해 해당 과세 대상인 주택의 주택분 재산세로 부과된 세액은 주택분 종부세액에서 다음과 같이 공제한다.

공제할 재산세액=주택분 재산세로 부과된 세액의 합계액×
(주택분 종부세 과세표준×60%×주택분 재산세 표준세율)÷주
택을 합산해 주택분 재산세 표준세율로 계산한 재산세 상당액

납세 의무자가 법인(사업의 특성을 고려해 대통령령으로 정하는 경
우는 제외)이라면 과세표준을 계산할 때 6억 원이 공제되지 않는다.
과세표준에 다음 세율을 적용해 계산한 금액을 주택분 종부세액으
로 한다.

    ① 2주택 이하를 소유한 경우(조정대상지역 내 2주택을 소유
       한 경우 제외): 3%
    ② 3주택 이상을 소유하거나 조정대상지역 내 2주택을 소유
       한 경우: 6%

이처럼 법인이 주택을 보유하면 종부세율이 사실상 최고 세율이
적용된다. 조정대상지역 내 2주택 이상이거나 3주택 이상인 경우
보유세 부담이 상당할 것으로 예상된다.

단독으로 1세대 1주택인 경우 연령, 보유 기간에 따라 산출세액
에서 추가로 세액 공제가 된다. 7·10 대책에 따라 다음과 같이 개
정되었으며 공제 한도가 80%로 늘어났다.

개정 전				개정			
고령자		장기 보유		고령자		장기 보유	
연령	공제율	보유 기간	공제율	연령	공제율	보유 기간	공제율
60~65세	10%	5~10년	20%	60~65세	20%	5~10년	20%
65~70세	20%	10~15년	40%	65~70세	30%	10~15년	40%
70세 이상	30%	15년 이상	50%	70세 이상	40%	15년 이상	50%
◦ 공제 한도: 고령자+장기 보유 합계 70%				◦ 공제 한도: 고령자+장기 보유 합계 80%			

이처럼 1세대 1주택자가 고령이고 장기간 보유했다면, 세액 공제가 최대 80%까지 되므로 군이 배우자와 명의를 분산할 필요는 없다. 부부간에 명의를 분산하면 일단 취득세가 발생한다. 그리고 증여한 재산가액이 6억 원을 초과하면 증여세가 발생한다.

재산세와 종부세의 합계액이 직전 사업연도 합계액보다 급격히 증가하는 것을 방지하기 위해 세 부담 상한선을 두고 있다. 7·10 대책에 따라 세 부담 상한선이 다음과 같이 개정됐다.

개정 전			개정		
일반	조정대상지역 2주택	3주택 이상	일반	조정대상지역 2주택	3주택 이상
150%	200%	300%	150%	300%	300%

위에서 말한 한도를 고려해 산출된 종부세에 농특세 20%를 가산해 종부세 등이 확정된다.

지금까지 말한 개정 내용을 반영할 경우 다주택자의 보유세 부담은 2021년부터 급격하게 증가한다. 예를 들어보자.

서울 반포동에 34평형 아파트(시가 26억 원)와 대치동에 38평형 아파트(시가 34억 원)를 단독으로 보유하고 있다면 연도별 보유세는 다음과 같다(공시 가격은 시가의 70%, 2020년 이후 매년 5% 상승한다고 가정).

구분	2020년	2021년	2022년
재산세 등	14,112,000	14,893,200	15,713,460
종부세 등	50,114,880	120,677,997	137,287,347
보유세 합계	**64,226,880**	**135,571,197**	**153,000,807**

• 단위: 원

배우자와 부부 공동명의(5:5)로 보유하고 있다면 보유세 합계는 다음과 같다.

구분	2020년	2021년	2022년
재산세 등	14,112,000	14,893,200	15,713,460
종부세 등	28,224,000	71,115,840	86,477,760
보유세 합계	**42,336,000**	**86,009,040**	**102,191,220**

• 단위: 원

자신이 반포동의 34평형 아파트를 보유하고, 배우자가 대치동의 38평형 아파트를 각각 보유하고 있다면 보유세 합계는 다음과 같다.

구분	2020년	2021년	2022년
재산세 등	14,112,000	14,893,200	15,713,460
종부세 등	20,793,600	31,047,840	37,265,760
보유세 합계	**34,905,600**	**45,941,040**	**52,979,220**

• 단위: 원

　다주택자인 경우 단독으로 주택을 전부 보유하는 것보다 공동명의로 보유할 때 종부세가 더 낮아짐을 알 수 있다. 또한, 부부가 각각 1채씩 보유하는 경우에는 공동명의로 보유할 때보다 낮은 종부세율이 적용되어 종부세가 더 낮아짐을 알 수 있다.

　조합원입주권은 주택이 아니라 주택을 취득할 수 있는 권리이기 때문에 주택에 대한 종부세는 나오지 않는다. 그래서 조합원입주권을 취득하는 경우나 주택이 조합원입주권으로 전환되는 경우에는 주택에 대한 종부세 부담이 없다. 단, 준공 후부터는 주택으로 봐서 종부세 과세표준에 합산되므로 다주택 정리 계획을 세울 때 고려할 필요가 있다.

05
조정대상지역과
비조정대상지역 간 차이

'조정대상지역이냐?', '비조정대상지역이냐?'에 따라 1세대 1주택 양도세 비과세 요건이 달라진다.

취득 당시 비조정대상지역이라면 2년 보유 요건만 충족해도 1세대 1주택 양도세 비과세를 받을 수 있다. 반면, 조정대상지역이라면 2년 거주 요건이 추가된다. 즉, 조정대상지역의 1세대 1주택자는 '2년 거주, 2년 보유'라는 요건을 충족해야 1세대 1주택 비과세 혜택을 받을 수 있다.

국내에 1주택을 보유한 1세대가 다른 주택을 취득해서 일시적으로 2주택자가 됐다면 기존 주택을 취득한 날로부터 1년 이상이 지난 후에 다른 주택을 취득하고, 기존 주택을 3년 이내에 양도했다면 양도세가 비과세가 된다. 그런데 기존 주택이 조정대상지역에 있다면 달라지는 부분이 있다. 기존 주택이 조정대상지역에 있는 상태에서 2019년 12월 17일 이후 조정대상지역에 있는 또 다른 주택을 취득하면, 2020년 2월 11일 이후 양도분부터는 신규 주택 취득일로부터 1년 이내에 신규 주택으로 전입 신고를 해야 한다. 그리고 기존 주택을 신규 주택 취득일로부터 1년 내에 양도해야 한다.

다주택자인 경우에도 달라지는 부분이 있다. 비조정대상지역 내 주택을 매각하면 장기 보유 특별 공제를 받을 수 있고 양도세도 일반 세율로 과세된다. 그런데 다주택자가 조정대상지역 내 주택을 매각하면 장기 보유 특별 공제를 받을 수 없고 양도세도 중과(2021년 6월 1일 이후 매각 시 2주택 20%, 3주택 30%)된다.

비조정대상지역 내 주택을 장기일반민간임대주택으로 등록하는데 해당 주택이 임대 개시일 또는 임대주택 합산 배제 신청 과세 기준일 현재에 주택 공시 가격 6억 원(수도권 외 3억 원) 이하라면 의무 임대 기간 동안 계속 임대할 경우 종부세가 합산 배제된다. 단, 아파트는 장기일반민간임대주택으로 등록이 폐지되어 앞으로는 아파트 외 주택에 한해 적용된다.

비조정대상지역 내 2주택을 보유한 경우 종부세율이 과세표준에 따라 0.6~3.0%가 적용되지만, 조정대상지역 내 2주택을 보유한 경우에는 종부세율이 과세표준에 따라 1.2~6.0%로 높아진다. 한편, 비조정대상지역 내 2주택을 보유한 경우 보유세 세 부담 상한선이 작년 대비 150%가 적용되지만, 조정대상지역 내 2주택을 보유한 경우에는 세 부담 상한선이 작년 대비 300%로 높아진다.

비조정대상지역과 조정대상지역 간에는 이와 같은 차이가 있다. 만약 자신이 매입할 예정인 주택의 지역이 조정대상지역으로 지정된다고 하면 좀 더 신중하게 결정하는 것이 바람직하다.

4장

주택을 처분할 때
필요한 절세 지식

필요 경비 증빙은
잘 챙긴다

양도세를 계산할 때는 양도 차익(양도가액−취득가액−필요 경비)에서 장기 보유 특별 공제와 기본 공제를 차감해 과세한다. 그래서 취득가액과 필요 경비를 최대한 많이 인정받을수록 양도세가 줄어든다. 여기서는 개인이 좀 더 알아야 하는 필요 경비에 대해 알아보려고 한다.

필요 경비로 인정되는 것은 무엇인지 알아보자. 먼저, 취득할 때 지출하는 취득세, 법무사 비용, 국민주택채권 매각차손은 필요 경비로 인정된다. 부동산을 매수할 때 의무적으로 국민주택채권을 매입하도록 하고 있다. 보통 국민주택채권을 바로 처분하는 바람에 매각차손이 발생하는데 이를 국민주택채권 매각차손이라고 한다. 법무사 비용, 국민주택채권 매각차손은 빠뜨리는 경우가 많으니 관련 증빙을 챙기도록 하자.

건물을 임대하면서 발생한 자본적 지출액도 필요 경비로 인정된다. '자본적 지출'이란, 사업자가 소유하는 감가상각 자산의 내용 연수를 연장하거나 해당 자산의 가치를 현실적으로 증가하기 위해 지출한 수선비를 말한다. 다음에 해당하는 지출을 포함한다.

① 본래의 용도를 변경하기 위한 개조

② 엘리베이터 또는 냉·난방장치 설치

③ 빌딩 등에서의 피난시설 등의 설치

④ 재해 등으로 인해 건물, 기계, 설비 등이 멸실 또는 훼손되어 해당 자산의 본래 용도로의 이용 가치가 없는 것의 복구

⑤ 기타 개량, 확장, 증설 등 비용

실무적으로 자산의 내용 연수를 연장하거나 해당 자산의 가치를 현실적으로 증가하기 위해 지출한 수선비는 새시, 방 확장 비용, 보일러 및 배관 개체 비용, 난방시설 교체 비용, 자바라 및 방범창 설치 비용 등이 해당한다. 그런데 벽지 장판 교체 비용, 싱크대 교체 비용, 타일 및 변기 공사 비용, 옥상 방수 공사 비용 등은 본래 기능을 유지하기 위한 수익적 지출로 봐서 필요 경비로 인정되지 않는다.

아파트 내부의 인테리어 전체를 공사하고 비용을 지급할 경우 자본적 지출에 해당하는 비용을 가려내기 위해서는 공사 계약서에 공사별 비용을 구분해야 한다. 이 비용은 현금영수증, 신용카드 매출

전표, 세금계산서를 받거나 실제 지출 사실이 금융 거래 관련 증빙 서류에 의해 확인될 때 인정되므로 꼭 적격 증빙을 받거나 금융 거래 관련 증빙서류를 보관해둔다.

또한, 양도할 때 지출한 비용에 대해서도 필요 경비로 인정받아 공제가 가능하다. 예를 들어, 부동산 취득과 매매 때 지출한 중개수수료는 필요 경비로 인정된다. 반면, 전세를 놓을 때 지출한 중개수수료, 재산세, 종부세는 양도와는 관련 없는 비용이라서 양도할 때 필요 경비로 인정되지 않는다. 이러한 비용도 현금영수증, 신용카드 매출전표, 세금계산서 등을 받거나 실제 지출 사실이 금융 거래 관련 증빙서류에 의해 확인될 때 인정된다.

결국, 관련된 증빙자료를 꼭 챙겨야 필요 경비로 인정받아 양도세를 줄일 수 있다.

02

상가주택의 세금이
달라진다

주택과 상가가 같이 있는 하나의 건물을 세법상 겸용주택이라고 한다(실생활에서는 보통 상가주택이라고 한다). 상가와 주택이 같이 있는 겸용주택은 일반적인 주택을 보유할 때와 취득부터 양도까지 세법상 다른 부분이 많다.

겸용주택을 취득할 때는 상가와 주택을 구분하여 취득세를 내야 한다. 주택의 취득세는 매매금액, 면적, 주택 수에 따라 1.1~13.4%인 반면, 상가는 4.6%다. 주택과 상가의 취득세가 다르므로 전체 취득가액을 시가표준액으로 상가와 주택을 안분한 다음, 취득세를 구분해 납부해야 한다.

상가 임대료는 부가가치세 과세 대상이라서 부가가치세를 납부해야 하지만 주택 임대료는 면세항목이라서 부가가치세 과세 대상이 아니다.

상가(부분)와 주택(부분)의 임대소득에 대해 종합소득세를 신고할 때 차이가 있다. 상가의 임대소득 관련해서는 필요 경비를 제한 금액이 종합과세 대상이 된다.

주택의 임대소득 관련해서는 해당 소득금액이 2,000만 원 이하라면 분리과세(15.4%) 또는 종합과세 적용을 선택할 수 있다. 2,000만 원 초과라면 종합과세 대상이 된다. 또한, 주택을 전세로 임대할 때 전체 주택 수가 2채인 경우 종합소득세 과세 대상이 아니며, 월세로 임대할 때 1주택이고 공시 가격이 9억 원 이하면 종합소득세 비과세 대상이다.

겸용주택을 양도할 때 주택면적이 상가면적보다 크면 전부를 주택으로 보고 양도세를 계산한다. 주택면적이 상가면적보다 작거나 같으면 상가면적에 해당하는 부분은 상가의 양도로 보고 양도세를 계산해야 한다. 즉, 주택면적이 상가면적보다 큰 경우 1세대 1주택인 상황에서 양도할 때 매매가가 9억 원 이하라면 1세대 1주택 비과세가 가능하다고 할 수 있다.

이는 상당히 중요한 부분이다. 1세대 1주택을 판단할 때 주택의 부수토지 중 도시지역 내 토지는 주택 정착면적의 5배(도시지역 외 토지: 10배)까지 비과세가 적용된다. 2022년 1월 1일 이후 양도분의 경우 수도권 내 토지 중 주거·상업·공업지역 내 토지는 3배까지만 주택 부수토지로 보고 비과세가 적용된다.

한편, 1세대 1주택인 상황에서 9억 원 초과분은 다음과 같이 양도 차익을 계산한 후, 장기 보유 특별 공제와 기본 공제를 차감해서 양도세가 과세된다.

주택에 해당하는 자산에 적용할 양도 차익=양도 차익×(양도 가액－9억 원)÷양도가액

이처럼 1세대 1주택에 해당하면서 주택면적이 상가면적보다 크고 매매가가 9억 원을 초과해도 10년 이상 보유하고 거주했다면 장기 보유 특별 공제를 80%로 적용받을 수 있으니 양도세가 크게 줄어든다.

그런데 2022년 1월 1일 이후부터는 양도 시 주택면적이 상가면적보다 커도 매매가 9억 원 초과분의 양도 차익을 계산할 때 주택 부분만 주택으로 보고, 상가부분은 1세대 1주택 비과세를 적용받을 수 없다. 1세대 1주택에 해당하는 겸용주택(매매가 9억 원 초과)을 보유하고 있는데 주택면적이 상가면적보다 크다면 2021년까지 매각해야 양도세를 줄일 수 있음을 유의한다.

팔기 전에 알아야 하는
1세대 1주택 비과세

양도세 관련해서 상담을 하다 보면 안타깝게도 이미 잔금까지 주는 바람에 양도세를 줄일 기회를 놓치는 고객을 많이 만나게 된다. 거래 전에 세금까지 고려하지 않으면 시세 차익 대부분을 세금으로 낼 수도 있다. 특히 1세대 1주택 비과세를 너무 쉽게 생각했다가 낭패를 보는 사람이 많다. 이번에 이와 관련해 제대로 절세하는 방법을 알아보려고 한다.

일시적 2주택 비과세 활용

1세대(거주자)가 2년 이상 보유하고 있는 1주택을 양도하면 양도세 비과세 적용을 받는다. 2017년 8월 3일 이후에 조정대상지역 내 주택을 취득했다면 '2년 거주'라는 요건이 추가된다.

매매 가격이 9억 원 이하인 주택은 전부 비과세이고, 9억 원을 초과해도 초과한 부분만큼 양도 차익을 산정한다. 10년 이상 보유 및 거주를 했다면 장기 보유 특별 공제가 80% 적용되므로 1세대 1주택으로 매각하는 것이 세제상 매우 유리하다.

조정대상지역 내 3주택인 사람이 주택을 양도하는 경우와 1주택인 사람(2년 거주 요건 충족)이 주택을 양도하는 경우를 비교해보자.

구분	보유 기간 및 거주 기간	양도가	취득가	양도세 등
3주택자	10년	15억 원	6억 원	6억 7,200만 원
1주택자	10년	15억 원	6억 원	1,260만 원

위와 같이 3주택자와 1주택자 간에 양도세 차이가 크게 나므로, 1세대 1주택 비과세 조건을 충족해 양도하는 것이 좋다.

최근 세법 개정에 따라 2021년 주택 양도분부터 1세대 1주택이라도 거주 기간에 따라 장기 보유 특별 공제가 다음과 같이 달라진다.

기간		2년 이상	3년 이상	4년 이상	5년 이상	6년 이상	7년 이상	8년 이상	9년 이상	10년 이상
1 주 택	합계	8%	24%	32%	40%	48%	56%	64%	72%	80%
	보유	—	12%	16%	20%	24%	28%	32%	36%	40%
	거주	8%※	12%	16%	20%	24%	28%	32%	36%	40%

• ※ 보유 기간이 3년 이상인 경우에 해당함.

2021년부터는 보유 및 거주를 10년 이상 해야만 장기 보유 특별 공제를 80% 적용받을 수 있다.

국내에 1주택을 보유한 1세대가 기존 1주택을 취득한 지 1년 이상이 지나서 또 다른 주택을 취득하고 기존 주택을 3년 내 양도하면 일시적 2주택자로 인정받은 1세대 1주택자가 되어 양도세를 비과세한다. 1세대 2주택자이면서 최근에 취득한 주택을 3년 미만으로 보유하고 있다면 기존 주택의 양도를 절세 측면에서 고려할 필요가 있다.

기존 주택이 조정대상지역에 있는데 2018년 9월 14일 이후에 조정대상지역 내 주택을 추가로 취득했다면 일시적 2주택자로 인정받는 보유 기간이 3년에서 2년으로 줄어든다. 또한, 기존 주택이 조정대상지역에 있는데 2019년 12월 17일 이후에 조정대상지역 내 주택을 추가로 취득했다면 일시적 2주택자로 인정받는 보유 기간이 1년으로 줄어들며, 신규 주택 취득일로부터 1년 내 신규 주택에 전입 신고를 해야 한다.

최근에 안타까운 상담 고객이 있었다. 일시적 2주택자였는데 새로 취득한 주택의 보유 기간이 3년 2개월을 지나는 바람에 기존 주택을 매각하면서 거액의 양도세를 낸 것이다. 이처럼 주택의 양도 시기 및 취득 시기에 따라 1세대 1주택 비과세 혜택이 다르게 적용되니 주의한다.

1세대 1주택자가 1주택을 보유하고 있는 60세 이상의 직계존속을 동거봉양을 위해 세대를 합쳐 2주택자가 될 경우 세대를 합친 날로부터 10년 이내에 먼저 양도하는 주택은 1세대 1주택으로 보고 비과세규정을 적용한다. 또한, 결혼하면서 1세대 2주택이 되면 결혼한 날로부터 5년 이내에 양도하는 주택은 1세대 1주택으로 보고 비과세규정을 적용한다.

상속으로 인해 2주택이 되는 경우

상속받은 주택과 일반 주택(상속 개시 당시에 보유하고 있는 주택)을 각각 1채씩 보유하고 있는 1세대가 일반 주택을 먼저 양도하면 주택 1채를 보유하고 있는 것으로 인정해 비과세를 적용받는다.

만약 피상속인이 2주택 이상을 상속하면 다음의 선순위 조건에 따른 주택 1채를 상속주택으로 본다.

- 피상속인이 보유한 기간이 가장 긴 1주택
- 피상속인이 보유한 기간이 같은 주택이 2채 이상이면 피상속인이 거주한 기간이 가장 긴 1주택

상속받은 주택을 먼저 양도하면 양도세가 과세된다는 점을 주의한다. 최근에 상담한 한 고객은 상속주택을 먼저 매각하는 바람에 거액의 양도세를 냈다.

일반 주택을 먼저 양도하면 1세대 1주택 비과세규정을 적용할 수 있어 세제상 매우 유리한데, 상속받기 전에 일반 주택을 보유한 때에만 양도세 비과세규정이 적용되므로 주의가 필요하다.

농어촌주택과 일반 주택을 보유하고 있는 경우

농어촌주택과 일반 주택을 각각 1채씩 보유하고 있는 1세대가 일반 주택을 양도하면 일시적 2주택자로 보고 비과세규정을 적용한다. 농어촌주택이란, 수도권 외 지역 중에 읍 또는 면 지역에 소재한 주택으로 이농주택, 귀농주택, 상속받은 주택을 말하며 자세한 요건은 다음과 같다.

구분	상속주택	이농주택	귀농주택
농어촌주택 소재 지역	서울, 인천 및 경기도를 제외한 읍·면 지역	서울, 인천 및 경기도를 제외한 읍·면 지역	서울, 인천 및 경기도를 제외한 읍·면 지역
규모	제한 없음	제한 없음	대지 660㎡ 이내
요건	피상속인이 5년 이상 거주	이농인이 5년 이상 거주	• 연고지 소재 주택을 1,000㎡ 이상의 농지와 함께 취득해 3년 이상 거주 및 영농에 종사해야 함. • 귀농주택 취득 후 1년 이내에 1,000㎡ 이상의 농지를 취득하는 경우 • 고가주택에 해당하지 않을 것

거주자인 1세대가 2003년 8월 1일(고향주택은 2009년 1월 1일)부터 2022년 12월 31일까지의 기간 내에 농어촌주택[수도권(경기도 연천군, 인천시 옹진군은 제외) 밖의 읍·면 또는 동] 또는 고향주택(수도권 밖의 인구 20만 명 이하의 시) 중 하나에 해당하는 1채의 주택을 취득해 3년 이상 보유하고 그 농어촌주택 또는 고향주택 취득 전에 보유하던 1주택을 양도하면 그 농어촌주택 등을 해당 1세대의 소유 주

택이 아닌 것으로 본다. 그래서 기존 주택이 1세대 1주택에 해당하면 비과세(매매가 9억 원 이하 비과세, 9억 원 초과분은 과세)된다.

이때 농어촌주택이라면 대지면적이 $660\,m^2$ 이내여야 하고 주택 및 주택의 부수토지 기준시가 합계액이 취득 당시에 2억 원 이하여야 한다. 고향주택이라면 10년 이상 거주한 지역에 해당해야 하고, 대지면적이 $660\,m^2$ 이내여야 하며 주택 및 주택의 부수토지 기준시가 합계액이 취득 당시에 2억 원 이하여야 한다.

문화재에 해당하는 주택을 보유하고 있다

문화재에 해당하는 주택과 기존 주택을 각각 1채씩 보유하고 있는 1세대가 기존 주택을 양도하면 1세대 1주택으로 보고 양도세가 비과세된다.

근무상 형편 등으로 주택을 취득해야 한다

1주택자가 취학, 근무상 형편, 질병의 요양 등의 부득이한 사유로 인해 수도권 밖에 주택을 추가로 취득한다면? 부득이한 사유가 해소된 날로부터 3년 이내에 기존 주택을 양도하면 1세대 1주택으로 보고 양도세가 비과세된다.

임대주택 외 거주주택 비과세

임대 개시일 당시 주택 공시 가격 6억 원(수도권 외 3억 원) 이하인 주택을 장기일반민간임대주택으로 등록해 임대하면서 임대료 증가율 5%를 초과하지 않았다면 장기일반민간임대주택으로 등록한 주택 외에 2년 이상 보유 및 거주한 1주택(9억 원 이하)을 양도하면 양도세가 비과세된다. 앞에서 말했던 거주주택 매각 혜택이다. 즉, 거주자가 2년 이상 보유 및 거주한 주택을 제외하고 다른 주택에 대해 앞에서 말한 조건을 충족한 장기일반민간임대주택으로 등록하면 기존 거주주택 매각 시 1세대 1주택 비과세 적용이 가능하다.

현재 다주택자인데 임대하는 주택 외에 거주주택을 매각할 계획이 있다면 이 부분을 잘 활용해보자. 양도세를 꽤 많이 절세할 수 있다.

*

지금까지 1세대 1주택 비과세 적용이 가능한 다양한 사례를 살펴봤다. 다양한 경우가 있는 만큼 주택을 양도하기 전에 세무 전문가와 면밀하게 상담한 후, 양도 여부를 결정하는 것이 필요함을 다시 한 번 강조한다.

04

양도 차익이 적은 주택부터
매각하라

조정대상지역에 다음과 같은 주택 2채를 보유하고 있다. 보유세가 해마다 증가하고 있어서 2채 다 양도할 생각이다. 어떤 주택을 먼저 매각해야 절세를 할 수 있을지 살펴보자.

종류	보유 기간	양도가	취득가
A 아파트	10년	9억 원	3억 원
B 아파트	10년	5억 원	4억 원

• 주: 조정대상지역 내 주택으로 가정한다. 또한, 조정대상지역 지정 전에 취득하면 1세대 1주택 비과세를 받기 위해 거주 요건이 필요 없으므로 A 아파트, B 아파트 모두 조정대상지역 지정 전에 취득했다고 가정한다.

일시적 2주택 요건을 충족하지 못하는 바람에 2채 중 1채의 양도세를 부담해야 하는 상황이다.

이처럼 일시적 2주택 요건을 충족하지 못하는 2주택자가 양도세를 절세하려면 양도 차익이 적은 주택을 먼저 매각하는 것이 바람직하다.

현재 조정대상지역 내 주택을 2채 이상 가진 사람이 주택을 매각하면 장기 보유 특별 공제를 적용받지 못하고 양도세가 중과되므로 양도 차익이 적은 주택부터 매각해야 한다. 양도 차익이 큰 주택을 나중에 매각하면 1세대 1주택 비과세 혜택을 적용받을 수 있기 때문이다.

2021년 이후 양도분부터는 다주택자의 경우 1세대 1주택 외의 주택을 모두 매각하고 2년이 지난 후에 매각해야 1세대 1주택 비과세를 적용받을 수 있으므로 주의한다.

A 아파트를 2020년 1월에 매각하고, B 아파트를 2022년 2월에 매각할 경우 B 아파트를 매각할 때 1세대 1주택 비과세 혜택이 적용된다. A 아파트를 매각할 때는 다주택자 중과세율이 적용되어 양도세 등(지방소득세 포함)으로 약 3억 원을 내야 한다.

B 아파트를 2020년 1월에 매각하고, A 아파트를 2022년 2월에 매각할 경우 B 아파트를 매각할 때 양도세 등으로 약 3,200만 원을 내야 한다. A 아파트를 매각할 때는 양도세를 비과세받을 수 있다.

앞의 사례에서는 양도 차익이 적은 아파트부터 매각할 경우 약 2억 7,000만 원을 절세할 수 있다. 이처럼 어떤 주택을 먼저 양도하는지에 따라 세금이 크게 달라질 수 있다.

최근에는 세법이 많이 개정되어 1세대 1주택 비과세 관련해서 매각 시기, 거주 여부에 따라 안 될 수도 있다. 매각 전에 세무 전문가에게 면밀한 검토를 받을 필요가 있다.

05

해를 달리해
매각하는 것도 노하우다

다주택자가 주택을 매각하면 양도세를 부담하는데, 만약 한 해에 2채 이상을 매각한다면 양도소득금액을 합산해 신고해야 한다.

양도세율(지방소득세 포함)은 소득구간에 따라 매년 6.6~49.5%가 적용되고, 2채 이상에 대한 양도 차익이 많이 발생하면 높은 양도세를 부담할 수 있다. 예를 하나 들어보자.

C 아파트(2년 보유, 비조정대상지역)의 양도 차익이 5억 원이고, D 아파트(2년 보유, 비조정대상지역)의 양도 차익이 3억 원이라고 해보자. 한 해에 2채를 모두 매각한다면 세금은 다음과 같다.

구분	한 해 모두 매각
과세 대상 양도 차익	800,000,000
(−) 장기 보유 특별 공제	—
양도소득금액	800,000,000
(−) 기본 공제	2,500,000
과세표준	797,500,000
양도세	299,550,000
(+) 지방소득세	29,955,000
총납부세액	**329,505,000**

• 단위: 원

만약 해를 바꿔 두 해에 나눠서 매각하면 세금은 다음과 같다.

구분	C 아파트 매각	D 아파트 매각
과세 대상 양도 차익	500,000,000	300,000,000
(−) 장기 보유 특별 공제	—	—
양도소득금액	500,000,000	300,000,000
(−) 기본 공제	2,500,000	2,500,000
과세표준	497,500,000	297,500,000
양도세	173,600,000	93,650,000
(+) 지방소득세	17,360,000	9,365,000
총납부세액	190,960,000	103,015,000
납부세액 합계	**293,975,000**	

• 단위: 원

해를 나눠서 매각하면 양도세 등이 3,500만 원 이상 절세된다. 해를 나눠서 매각하면 해마다 누진세율이 적용되고, 양도소득 기본 공제(250만 원)도 해마다 적용되기 때문에 세금이 줄어든 것이다. 2채를 매각할 계획이 있다면 해(年)를 달리해 매각하는 것이 바람직하다.

양도 차손이 발생했다면 이야기는 달라진다. 양도 차익이 난 주택과 양도 차손이 난 주택을 한 해에 매각할 경우 양도 차익과 양도 차손을 합산할 수 있다. 합산과세가 되면 과세표준이 줄어드는 효과를 얻을 수 있다. 양도 차손은 다음 해로 이월되지 않으므로 양도 차익과 양도 차손이 동시에 발생하면 같은 해에 매각하는 것이 세제상 유리하다.

06

별장은
어떻게 판단할까?

서울에 I1 아파트를, 제주도에 I2 주택(방 2개, 거실, 주방, 화장실, 보일러실 등으로 구성)을 보유하고 있는 사람이 있다. 이번에 10년간 보유하고 있던 I1 아파트를 양도했는데, 5년 전부터 보유하고 있던 I2 주택은 상시 주거용으로 사용하지 않는 별장임을 근거로 I1 아파트 외에 다른 주택이 없는 것과 같으니 1세대 1주택 비과세를 적용받는다고 생각했다. 그래서 양도세를 내지 않았다. 이와 관련한 세무 이슈는 없는지 살펴보자.

이때 쟁점은 I2 주택이 상시 주거용 주택에 해당하는지 여부다('상시 주거용 주택'이란, 주방, 화장실 등을 갖추고 있으며 소유주가 자주 방문해 주거용으로 사용하는 주택을 의미함). 상시 주거용 주택에 해당하면 1세대 2주택이 되어 I1 아파트 양도 시 1세대 1주택 비과세를 적용받을 수 없다.

관련 유권해석에 따르면, 1세대 1주택 비과세 적용 시 상시 주거용으로 사용하지 않는 별장은 주택에 포함하지 않으며, 해당 건물이 별장에 해당하는지는 건물의 이용 상황 등을 확인해 판단해야 한다고 되어 있다. 즉, 1세대 1주택 판정과 관련해 별장이 주택에 포함되는지는 단정적으로 답변하기보다 대체로 '사실 확인이 필요하다' 등의 유보적인 답변을 한 것으로 판단된다.

또 다른 관련 판례도 있다. 이 판례에 나온 주택을 재판부는 주거용 건축물의 전형적인 형태 중 하나인 연립주택의 1세대로서 원래 상시 주거용으로 건축됐으므로 언제든지 상시 주거용으로 사용될 수 있는 상태라고 봤다. 실제 이웃 세대들 다수가 상시 주거용으로 사용하고 있다는 점, 원고가 쟁점 주택을 상시 주거용이 아닌 휴양 등 용도로 사용하는 점과 관련해 별다른 개조를 하지 않았고 휴양 등을 위한 특별한 시설을 설치하지 않은 점 등을 이유로 들었다. 이처럼 쟁점 주택을 임대할 때 어떠한 개조를 할 필요가 없었던 것으로 보이는 점, 쟁점 주택이 별장으로 취급되어 재산세 등이 과세된 적도 없는 점 등을 종합하여 주택에 해당하는 것으로 판시했다.

취득할 때 별장으로 신고하면 주거용 주택으로 보지 않을까?

별장이란, 주거용 건축물로서 늘 주거용으로 사용하지 않고 휴양, 피서, 놀이 등의 용도로 사용하는 건축물과 그 부속토지를 말한다. 별장에 해당하면 취득할 때 취득세가 13.4%로 일반 주택보다 높고,

매년 재산세도 과세표준의 4%가 적용되어 과세된다. 단, 지방세법상 별장으로 보고 취득세를 납부했어도 사실상 주거용으로 사용하고 있다면 실질과세원칙에 따라 주택으로 본다. 그래서 다른 주택을 양도할 때 1세대 1주택 비과세를 적용받을 수 없을 것으로 판단된다.

앞의 판례에서도 쟁점 건물을 주택으로 판시하고 있으므로 I2 주택이 건축물 공부상의 용도 구분과 관계없이 실제 용도가 사실상 주거가 가능한 건물인가에 따라 판단해야 한다. 그리고 일시적으로 주거가 아닌 다른 용도로 사용된다고 해도 그 구조, 기능, 시설 등이 본래 주거용에 적합한 상태에 있고 주거 기능이 그대로 유지 및 관리되고 있어 언제든지 본인이나 제3자가 주택으로 사용할 수 있는 건물이라면 주택으로 봐야 한다고 판단된다.

I2 주택이 주거용 주택으로 의제(擬制)될 경우 I1 아파트를 양도할 때 2주택에 해당하므로 양도세가 상당히 클 수 있다.

07

1세대 3주택 중과를
피할 방법은 없을까?

1세대 3주택인 상태에서 조정대상지역 내 주택을 매각하면 양도세가 20% 중과(2021년 6월 1일 이후 양도 시 30% 중과)된다. 그런데 다음에 해당하면 중과 대상 주택으로 보지 않는다.

① 수도권, 광역시, 특별자치시(광역시에 소속된 군 및 읍·면, 세종특별자치시에 소속된 읍·면에 해당하는 지역 제외) 외 지역에 소재하는 주택으로서 해당 주택 및 부수되는 토지의 기준시가 합계액이 해당 주택을 양도할 경우 3억 원을 초과하지 않아야 한다. 다른 주택과 합산해 주택 수를 계산할 때도 산입하지 않는다.

② 단기민간임대주택을 1채 이상 임대하고 있는 거주자가 5

년 이상 임대한 주택으로서 해당 주택 및 부수되는 토지의 기준시가 합계액이 해당 주택의 임대 개시일 당시 6억 원(수도권 외 3억 원)을 초과하지 않고 임대료 등의 증가율이 5%를 초과하지 않아야 한다. 단, 2018년 3월 31일까지 민간임대주택 사업자 등록을 한 주택으로 한정한다.

③ '민간임대주택에 관한 특별법' 제2조 제3호에 따른 민간 매입 임대주택 중 같은 조 제4호에 따른 공공 지원 민간임대주택* 또는 같은 조 제5호에 따른 장기일반민간임대주택이 ⓐ 8년 이상 임대하는 주택으로서, ⓑ 해당 주택 및 부수되는 토지의 기준시가 합계액이 해당 주택의 임대 개시일 당시 6억 원(수도권 외 3억 원)을 초과하지 않고, ⓒ 임대료 등의 증가율이 5%를 초과하지 않아야 한다. 단, 1세대가 국내에 1주택 이상을 보유한 상태에서 2018년 9월 14일 이후 새롭게 취득한 조정대상지역에 있는 장기일

★ '공공 지원 민간임대주택'이란, 임대사업자가 다음에 말하는 것 중 하나에 해당하는 민간임대주택을 10년 이상 임대할 목적으로 취득해 임대료 및 임차인의 자격 제한 등을 받아 임대하는 민간임대주택을 말한다.

① 주택도시기금법에 따른 주택도시기금의 출자를 받아 건설 또는 매입하는 민간임대주택

② 주택법 제2조 제24호에 따른 공공택지 또는 제18조 제2항에 따라 수의 계약 등으로 공급되는 토지 및 '혁신 도시 조성 및 발전에 관한 특별법' 제2조 제6호에 따른 종전 부동산을 매입 또는 임차해 건설하는 민간임대주택

③ 용적률을 완화받거나 '국토의 계획 및 이용에 관한 법률' 제30조에 따라 용도지역 변경을 통해 용적률을 완화받아 건설하는 민간임대주택

④ 공공 지원 민간임대주택 공급 촉진 지구에서 건설하는 민간임대주택

⑤ 그 밖에 국토교통부령으로 정하는 공공 지원을 받아 건설 또는 매입하는 민간임대주택

반민간임대주택은 제외한다. 즉, 2018년 9월 14일 이후 조정대상지역 내 주택을 신규로 취득해 장기일반민간임대주택으로 등록해도 양도세가 중과되고 장기 보유 특별 공제가 배제되니 주의한다.

④ '민간임대주택에 관한 특별법' 제2조 제2호에 따른 민간건설임대주택* 중 장기일반민간임대주택이 ⓐ 대지면적이 298㎡ 이하이고 주택 연면적이 149㎡ 이하인 건설임대주택을 2채 이상 임대하는 거주자가 8년 이상 임대하거나 분양 전환(같은 법에 따라 임대사업자에게 매각하는 경우 포함)하는 주택으로서, ⓑ 해당 주택 및 부수되는 토지의 기준시가 합계액이 해당 주택의 임대 개시일 당시 6억 원을 초과하지 않고, ⓒ 임대료 등의 증가율이 5%를 초과하지 않아야 한다.

⑤ 조세특례제한법의 제97조(장기임대주택에 대한 양도세의 감면), 제97조의 2(신축 임대주택에 대한 양도세의 감면 특례), 제98조(미분양주택에 대한 과세 특례)에 따라 양도세가 감면되는 임대주택으로서 5년 이상 임대한 국민주택[국가법령정보센터(www.law.go.kr)에서 세부 내용 확인이 가능함].

---

* 민간건설임대주택'이란, 다음 둘 중 하나에 해당하는 민간임대주택을 말한다.
① 임대사업자가 임대를 목적으로 건설하여 임대하는 주택
② 주택 건설사업자가 같은 법 제15조에 따라 사업 계획 승인을 받아 건설한 주택 중 사용 검사 때까지 분양되지 않아 임대하는 주택

⑥ 사용자가 소유하고 있는 주택을 종업원(사용자와 특수관계인 제외)에게 무상으로 제공한 기간이 10년 이상인 주택.

⑦ 조세특례제한법 제77조, 제98조의 2, 제98조의 3, 제98조의 5부터 제98조의 8까지, 제99조, 제99조의 2, 제99조의 3에 따라 양도세가 감면되는 주택[국가법령정보센터(www.law.go.kr)에서 세부 내용 확인이 가능함].

⑧ 문화재보호법 제2조 제2항에 따른 지정 문화재 및 같은 법 제53조 제1항에 따른 국가 등록 문화재에 해당하는 문화재 주택[국가법령정보센터(www.law.go.kr)에서 세부 내용 확인이 가능함].

⑨ 소득세법 시행령 제155조 제2항에 해당하는 상속받은 1주택. 상속 당시 상속인이 받은 1주택을 의미하고, 상속받은 날로부터 5년이 지나지 않은 경우로 한정된다.

⑩ 저당권을 실행해 취득한 주택, 채권 변제를 대신해 취득한 주택이면서 취득일로부터 3년이 지나지 않은 주택.

⑪ 특별자치도지사, 시장, 군수, 구청장의 인가를 받고 사업자 등록을 한 후 5년 이상 가정어린이집으로 사용하고, 가정어린이집으로 사용하지 않게 된 날로부터 6개월이 지나지 않은 주택.

⑫ 1세대 1주택 비과세 특례 대상 주택(앞에서 언급한 요건을 충족한 장기임대주택사업자가 2년 이상 거주한 주택 등)이 다른 주택 취득으로 인해 일시적으로 3주택 이상이

되는 경우에서의 해당 특례 주택.*

⑬ 1세대가 ①~⑫에 해당하는 주택을 제외하고 주택 1채만을 소유하고 있는 경우의 해당 주택.

⑭ 조정대상지역 공고가 있는 날 이전에 해당 지역의 주택을 양도하기 위해 매매 계약을 체결하고 계약금을 받은 사실이 증빙서류에 의해 확인되는 주택. 이 경우 3주택 중과 양도세율이 적용되지 않고 일반 양도세율(6~45%)이 적용된다.

다주택자라면 지금까지 말한 ①~⑭에 해당하는 주택이 있는지 잘 살펴본다. 해당하는 주택은 양도세를 중과받지 않고 장기 보유 특별 공제도 적용받을 수 있으므로 우선 매각을 고려할 필요가 있다. 예를 들어, 조정대상지역에 여러 채가 있는 다주택자라면 앞에서 말한 내용에 해당하는 주택을 먼저 매각함으로써 절세가 가능할 것으로 판단된다.

---

* 2021년 2월 17일 이후 양도분부터 적용함.

08

다가구주택 양도 시
세금 폭탄을 주의한다

J는 1997년에 서울 흑석동에 있는 다가구주택을 5억 원에 취득해서 보유하고 있다가 2021년 초에 15억 원에 양도했다. 그리고 1세대 1주택 비과세(고가주택) 적용 대상으로 보고 양도세를 신고했다. 취득 당시에는 3층이었으나 옥탑방을 무단으로 증축해 거주용으로 사용했다. 해당 다가구주택을 1세대 1주택으로 인정받을 수 있을까?

다가구주택의 경우 한 가구가 독립하여 거주할 수 있도록 구획된 부분을 각각 하나의 주택으로 본다. 해당 다가구주택을 구획된 부분별로 양도하지 않고 하나의 매매단위로 해서 양도하면 그 전체를 하나의 주택으로 보는 것으로 규정하고 있다.

'건축법 시행령' 별표 1 제1호 다목에 해당하는 다가구주택의 요건은 다음과 같다.

① 주택으로 쓰는 층수(지하층 제외)가 3개 층 이하일 것. 단, 1층의 전부 또는 일부를 필로티구조로 해서 주차장으로 사용하고 나머지 부분을 주택 외 용도로 쓰면 해당 층을 주택의 층수에서 제외한다.

② 1개 동의 주택으로 쓰이는 바닥면적의 합계가 660㎡ 이하일 것.

③ 19세대(대지 내 동별 세대 수를 합한 세대) 이하가 거주할 수 있을 것.

J의 다가구주택은 옥탑방을 무단으로 증축하여 4개 층이 됐으므로, 3층 이하여야 하는 다가구주택의 요건을 충족하지 못했다. 그런데 건축법 시행령 제119조 제1항 제9호에 옥탑으로서 그 수평투영면적의 합계가 해당 건축물 건축면적의 8분의 1 이하이면 건축물의 층수에 산입하지 않도록 규정되어 있다. 옥탑방의 면적이 다가구주택 수평투영면적의 8분의 1 이하이면 층수에서 제외되므로 다가구주택으로 인정받을 가능성이 높다.

8분의 1을 초과하면 층수에서 제외되지 않아 다가구주택으로 인정받지 못할 수 있고 그렇게 되면 1세대 1주택 비과세 혜택을 받지 못할 수 있다. 다가구주택으로 인정받지 못하면 다세대주택으로 보고 가구당 각각 독립해 거주할 수 있도록 구획된 부분(주택)으로 볼 수 있다. 그러면 조정대상지역 내 다주택자 양도세 중과가 적용되고 장기 보유 특별 공제 적용이 배제된다.

최근 다수 판례에서 옥탑을 실제 거주용으로 사용한 사실을 확인한 점, 쟁점되는 부동산의 옥탑면적은 쟁점되는 부동산 건축면적의 8분의 1을 초과하므로 해당 옥탑은 층수 산입 대상에 해당한다는 점 등을 근거로 1세대 1주택 비과세를 부인하고 양도세를 과세한 처분은 정당한 것으로 판시하고 있다.

3층 이하 다가구주택 요건을 충족해서 1세대 1주택 비과세를 적용받을 수 있을 때와 무단으로 증축한 옥탑방 때문에 4개 층이 되어 3주택 이상으로 볼 때 세금 차이는 어떻게 되는지 보자.

구분	1세대 1주택 비과세 적용	3주택 이상 양도세 중과 적용
양도가액	1,500,000,000	1,500,000,000
(−) 취득가액	500,000,000	500,000,000
양도 차익	400,000,000※	1,000,000,000
(−) 장기 보유 특별 공제	320,000,000	—
양도소득금액	80,000,000	1,000,000,000
(−) 기본 공제	2,500,000	2,500,000
과세표준	77,500,000	997,500,000
양도세	13,380,000	583,050,000
(+) 지방소득세	1,338,000	58,305,000
총납부세액	**14,718,000**	**641,355,000**

• ※ 10억 원×(15억 원−9억 원)/15억 원
• 단위: 원

앞에서 말한 것처럼 옥탑방 때문에 다가구주택으로 인정받지 못하면 다세대주택으로 보고 여러 가구를 각각 하나의 주택으로 보게 된다. 그러면 조정대상지역 내 다주택자 양도세 중과가 적용되고 장기 보유 특별 공제 적용이 배제된다.

세금 차이가 매우 크다는 것을 알 수 있다. 그러므로 다가구주택을 양도할 때 1세대 1주택의 요건을 갖춰서 양도하는 것이 절세 측면에서 바람직하다.

다가구주택 수평투영면적의 8분의 1을 초과하는 옥탑방을 거주용으로 쓰고 있다면 양도하기 전에 옥탑방을 멸실 등기하는 것도 고려해본다. 양도할 때까지 멸실 등기가 어려우면 일단 멸실을 먼저 하고 폐기물업체의 폐기물 처리확인서, 멸실 전·후 사진, 멸실에 든 외부업체 비용의 적격 증빙 등으로 옥탑방을 멸실했다고 과세관청에 주장해야 할 것으로 판단된다.

09

분양권과 조합원입주권은
어떻게 다른 거야?

'분양권'은 아파트 분양에 당첨되면 생기는 권리이고, '조합원입주권'은 재건축이나 재개발이 진행되면서 조합원이 아파트를 받을 수 있는 권리다.

세법에서는 분양권과 조합원입주권을 양도할 때 양도세 과세 대상으로 구분한다. 추후 완공된 아파트를 소유하는 것은 같지만 양도세를 계산하는 방식은 다르다.

분양권을 취득하는 경우 양수자는 취득세를 부담하지 않는다. 아파트가 완공되기 전까지 토지에 대한 권리는 여전히 시행사가 소유하고 있기 때문이다. 추후 아파트가 완공될 때 분양권을 보유하고 있는 사람이 취득세를 낸다. 2021년 6월 1일 이후에 분양권을 양도하면 보유 기간이 1년 미만인 경우 77%의 양도세 등(이하 지방소득세 포함)을, 보유 기간 1년 이상부터는 66%의 양도세 등을 부담해야 한다.

조합원입주권을 취득하는 경우에는 기존 조합원으로부터 토지에 대한 권리를 매입하는 것으로 보기 때문에 토지에 대한 취득세를 내야 한다. 아파트가 완공된 후에는 건물에 대한 취득세를 부담해야 한다. 2021년 6월 1일 이후에 조합원입주권을 양도하면 보유 기간이 1년 미만인 경우 77%, 보유 기간 1년 이상부터 2년 미만까지는 66%, 2년이 넘으면 기본세율로 양도세 등을 부담해야 한다. 조정대상지역 내 2채 이상을 보유한 상태에서 주택을 양도하면 양도세 중과가 적용되지만, 조합원입주권을 양도하면 양도세 중과 대상이 아니다. 따라서 조합원입주권을 보유한 지 2년 이상이 된 다주택자라면 조합원입주권 처분을 고려해본다.

분양권을 보유한 상태에서 주택을 양도하면 주택 수를 계산할 때 분양권은 주택 수에 포함되지 않는다. 단, 2021년 이후 분양권 취득분부터는 다주택자가 조정대상지역 내 주택을 양도할 때 양도세 중과를 위한 주택 수 계산에 (분양권이) 포함된다. 그리고 조합원입주권을 보유한 상태에서 조정대상지역 내 주택을 양도하면 주택 수를 계산할 때 조합원입주권도 주택 수에 포함된다. 그렇게 양도세가 중과되므로 주의한다.

조합입주권에 대해 좀 더 들어가 보자. 조합원입주권을 1개 보유한 1세대가 관리처분계획의 인가일(분양 신청 기간이 끝나고 기존 건물을 철거하기 전에 시행사가 관리처분계획을 수립해 시장이나 군수의 인가를 받은 날) 당시 1세대 1주택 비과세 요건을 충족한 후 다음 요건 중 하나인 상태에서 양도하면 1세대 1주택 비과세 요건에 해당한다. 그러면 조합원입주권 양도로 발생하는 소득에 대한 양도세가 비과세된다(양도가액 9억 원 초과분은 과세).

① 양도일 현재 다른 주택을 보유하고 있지 않을 것
② 양도일 현재 1조합원입주권 외에 1주택을 소유한 경우로서 해당 1주택을 취득한 날로부터 3년 이내에 해당 조합원입주권을 양도할 것

주택 1채를 보유하고 있는 1세대가 조합원입주권을 취득할 수 있다. 그러면 일시적으로 '1주택+1조합원입주권'이 된다. 이때 1세대 1주택 비과세를 적용받기 위해서는 1주택을 취득한 날로부터 1년 이상이 지난 후에 조합원입주권을 취득하고, 그 조합원입주권을 취득한 날로부터 3년 이내에 1주택을 양도해야 한다. 주택이 있는 상태에서 조합원입주권을 사려고 한다면 이 점을 알고 있어야 한다.

앞과 같은 '1주택+1조합원입주권'인 상태에서 조합원입주권을 취득한 날로부터 3년이 지나 1주택을 양도하게 될 수도 있다. 이때 다음의 요건을 모두 갖추면 1가구 1주택 비과세 적용을 받을 수 있다.

① 재개발사업, 재건축사업, 또는 소규모 재건축사업의 관리처분계획 등에 따라 취득하는 주택이 완성된 후 2년 이내

에 그 주택으로 세대 전원이 이사해서 1년 이상 계속 거주
할 것

② 재개발사업, 재건축사업, 또는 소규모 재건축사업의 관리
처분계획 등에 따라 취득하는 주택이 완성되기 전 또는 완
성된 후 2년 이내에 종전의 주택을 양도할 것

국내에 1주택을 보유하고 있는 1세대가 그 주택에 대한 재개발사
업, 재건축사업, 또는 소규모 재건축사업의 시행 기간 동안 거주하기
위해 다른 주택(이하 '대체주택'이라 함)을 취득한 경우 다음의 요건을
모두 갖춰 대체주택을 양도하면 1세대 1주택 비과세가 적용된다.

① 재개발사업, 재건축사업, 또는 소규모 재건축사업의 사업
시행인가일 이후 대체주택을 취득해서 1년 이상 거주할 것
② 재개발사업, 재건축사업, 또는 소규모 재건축사업의 관리
처분계획 등에 따라 취득하는 주택이 완성된 후 2년 이내
에 그 주택으로 세대 전원이 이사해서 1년 이상 계속 거주
할 것
③ 재개발사업, 재건축사업, 또는 소규모 재건축사업의 관리
처분계획 등에 따라 취득하는 주택이 완성되기 전 또는 완
성된 후 2년 이내에 대체주택을 양도할 것

이처럼 분양권과 조합원입주권은 비슷한 것 같지만 세금에서는

다르다고 할 수 있다. 조합원입주권은 요건을 충족하면 1세대 1주택 비과세를 적용받을 수 있지만, 분양권은 주택으로 보지 않아서 1세대 1주택 비과세를 적용받을 수 없으니 주의한다.

특수관계인 간
매매 시 유의할 점

특수관계인(직계존비속, 배우자, 6촌 이내 혈족, 4촌 이내 인척 등) 간에 아파트 등 부동산을 매매할 때 상당한 주의가 필요하다. 과세관청에서도 특수관계인 간에 부동산을 매매하면 상당히 주의 깊게 본다. 그래서 세무상 문제가 없는 선에서 거래해야 한다.

특수관계인 간에 재산을 시가보다 낮은 가액으로 양수하거나 시가보다 높은 가액으로 양도할 경우 그 대가와 시가 간의 차액이 기준금액 이상이면 증여로 본다. 이때 '기준금액'이란, 다음의 금액 중 적은 금액을 말한다.

① 시가의 30%에 상당하는 가액
② 3억 원

따라서 차액이 3억 원 미만이면서 시가의 30% 기준에 미달하면 증여세가 과세되지 않는다. 앞의 조건에 해당할 경우 증여 재산가액은 다음과 같이 계산한다.

증여 재산가액=시가−대가−('시가의 30%', '3억 원' 중 적은 금액)

그렇다고 '시가의 30%', '3억 원' 중 적은 금액 이내로 거래하면 아무 문제가 없겠다고 생각하면 안 된다. 양도세 부당 행위 계산 부인규정을 고려해야 한다.

소득세법 제101조에 따르면, 납세지 관할 세무서장 또는 지방국세청장은 양도소득이 있는 거주자의 행위 또는 계산이 그 거주자의 특수관계인과의 거래로 인해 해당 소득에 대한 조세 부담을 부당하게 감소시켰다고 인정되면 그 거주자의 행위 또는 계산과 관계없이 해당 과세 기간의 소득금액을 계산할 수 있다고 규정하고 있다.

조세 부담을 부당하게 감소시켰다고 인정되는 경우란, 특수관계인에게서 시가보다 높게 매입거나 특수관계인에게 시가보다 낮게 양도한 거래를 말한다. 시가와 거래가액 간의 차액이 3억 원 이상이거나 시가의 5%에 상당하는 금액 이상이면 해당한다. 요컨대 특수관계인끼리 부동산을 매매할 때 시가와 매매가액 간 차액이 3억 원 이상이거나 시가의 5%에 상당하는 금액 이상에 해당하며 양도세는 매매가액을 시가로 의제해 계산해야 한다.

예를 한번 들어보자. 아버지가 보유하고 있는 2주택 중 조정대상 지역 내 1주택(시가 15억 원, 취득가 6억 원, 보유 기간 5년)을 2018년 8월에 아들에게 6억 원에 양도했다. 양도 차익이 없으니 세금 낼 일이 없다고 주변에서 들어서 양도세를 0원으로 신고했다. 이후 담당 세무서에서 2020년 10월에 양도세 및 증여세 및 가산세를 다음과 같이 고지했다.

구분	세금 및 가산세	구분	세금 및 가산세
양도세 (지방소득세 포함)	474,430,000	증여세	105,000,000
신고 불성실 가산세	47,443,000	신고 불성실 가산세	21,000,000
납부 불성실 가산세	86,583,475	납부 불성실 가산세	19,162,500
세금 및 가산세 합계	608,456,475	세금 및 가산세 합계	145,162,500

• 단위: 원

아버지는 아들(특수관계인)에게 세금을 줄이기 위해 저가로 양도를 했다가 양도세 추가뿐만 아니라 증여세 과세 대상이 되어 증여세, 그리고 미납한 세금에 대한 가산세까지 내야 했다. 시가로 매매했을 때보다 더 높은 세금을 부담하게 된 것이다.

특수관계인 간에 부동산을 매매하게 된다면 시가로 거래하는 것이 이후에 문제를 만들 일이 없을 것이다.

증여세는
얼마나 나올까?

M은 서울 흑석동에 아파트를 보유하고 있다. 현재 시세는 15억 원이고 공시 가격은 9억 원이다.

최근 단지 내 같은 평형대 아파트가 14억 5,000만 원에 팔렸다. 공시 가격으로 증여할 수 있으니 그렇게 하면 증여세가 별로 나오지 않는다는 말을 지인에게 들은 M은 파느니 차라리 성년인 아들에게 증여하기로 마음을 먹었다. 과연 맞을까?

먼저 상증세법을 보자. 상속세나 증여세가 부과되는 재산의 가액은 상속 개시일 또는 증여일(이하 '평가 기준일'이라 함) 현재의 시가에 따르는 것으로 규정하고 있다. 여기서 '시가'란, 상속 재산이라면 평가 기준일 전후 6개월(증여 재산이라면 평가 기준일 전 6개월부터 평가 기준일 후 3개월까지) 이내의 기간 중 매매, 감정, 수용, 경매 또는 공매가 있는 경우 해당 가액을 말한다. 평가 기준일 전후 중 가장 가까운 날에 해당하는 매매 내역을 적용하되, 감정가액을 적용할 경우 2곳 이상의 감정 평가기관이 평가한 감정 평가액의 평균액을 적용한다. 기준시가가 10억 원 이하면 1곳의 감정 평가기관이 평가해도 감정 평가액으로 인정된다.

만약 증여하려는 아파트의 시가가 없다면 어떻게 할까? 이때는 평가 대상 주택과 면적, 위치, 용도, 종목 및 기준시가가 동일하거나 유사한 다음 요건을 충족하는 다른 주택이 있는 경우 이를 시가로 보도록 규정하고 있다.

① 평가 대상 주택과 동일한 공동주택 단지 내에 있을 것
② 평가 대상 주택과 주거 전용면적의 차이가 평가 대상 주택의 주거 전용면적의 5% 이내일 것
③ 평가 대상 주택과 공동주택 가격의 차이가 평가 대상 주택의 공동주택 가격의 5% 이내일 것

아파트는 '국토교통부 실거래가 공개시스템'에서 손쉽게 다른 단지의 동일 평형대 아파트 매매 내역을 찾을 수 있다. 해당 주택이 2채 이상이면 평가 대상 주택과 공동주택 가격 간 차이가 가장 작은 주택을 시가로 적용해야 한다. 그리고 시가에 해당하는 주택이 여러 채이면 평가 기준일 전 6개월부터 평가 기간 이내의 신고일까지의

가액 중 증여 등기일에 가장 가까운 주택을 시가로 적용하면 된다.

결과적으로 M은 아파트를 증여할 때 공시 가격인 9억 원이 아니라 같은 단지 내 동일 평형대 아파트의 실거래가인 14억 5,000만 원을 증여 재산 평가액으로 적용해야 한다. M이 아들에게 증여할 경우 증여세는 다음과 같다.

구분	부담세액
증여 재산가액	1,450,000,000
증여 공제	50,000,000
증여세 과세가액	1,400,000,000
증여세 산출세액	400,000,000
증여세액 공제	12,000,000
증여세 부담액	**388,000,000**

• 단위: 원

단독주택이라면 어떻게 평가할까? 단독주택의 경우 동일 평형대의 유사한 매매사례가액을 찾기 어렵다. 찾기 어렵다면 앞에서 말한 감정 평가액이 있는지 보고, 있다면 그 감정 평가액을 시가로 본다. 감정 평가액이 없다면 기준 시가인 개별 주택 가격을 적용할 수 있다. '개별 주택 가격'은 공시 가격과 같은 개념으로, 매년 4월 말 국토교통부에서 단독주택에 대해 고시한 가격을 의미한다.

단, 평가 기준일 전 2년 이내의 기간 중에 매매가액, 감정 평가액 등이 있을 수 있다. 그럴 경우 (2019년 2월에 개정된 상증세법 시행령 제49조에 따르면) 평가 기준일로부터 다음의 기간 중에 가격 변동의

특별한 사정이 없다고 보고 납세자, 지방국세청장 또는 관할 세무
서장이 신청하는 때는 평가심의위원회의 심의를 거쳐 해당 매매 등
의 가액을 시가로 볼 수 있다.

① 상속세 : 상속세 과세표준 신고 기한으로부터 9개월
② 증여세: 증여세 과세표준 신고 기한으로부터 6개월

즉, 앞으로는 납세자가 기준 시가로 신고해도 위 기한까지 국세청
에서 평가심의위원회의 심의를 거쳐 감정 평가를 받으면 감정 평가
액과 기준 시가 간의 차액에 대해 추가로 과세할 수 있다는 것이다.

12

계약 파기로 인한
위약금의 세무 처리방법

K는 서울 당산동에 있는 아파트를 양도하면서 계약금 3,000만 원을 받았다. 그런데 중도금을 받기 전에 당산동의 아파트 시세가 많이 오르자 계약금의 배액인 6,000만 원을 양수자인 KK에게 주고 계약을 파기했다. 이 경우 K와 KK는 세무상 어떻게 처리해야 하나?

부동산 매매 현장에서는 계약금을 준 매수자가 사정이 생겨 계약을 파기한 경우, 매도자가 계약한 후에 마음이 바뀌어 받은 계약금의 배액을 상환하고 계약을 파기한 경우 등을 보기도 한다.

이렇게 계약 파기로 인한 위약금을 소득세법상으로는 기타소득으로 본다. '위약금'이란, 재산권에 관한 계약의 위약 또는 해약으로 받는 손해 배상으로, 본래의 계약을 파기함으로써 발생하는 손해에 대해 배상하는 금전 또는 물품의 가액을 말한다.

매도자가 계약한 후에 계약금의 배액을 상환하고 파기했다면 계약금 외 별도로 지급하는 금액이 위약금이 된다. 매도자는 위약금의 22%를 원천징수한 후 다음 달 10일까지 원천징수 관할 세무서(위약금의 20%) 및 관할 지자체(위약금의 2%)에 납부해야 한다. 단, 매수자가 계약을 파기한 후에 계약금을 매도자에게 위약금으로 대체하면 원천징수할 필요는 없다. 원천징수는 대금을 지급할 때 하는데, 계약금이 위약금 및 배상금 등으로 대체되는 경우 추가로 지급하는 금액이 없기 때문이다.

이러한 위약금에 필요 경비를 제한 금액이 기타소득금액이 된다. 계약을 해지할 때 필요 경비로 인정되는 부분이 거의 없어 일반적으로 위약금이 기타소득금액이 된다.

위약금을 받은 당사자는 기타소득금액이 연 300만 원 이하일 경우 분리과세(22%)를 선택하거나 다음 해 5월 말에 종합소득세를 신고할 때 기타소득금액을 합산해 신고할 수 있다. 단, 기타소득금액이 연 300만 원을 초과하면 반드시 다음 해 5월 말에 종합소득세를 신고할 때 기타소득금액을 합산해 신고해야 하고 원천징수된 기타소득금액은 기납부세액으로 공제된다.

앞에 나온 K의 사례를 다시 보자. KK에게 지급하는 금액 중 계약금을 제외한 3,000만 원이 기타소득금액에 해당한다. 따라서 K는 660만 원을 원천징수한 후 나머지 금액만 KK에게 지급해야 하고,

관할 세무서 및 지자체에 다음 달 10일까지 원천징수한 금액을 납부해야 한다.

KK는 기타소득금액이 3,000만 원이므로, 원천징수로 납세 의무가 종결되지 않는다. 다음 해 5월 말에 종합소득세를 신고할 때 기타소득금액을 합산해 종합소득세를 신고 및 납부해야 한다. 종합소득세 신고 시 원천징수된 660만 원은 기납부세액으로 공제된다.

부동산 계약 파기에 따른 위약금을 받고 세무상 신고를 하지 않으면 향후 소득세에다 가산세까지 낼 수 있으므로 세무상 정확하게 처리하도록 한다.

13

비사업용 토지는
사업용 토지로 바꿔 판다

주택 임대사업자와 상담을 하다 보면, 토지를 파는 부분에 대한 문의도 의외로 많다.

토지를 팔 때 사업용 토지와 비사업용 토지 간의 양도세 차이가 크다. 이제부터 주택을 처분하는 경우 외 토지를 사업용 토지로 전환해 처분하는 방안도 알려주고자 한다.

L에게는 오랫동안 나대지로 보유 중인 토지가 있다. 약 10년 전에 취득했을 때 취득가액은 5억 원이었고 현재는 15억 원으로 시세가 많이 올랐다.

L은 오른 시세로 팔려고 했더니 비사업용 토지에 해당하기 때문에 양도세가 많이 나온다는 말을 들었다. 절세방법이 없는지

고민이다.

나대지(건축물이 없는 대지)는 재산세 종합 합산 과세 대상*에 해당해 높은 재산세를 부담해야 한다. 또한, 나대지를 양도할 때는 비사업용 토지로 분류되어 일반 양도세율 외에 과세표준의 10%가 중과된다. 상대적으로 높은 양도세를 부담해야 한다. 그런데 비사업용 토지를 사업용으로 일정 기간 사용한 후에 양도하면 일반 양도세율로 과세된다.

사업용 토지로 인정받기 위해서는 다음 기간 중 하나에 해당하는 기간 동안 사업용으로 토지를 이용해야 한다.

① 양도일 직전 3년 중 2년 이상의 기간
② 양도일 직전 5년 중 3년 이상의 기간
③ 양도일 직전 보유 기간 중 60% 이상의 기간

그렇다면 토지를 사업용으로 사용할 수 있는 방법에 대해서 알아보자.

먼저, 해당 토지에 상가를 짓는 방법이 있다. 상가를 지을 경우 기준면적(상업지역이면 바닥면적의 3배) 이내의 부속토지는 재산세 별도 합산 과세 대상 토지로 분류된다. 재산세 별도 합산 과세 대상

---

* 납세 의무자가 소유하고 있는 토지 중 별도 합산 과세 대상 또는 분리 과세 대상이 되는 토지 제외.

토지로 분류된 후 최소 2년이 지나야 양도할 때 사업용 토지로 인정받을 수 있다.

두 번째, 해당 토지를 하치장, 야적장, 적치장으로 앞에서 말한 기간 동안 사용하는 방법이 있다. 물품의 보관 및 관리를 위해 별도로 설치해 사용하는 하치장, 야적장, 적치장 등(건축법에 따른 건축 허가를 받거나 신고를 해야 하는 건축물로서, 허가 또는 신고 없이 건축한 창고용 건축물의 부속토지를 포함)으로서 매년 물품의 보관 및 관리에 사용된 최대 면적의 120% 이내 토지는 사업용 토지로 인정된다.

관련 유권해석을 보면, 토지의 임차인이 물품의 보관 및 관리를 위해 별도로 설치 및 사용되는 야적장으로 사용하는 토지도 사업용 토지로 인정된다고 답변하고 있다. 물론, 하치장 등으로서 앞에서 정한 기간 이상 사용해야 사업용 토지로 인정된다.

세 번째, 주차장 운영 영업용 토지로 앞에서 말한 기간 동안 사용하는 방법이다. 나대지를 주차장으로 운영하는 방법이 간단해 보이지만 그렇지 않다. 토지의 가액에 대한 1년간의 수입금액 비율이 3% 이상이어야만 사업용으로 인정되고, 앞에서 말한 기간 동안 주차장으로 운영해야 한다. '토지의 가액'이란, 해당 과세 기간 종료일(과세 기간 중에 양도했다면 양도일)의 기준시가를 말한다.

앞에 나온 L이 해당 토지를 비사업용 토지로 매각하는 경우와 사업용 토지로 전환한 후 매각하는 경우를 비교해보자.

비사업용 토지인 경우	양도세 부담액	사업용 토지인 경우	양도세 부담액
양도가액	1,500,000,000	양도가액	1,500,000,000
취득가액	500,000,000	취득가액	500,000,000
양도 차익	1,000,000,000	양도 차익	1,000,000,000
(−) 장기 보유 특별 공제	200,000,000	(−) 장기 보유 특별 공제	200,000,000
양도소득금액	800,000,000	양도소득금액	800,000,000
(−) 기본 공제	2,500,000	(−) 기본 공제	2,500,000
과세표준	797,500,000	과세표준	797,500,000
양도세(①)	379,300,000	양도세(①)	299,550,000
지방소득세(②)	37,930,000	지방소득세(②)	29,955,000
양도세 등 부담액 (①+②)	417,230,000	양도세 등 부담액 (①+②)	329,505,000
세 부담 차이			87,725,000

• 단위: 원

 L은 해당 토지를 사업용으로 전환 후에 매각하면 약 8,800만 원을 절세할 수 있다.

 이처럼 나대지를 사업용 토지로 전환하고 매각하면 절세가 가능하므로 사전에 세무 전문가와 충분히 상담해야 한다.

법인으로 임대업을 하면
좀 더 유리할까?

공시지가 현실화, 종부세율 인상, 양도세 중과 등으로 인해 앞으로 다주택자에게는 세 부담이 계속 늘어날 것이다. 그래서 법인으로 주택 임대사업을 하면 어떤지에 대한 문의가 많다.

법인으로 주택 임대사업을 하면 단계별로 세금이 어떻게 되는지 살펴보자.

법인과 관련한 취득단계에서는 우선 과밀억제권역에 대해 알아야 한다. 법인이 과밀억제권역 내에서 설립된 지 5년 안에 주택을 취득하면 취득세 중과 이슈가 발생한다.

'과밀억제권역'이란, 인구 및 산업이 지나치게 집중됐거나 또는 집중될 우려가 있어 이전을 하거나 정비할 필요가 있는 지역을 말한다. 과밀억제권역은 다음과 같다.

- 서울특별시
- 인천광역시[강화군, 옹진군, 서구 대곡동·불로동·마전동·금곡동·오류동·왕길동·당하동·원당동, 인천경제자유구역(경제자유구역에서 해제된 지역 포함) 및 남동 국가산업단지는 제외]
- 경기도 의정부시, 구리시, 남양주시(호평동·평내동·금곡동·일패동·이패동·삼패동·가운동·수석동·지금동 및 도농동만 해당), 하남시, 고양시, 수원시, 성남시, 안양시, 부천시, 광명시, 과천시, 의왕시, 군포시, 시흥시[반월특수지역(반월특수지역에서 해제된 지역 포함) 제외]

법인이 과밀억제권역(이하 '대도시')에서 법인을 설립[하거나 지점 또는 분사무소를 설치하는 경우 및 법인의 본점·주사무소·지점 또는 분사무소를 대도시 밖에서 대도시로 전입함에 따라 대도시의 부동산을 취득(설립·설치·전입 이후의 부동산 취득을 포함)]하는 경우 취득세를 중과한다. 또한, 설립·설치·전입 이후의 부동산 취득은 법인 또는 사무소 등이 설립·설치·전입 이후 5년 이내에 하는 업무용·비업무용 또는 사업용·비사업용의 모든 부동산 취득을 의미한다. 즉, 대도시에 법인을 설립하고 5년 안에 대도시 내에 업무용 부동산, 비업무용 부동산을 취득하면 취득세가 중과되는 것이다.

한편, 최근 세법 개정에 따라 2020년 8월 12일 이후에 법인이 주택을 취득하면 취득세가 중과되어 13.4%가 적용된다.

주택을 보유하고 있는 동안 발생하는 세금으로 재산세와 종부세가 있다. 재산세와 관련해서는 개인과 법인 간에 차이가 없다. 과세표준 구간에 따라 0.1~0.4%의 재산세를 부담하면 된다.

그런데 최근 세법 개정으로 인해 법인의 종부세 부담이 상당할 수 있다. 납세 의무자가 법인이라면 과세표준을 계산할 때 6억 원이 공제되지 않는다(사업의 특성을 고려해 대통령령으로 정하는 경우는 제외). 또한, 과세표준에 다음의 세율을 적용해 계산한 금액을 주택분 종부세액으로 한다.

> ① 2주택 이하를 소유한 경우(조정대상지역 내 2주택을 소유한 경우는 제외): 3%
> ② 3주택 이상을 소유하거나 조정대상지역 내 2주택을 소유한 경우: 6%

이처럼 종부세 최고세율을 법인에 적용하고 있어서 종부세 부담이 상당할 수 있다고 말한 것이다.

주택 임대소득이 발생하면 법인세를 내야 한다. 법인세는 과표 구간에 따라 다음과 같다.

과세표준	2억 원 이하	2억 원 초과 200억 원 이하	200억 원 초과 3,000억 원 이하	3,000억 원 초과
적용 세율	10%	20%	22%	25%

개인의 주택 임대소득에 종합과세가 되면 소득세가 6~45%로 부과되므로 법인세가 상대적으로 낮다고 할 수 있다. 그렇지만 주택 임대소득, 양도 등으로 인해 법인에 생긴 잉여금을 개인이 마음대로 가져갈 수 없다. 급여, 상여 또는 배당으로 가져가야 하는데 이때 추가로 소득세가 과세된다. 그래서 법인으로 운영한다고 전반적으로 세금이 낮다고 할 수 없다. 참고로, 법인으로 운영하면서 급여를 받으면 건강보험료 관련해 직장가입자로 분류된다. 지역가입자로 분류될 때보다 건강보험료가 낮아진다는 이점은 있다.

법인이 주택을 양도할 때 세금은 어떨까? 주택 수와 관계없이 양도소득에 대해서는 법인세 등 외에 추가로 20%가 중과된다.

이처럼 법인으로 주택 임대업을 하면 세제상 단점이 많다. 또한, 법인을 설립하면 세금 외 추가로 기장수수료, 법인세 신고수수료 등을 내야 하니 개인이 주택 임대업을 할 때보다 신경 써야 할 부분이 많다. 단, 법인을 설립해 상가를 임대하면 종부세 부담이나 양도세 부담이 크지 않다. 그래서 법인으로 주택 임대업을 할 때와 차이가 있으므로 2부에서 자세히 다루도록 하겠다.

단순히 법인으로 운영하면 법인세가 낮다는 측면에서만 접근하면 안 된다. 취득할 때 취득세가 중과될 수 있고, 종부세가 매우 높을 수 있으니 지금까지 말한 내용을 꼼꼼히 살펴본 후에 법인을 설립할지 결정하는 것이 바람직하다.

주택 임대소득 신고를
직접 해보자

　2019년 주택 임대소득 발생분부터는 해당 금액이 2,000만 원 이하면 분리과세 또는 종합과세를 선택해 세금을 내야 한다. 따라서 2,000만 원 이하인 임대사업자는 분리과세가 유리한지, 종합과세가 유리한지 보고 선택해서 신고해야 한다.

　홈택스(www.hometax.go.kr)에 들어가면, 오른쪽에 있는 '세금 종류별 서비스'에서 '모의계산'을 클릭한다. 그리고 '주택 임대소득 종합·분리과세 세액 비교'를 클릭하면 나온 내용을 통해 나에게 유리한 방식을 간단하게 비교해볼 수 있으니 참고한다. 주택 임대소득금액이 2,000만 원을 초과하면 분리과세를 선택할 수 없고, 종합과세로 해야 한다. 기준 경비율 또는 장부 기장 중에서 하나를 선택해 필요 경비를 입력해야 한다. 물론, 홈택스에서 할 수 있지만 일반인이 하기에는 무리가 있어 외부 세무사를 통해 신고하는 것이 바람직하다고 생각한다.

　주택 임대소득을 분리과세로 신고할 경우 홈택스에서 직접 신고하는 방법을 알아보자. 종합과세로 선택해도 홈택스에서 할 수 있지만 일반인이 하기에는 무리가 있어 외부 세무사를 통해 신고하도록 한다.

먼저, 홈택스에 들어가서 로그인을 한 다음, '신고/납부', (세금 신고의) '종합소득세' 순으로 클릭한다. 바뀐 화면에서 '주택 임대 분리과세 신고서'의 '정기 신고 작성'을 클릭한다.

바뀐 화면에서 개인 정보를 입력한 다음, '저장 후 다음 이동'을 클릭한다.

또다시 바뀐 화면에서 '공동 소유' 여부를 선택하고, 임대 기간을 입력한다. 민간임대주택으로 등록했다면 '등록 임대주택 요건'에서 충족 기간을 입력한다. 그리고 보증금, 월세를 입력한 다음, '등록하기', '저장 후 다음 이동' 순으로 클릭한다.

임대사업자라면 세액 감면신청서를 작성한 다음에 '등록하기'를, 해당하지 않으면 바로 '등록하기'를 클릭한다.

'세액 계산' 화면에서 납부할 세액을 확인한다. 그런 다음, 신고서 제출 관련 동의란을 클릭하고 '신고서 작성 완료'를 클릭한다. 마지막으로, 바뀐 화면에서 '신고서 제출하기'를 클릭하면 분리과세 신고가 마무리된다.

이후 홈택스에서 소득세 납부서를 출력해 소득세를 납부한다. 신고서 제출 내역을 보면, 지방소득세를 신고 및 납부할 수 있도록 위택스로 링크가 되어 있다. 지방소득세 신고를 하지 않으면 가산세가 나올 수 있으니 반드시 신고한다. 위택스를 통해 지방소득세를 신고 및 납부하면 종합소득세와 지방소득세 신고 및 납부가 마무리됐다고 할 수 있다.

2부

상가 임대사업

보통 주택 다음으로 상가에 제일 많이 투자한다. 그런데 상가 투자를 쉽게 생각하는 사람이 의외로 많다. 상가 하나 사서 임차인을 받고 월세 꼬박꼬박 받으면 끝이라고 생각한다. 하지만 그렇지 않다.

상가로 임대사업을 할 때도 취득세, 부가가치세, 소득세 등 주택을 임대할 때만큼 신경 쓸 것이 많다.

상가를 임대할 때도 주택을 임대할 때처럼 '취득→보유→매도'의 과정을 거치지만 주택 임대사업과는 다른 부분이 있다. 이것을 중점으로 2부에서 알려주고자 한다.

1장에서는 상가에 투자할 때 필요한 절세 지식에 대해 다뤘다. 사업자 등록 방법, 상가 관련 취득세, 유흥업소가 있는 경우의 취득세 과세문제, 기준 경비율 적용방법, 개인사업자와 법인 간의 차이점 등에 대해 알 수 있을 것이다.

2장에서는 상가를 임대할 때 필요한 절세 지식에 대해 다뤘다. 대출이자 경비 처리방법, 필요 경비로 인정받는 방법, 간이과세자로 할 경우 유·불리한 부분, 세금계산서 작성방법, 친인척에 임대할 때 발생하는 세금 이슈, 법인으로 전환하는 방법 등 임대사업을 하면서 궁금해지는 내용에 대해 알 수 있을 것이다.

3장에서는 상가를 매도, 즉 처분할 때 필요한 절세 지식에 대해 다뤘다. 상가와 관련된 양도세는 얼마인지 아는 방법, 포괄적으로 사업 양수도를 할 때 처리방법, 증여 또는 상속을 할 때 절세하는 방법 등에 대해 알 수 있을 것이다.

이와 함께 상가 임대사업 관련해서 알려주고 싶은 것이 있다. 상가를 계약하기 전에 개인사업으로 할지, 법인으로 할지 결정해야 한다는 것이다. 그 결정에 따라 세금이 달라진다. 취득단계에서는 취득세를, 보유(임대)단계에서는 부가가치세 및 소득세 아니면 법인세를, 매도(처분)단계에서는 양도세 아니면 법인세를 내야 하기 때문이다. 그래서 2부에서는 개인사업자와 법인으로 구분해 설명했다.

1장

상가를 취득할 때
필요한 절세 지식

개인사업자 ①
임대사업 시작을 위한 사업자 등록

상가를 계약했다면 사업 개시일로부터 20일 이내에 상가 소재지의 세무서에 가서 사업자 등록을 해야 한다. '사업자 등록'이란, 부가가치세 납세 의무자에 해당하는 사업자의 인적사항과 사업 내용을 관할 세무서의 장부에 수록하는 것을 말한다.

신규로 상가를 임대하려면 사업장마다 사업장 관할 세무서장에게 사업자 등록을 신청해야 한다. 물론, 홈택스(www.hometax.go.kr)에서도 가능하다. 사업자 등록을 위해 필요한 서류는 다음과 같다.

- 사업자 등록신청서 1부
- 임대차 계약서 사본 1부
- 2인 이상이 공동으로 임대사업을 하면 공동 사업이라는 사

실을 증명할 수 있는 서류(동업계약서 등)

- 인허가 등 사업을 영위하는 경우 허가·등록·신고증 사본

사업자 등록을 하지 않으면 가산세를 내야 한다.

- 개인: 공급가액의 1%(간이과세자는 매출액의 0.5%와 5만 원 중 큰 금액)
- 법인: 공급가액의 1%

사업자 등록을 하지 않으면 세금계산서를 발급받을 수 없어 상품을 구매할 때 부담한 부가가치세를 공제받지 못하게 된다.

상가를 매입할 때 토지분의 부가가치세는 면세사항이라서 매입세액을 공제받지 못하지만, 건물분은 공제받을 수 있다.

'매입세액'이란, 자신의 사업을 위해 사용했거나 사용할 재화 또는 용역의 공급, 재화의 수입에 대한 부가가치세액을 말한다. 일반 사업자의 경우 매입가의 10%이며 부가가치세 납부세액을 산정할 때 매출세액에서 공제된다.

매입세액 공제를 받으려면 공급 시기가 속하는 과세 기간(1월 1일~6월 30일, 7월 1일~12월 31일)이 지난 후 20일 이내에 사업자 등록을 신청해야 한다.

사업자 등록을 하지 않으면 향후 임대료에 대한 세금계산서를 발행할 수 없고, 들어간 비용에 대해 매입세액 공제를 받을 수 없다.

이와 같이 사업자 등록을 하지 않으면 사업자 미등록 가산세까지 발생하니 사업자 등록은 빨리하는 것이 바람직하다.

개인사업자 ②
상가를 취득할 때 내야 하는 세금

최근에 은퇴를 한 A는 노후생활에 대비하고자 그동안 모아놓은 자금, 퇴직금(3억 원 정도), 그리고 담보 대출을 활용해 경기도 분당에 있는 신축 상가를 10억 원에 취득했다.

매매계약서상 건물의 가액은 3억 3,000만 원(부가가치세 포함), 토지의 가액은 7억 원이다. 상가는 처음 사본 A는 취득할 때 발생하는 세금은 무엇이 있는지 궁금하다.

먼저, A는 취득세를 내야 한다. 일반 상가의 취득세는 4.6%이다 (취득세 4%, 농특세 0.2%, 지방교육세 0.4%). 간혹 취득세를 고려하지 않고 매입금액만으로 예산을 짜는 경우가 있는데, 취득세를 낼 때 곤혹스러워질 수 있다. A는 4,600만 원을 내야 한다.

그다음으로 부가가치세를 내야 한다. 상가는 건물분과 토지분으로 구분된다. 토지 매매는 면세항목이라 토지분에서는 부가가치세가 발생하지 않는다. 건물분에서 건물가액 10%만큼 부가가치세가 발생한다.

매도자는 일반과세자(간이과세자나 면세사업자가 아닌 경우)라면 적격증빙인 세금계산서를 발급해줘야 한다. 물론, 매도자가 일반과세자가 아니라면 세금계산서를 발급할 수 없기 때문에 매수자는 건물분 부가가치세를 환급받을 수 없다.

매수자는 건물분에 대한 매입세액 공제를 받으려면 공급 시기가 속하는 과세 기간이 지난 지 20일 이내에 일반 사업자로 등록해야 한다. 면세사업자 또는 간이과세자로 등록하면 부가가치세를 환급받지 못한다. 매수자 입장에서는 환급받지 못한 부가가치세는 추후 상가를 양도할 때 상가의 취득가액에 합산되므로, 관련 증빙서류는 잘 챙겨둔다.

앞에 나온 A는 건물분의 10%인 3,000만 원을 환급받으려면 매도자가 일반과세자로 사업자 등록을 했는지 먼저 확인하고 건물분에 대해서 세금계산서를 받아야 한다. 이후 임대 중에도 임대료와 관련한 세금계산서를 발급해줘야 한다. 그래서 사업자 등록은 되도록 빨리할 필요가 있다.

(관련 절차를 다 했다면) 부가가치세 과세 기간(1월 1일~6월 30일, 7월 1일~12월 31일)이 끝나고 25일 이내에 부가가치세를 신고하면 건물분 매입세액을 환급받을 수 있다.

03

개인사업자 ③
상가에 유흥업소가 있으면 세금 폭탄?

유명 가수의 건물 일부 층에 유흥업소가 운영되고 있다면서 세무 당국이 거액의 지방세를 추가로 내라는 납부고지서를 보냈다는 기사를 본 적이 있다.

임대를 위해 상가 또는 건물에 투자할 때 유흥업소와 관련해서는 좀 더 신경을 써야 한다. 왜 그럴까?

다음에 해당하는 부동산 등을 취득하는 경우 취득세가 중과된다.

① 별장

② 골프장

③ 고급 주택

④ 고급 오락장: 도박장, 유흥주점영업장, 특수목욕장, 그 밖

에 이와 유사한 용도에 사용되는 건축물 등

⑤ 고급 선박

이 중에서 '유흥주점'이란, 공용면적을 포함한 영업장의 면적이 100㎡를 초과하면서 다음 요건 중 하나에 해당하는 경우를 말한다.

- 손님이 춤을 출 수 있도록 객석과 구분된 무도장을 설치한 영업 장소(카바레, 나이트클럽, 디스코클럽 등을 말함)
- 유흥 접객원을 두고 별도로 반영구적으로 구획된 객실의 면적이 영업장 전용면적의 50% 이상이거나 객실 수가 5개 이상인 영업 장소(룸살롱, 요정 등을 말함)

일반적으로 건물의 취득세는 4.6%이지만 (유흥주점이 임차하고 있다면) 유흥주점이 사용하는 면적의 취득세는 13.4%로 높다.

취득한 이후에 유흥주점이 임차한 경우라면 상관없을까? 그렇지 않다. 취득한 지 5년 이내에 유흥주점 등이 임차하면 취득세를 중과해 추징하도록 규정하고 있다.

만약 임차인이 임대하면서 노래방 허가를 받았는데 사실상 유흥주점을 운영하고 있었다면? 관련 유권해석에 따르면, 상기규정에 따라 취득세의 중과세 추징 대상이 되고 납세 의무자는 해당 부동산 소유자가 된다. 즉, 허가 여부와 관계없이 사실상 유흥주점으로 운영했다면 취득세 중과 대상이 되는 것이다.

매년 일반 건축물에 부과되는 재산세가 0.25%인 반면, 유흥주점(이 사용하는 면적)에 부과되는 재산세는 4%이다. 일반 세율의 16배에 해당한다.

취득세와 재산세 폭탄을 맞지 않기 위해서는 상가 또는 건물을 매입할 때 유흥주점은 없는지, (예를 들어) 노래방으로 운영되고 있어도 실질적으로 유흥주점은 아닌지 면밀하게 확인해야 한다. 또한, 취득한 후 최소 5년간은 유흥주점이 임차하지 않도록 주의한다.

개인사업자 ④
단순 경비율과 기준 경비율의 조건

임대사업자는 임대소득과 관련한 종합소득세 신고를 다음 해 5월 중에 해야 한다. 임대소득에 필요 경비를 뺀 금액이 사업소득금액이 된다. 필요 경비를 제외하려면 다음 중 하나를 선택해야 한다.

하나, 장부 기장을 하고 신고하는 방법이 있다. 실제 발생한 비용(감가상각비, 이자 비용, 인테리어 비용 등)을 장부에 기장해 필요 경비로 인정받는 것이다.

둘, 단순 경비율로 신고하는 방법이 있다. 사업소득금액은 다음과 같이 계산된다.

사업소득금액=임대수익×(1−단순 경비율)

부동산 임대업의 경우 단순 경비율은 41.5%(2019년 귀속 경비율임)이다. 단순 경비율이 상당히 높은 편이다. 다음 중 하나에 해당하는 사업자에게 적용할 수 있다.

① 해당 과세 기간에 신규로 사업을 개시한 사업자
② 직전 과세 기간의 수입금액이 2,400만 원(부동산 임대업의 경우)에 미달하는 사업자

셋, 직전 사업연도 소득금액이 2,400만 원 이상이면 기준 경비율을 적용할 수 있다. 적용하는 방법은 다음과 같다.

소득금액=(①과 ② 중 적은 금액)
① 수입금액 − 매입 비용 및 종업원 급여 등 주요 경비 − (수입금액 × 기준 경비율)
② 수입금액 × (1 − 단순 경비율) × 배율*

여기서 기준 경비율은 업종별로 다르다. 부동산 임대업의 기준 경비율은 14.6%(2019년 귀속 경비율임)이다.

장부 기장을 하면 결손금을 인정받을 수 있다는 장점이 있으나 장부 작성에 따른 외부 기장 비용이 발생한다.

---

*복식부기 의무자: 3.2배, 간편장부 대상자: 2.6배

단순 경비율을 적용할 경우 간편하고 높은 경비율을 적용받을 수 있다는 장점이 있으나 신규 사업자나 직전 과세 기간의 수입금액이 낮은 사업자만 적용받을 수 있어 대상자가 제한적이다.

기준 경비율을 적용할 경우 간편하게 신고할 수 있다는 장점이 있으나 소규모 사업자가 아니면 무기장 가산세*가 부과된다.

이처럼 각각의 방법에 따라 장단점이 있으니 대출이자 등 발생하는 필요 경비의 금액과 경비율을 비교해 각자 유리한 방법을 선택하는 것이 바람직하다.

---

* 무기장 가산세=종합소득 산출세액×무기장 또는 미달기장 소득금액÷종합소득금액×20%

05

개인사업자 ⑤
복식부기와 간편장부

사업자는 소득금액을 계산할 수 있도록 증빙서류 등을 갖춰 놓고 해당 사업에 관한 모든 거래 사실이 객관적으로 파악될 수 있도록 복식부기에 따라 장부에 기록하고 관리해야 한다. 또한, 앞에서 설명한 것처럼 경비율을 적용해 필요 경비를 공제하는 방법과 장부 기장을 해서 필요 경비로 공제하는 방법 중 하나를 선택해야 한다.

직전 사업연도의 수입이 4,800만 원을 초과하는 사업자인데 기장을 하지 않으면 다음과 같이 가산세를 부담해야 한다.

무기장 가산세=종합소득 산출세액×무기장 또는 미달기장

소득금액÷종합소득금액×20%

그래서 일정 수입 이상인 사업자는 기장을 대부분 한다. 기장의 방법으로는 간편장부 대상자와 복식부기 의무자로 나눠진다.

신규로 사업을 시작한 사업자이거나 부동산 임대업의 경우 직전 사업연도의 수입금액이 7,500만 원에 미달했을 때 간편장부를 갖춰 놓고 해당 사업에 관한 거래 사실을 성실히 기재했다면 장부를 비치 및 기록한 것으로 본다. '간편장부'란, 다음의 사항을 기재할 수 있는 장부이며 국세청장이 정하는 것을 말한다.

① 매출액 등 수입에 관한 사항
② 경비 지출에 관한 사항
③ 사업용 유형자산 및 무형자산의 증감에 관한 사항

복식부기 의무자는 기업 회계 기준을 준용해 작성한 재무상태표, 손익계산서와 그 부속 서류 및 합계 잔액시산표, 조정계산서를 제출해야 한다. 세무대리인을 통해 기장하는 것이 일반적이지만 간편장부 대상자라면 간편장부를 작성해 기재하면 되므로, 사업자가 직접 기장할 수도 있다.

단, 변호사업, 심판변론인업, 변리사업, 법무사업, 공인회계사업, 세무사업, 경영지도사업, 기술지도사업, 감정평가사업, 손해사정인업, 통관업, 기술사업, 건축사업, 도선사업, 측량사업, 공인노무사업, 의사업, 한의사업, 약사업, 한약사업, 수의사업 등을 영위한다면 간편장부 대상자에서 제외된다.

개인사업자 ⑥
대출이자를 경비로
처리하는 것이 유리할까?

B는 수도권에 있는 임대용 상가를 12억 원에 매입할 예정이다. 임대료가 연간 5,000만 원 정도 나온다고 한다.

공인중개사가 이자 비용은 경비 처리가 되므로 절세 목적으로 대출을 무조건 받으라고 권유했다. B는 절세 목적으로 대출을 얼마 정도 받아야 할까?

흔히 상가, 건물을 살 때 대출을 많이 받는다. 연예인들이 건물을 살 때 대출을 많이 받는다는 기사를 많이 봤을 것이다. 그렇다면 왜 대출을 받을까?

대출을 받는 목적은 크게 2가지로 보면 된다. '건물을 사기에 여유자금이 부족해서', 그리고 '대출이자를 경비로 처리하기 위해서'

이다. 이 중에서 후자에 대해 다루려고 한다.

임대하는 건물을 취득하기 위해서 받은 대출에 대한 이자는 사업과 관련된 비용으로 봐서 경비로 인정된다. 경비로 처리가 되면 결국 사업소득금액은 임대료에서 경비를 차감한 금액이므로 세금이 줄어드는 효과를 얻을 수 있다.

그렇다면 다른 비용이 없다고 가정했을 때 어느 정도 대출을 받아야 할까?

일정 규모 미만의 사업자(앞의 '개인사업자 ④ 단순 경비율과 기준 경비율의 조건' 참고)는 장부 기장을 하지 않아도 단순 경비율 또는 기준 경비율로 경비를 산정할 수 있다. 장부 기장을 하는 경우에만 대출이자가 경비로 인정되기 때문에 경비율을 적용한 사업소득금액으로 신고하면 대출이자가 경비로 인정되지 않는다. 즉, 대출이자가 단순 경비율 또는 기준 경비율로 산정된 경비 이하라면 굳이 절세를 위해 대출받을 필요가 없다.

부동산 임대업의 경우 직전 과세 기간의 수입금액이 연간 2,400만 원 미만일 경우 단순 경비율을 적용할 수 있다. 단순 경비율은 41.5%(2019년 귀속 경비율임)이며 임대료에 단순 경비율을 제외한 금액만큼이 사업수입금액이 된다. 예를 들어, 임대료가 2,000만 원이라면 사업수입금액은 다음과 같이 산정된다.

2,000만 원×(1−41.5%)=1,170만 원

대출받은 이자가 1년에 830만 원 미만이라면 단순 경비율을 적용해 신고하는 것이 절세 목적으로 유리하다.

B는 연간 임대료로 5,000만 원을 받기 때문에 단순 경비율 적용 대상자에 해당하지 않는다. 장부 기장을 하지 않으면 다음과 같이 소득금액을 계산한다.

소득금액=(①과 ② 중 적은 금액)
① 수입금액−매입 비용 및 종업원 급여 등 주요 경비−(수입금액×기준 경비율)
② 수입금액×(1−단순 경비율)×배율*

그래서 B의 경우 매입 비용, 종업원 급여가 없다고 하면 (사업)소득금액은 다음과 같다.

소득금액=(①과 ② 중 적은 금액)=3,042만 원
① 5,000만 원×(1−14.6%)=4,320만 원
② 2,000만 원×(1−41.5%)×2.6배=3,042만 원

대출받은 이자가 연 1,958만 원 미만이라면 기준 경비율을 적용해 신고하는 것이 절세 목적으로 유리하다.

---

* 복식부기 의무자: 3.2배, 간편장부 대상자: 2.6배

만약 이자율을 3%라고 가정하고, 대출금이 6억 5,300만 원 이상이면 장부 기장을 선택해 대출이자를 경비로 인정받는 것이 유리하다. 즉, 대출받으려는 금액이 6억 5,300만 원 미만이면 굳이 절세 목적으로 대출받을 필요가 없다.

요컨대, 연간 임대수입금액에 따라 단순 경비율과 기준 경비율 대상 여부를 파악한 다음, 단순 경비율 또는 기준 경비율 이상의 대출 이자가 나올 때 장부 기장을 하는 것이 유리하다. 단, 장부 기장을 할 때 세무법인의 기장수수료가 별도로 지출되므로 기장수수료까지 확인하고 장부 기장 여부를 결정해야 한다.

법인 ①
개인사업자로 해야 하나?
법인으로 해야 하나?

처음 임대업을 시작하면 개인사업자로 할지, 법인으로 할지 고민이 많아진다. 단순히 법인세율이 낮다는 이유로 법인을 선택하기도 한다. 그래도 그 이유만으로 법인을 선택하면 안 된다. 개인사업자와 법인은 서로 어떻게 다른지 구체적으로 살펴보자.

개인사업자에게는 발생한 소득에 대한 소득세가 과세된다. 소득구간에 따라 6%에서 45%까지 적용된다(앞의 '월세 임대와 전세 임대의 세금은 다르다' 참고).

예를 들어, 과세표준이 1억 원이라면 소득세는 2,010만 원(=1억 원×35%−14,900,000)이다. 또한, 소득세의 약 10%만큼 지방소득세를 납부해야 하므로 실질적으로 부담하여야 할 세금은 약 2,200만 원이다.

개인사업자의 경우 소득세 및 지방소득세를 내고 남은 소득은 자유롭게 사용해도 된다. 법인에 비해 기장 의무가 없거나 간편하다. 예를 들어, 임대업을 영위하는 경우 직전 과세 기간의 수입금액이 2,400만 원 이하라면 기장을 하지 않아도 수입금액에 단순 경비율만큼 차감해서 간단하게 과세표준을 산정할 수 있다. 직전 과세 기간의 수입금액이 7,500만 원 이하라면 간편장부 대상자에 해당하여 복식부기 의무자보다 간편하게 기장할 수 있다. 또한, 1년 중 1월 25일까지, 그리고 7월 25일까지 부가가치세를 2번 신고하고 납부하면 된다.

사업을 시작할 때 사업자 등록만 하면 되므로 법인보다 설립절차가 간편하다. 단, 일정 수입금액을 초과하면 성실 신고 확인 대상자에 해당한다. 세무사를 해당 과세 기간 다음 연도 4월 30일까지 선임하고 6월 30일까지 성실 신고 확인서를 제출해야 한다. 참고로, 임대업에서는 해당 과세 기간의 수입금액이 5억 원 이상이면 성실 신고 확인 대상자가 된다.

물론, 개인사업자에게도 단점은 있다. 대표자의 급여 및 퇴직금이 비용으로 인정되지 않고, 자금을 조달하는 수단으로 대출금 외에는 거의 없어서 법인보다 자본 조달의 한계가 있다.

양도할 때는 보유 기간에 따라 장기 보유 특별 공제가 최대 30%가 적용되며, 양도세는 소득구간에 따라 6%에서 45%까지 적용된다. 부동산을 상속이나 증여할 경우 해당 부동산에 2곳 이상의 감정 평가액을 적용한 금액이 평가액이 된다. 감정 평가액이 없다면 보충적 평가액인 공시 가격으로 평가할 수 있다. 해당 부동산을 상속받는 사람은 시가표준액의 3.16%를, 증여받는 사람은 시가표준액의 4%를 취득세로 납부해야 한다.

이제 법인에 대해 알아보자. 법인의 경우 발생한 소득에 대해 법인세가 과세된다. 과세표준 구간에 따라 다음과 같이 10%에서 25%까지 적용되며, 추가로 법인세에 약 10%만큼 지방소득세를 납부해야 한다.

과세표준	2억 원 이하	2억 원 초과 200억 원 이하	200억 원 초과 3,000억 원 이하	3,000억 원 초과
적용 세율	10%	20%	22%	25%

법인세율이 소득세율보다 낮다고 볼 수 있지만, 법인세 납부 후 남은 이익을 사용자가 마음대로 사용할 수 없다는 점을 알아야 한다. 법인이 남은 이익을 사용자 또는 주주에게 지급하려면 급여나 배당절차를 거쳐야 한다. 급여나 배당에는 소득세가 추가로 과세된다. 따라서 법인세율이 낮다는 이유로 법인이 유리하다고 판단해서는 안 된다. 급여나 배당 관련 소득세까지 고려해 판단해야 한다. 세후 소득을 제한 없이 쓰고 싶다면 법인보다 개인사업자가 유리할 수 있다.

과세표준 1억 원을 기준으로 법인세 납부 후 남은 금액을 대표자가 급여로 받는다고 가정해보자. 법인세 등(지방소득세 포함)이 1,100만 원, 소득세 등(지방소득세 포함)이 1,400만 원이 나오므로 총세금은 2,500만 원이다.

과세표준에 따라 다르지만 그래도 법인이 개인사업자보다 세금 측면에서 항상 유리하다고 볼 수 없다.

법인을 설립할 때는 상법상의 설립절차를 따라야 한다. 그래서 개인사업자 때보다 설립이 복잡하다고 하는 것이다. 또한, 대도시(과밀억제권역)에 법인을 설립하고 5년 이내에 대도시의 부동산을 취득하면 취득세가 9.4%로 중과된다.

부가가치세를 신고할 때는 예정 신고(4월 25일, 10월 25일)와 확정 신고(1월 25일, 7월 25일)를 모두 해야 하고* 1년 중 4번 부가가치세를 신고 및 납부해야 한다.

법인이 주식을 양도한다면? 해당 법인의 부동산 비율이 50% 이상, 양도자인 과점주주의 지분 비율이 50% 이상, 발행 주식 총수 중 양도 비율이 50% 이상일 경우 소득세 기본세율(6~45%)이 적용된다. 개인사업자와는 달리 장기 보유 특별 공제가 적용되지 않는다. 또한, 법인의 비상장주식 가치를 평가할 때 부동산 비율이 총자산 가치의 80% 이상이면 순자산 가치로만 평가된다. 해당 법인의 주식을 증여하는 경우와 개인사업자가 부동산을 증여하는 경우 간에 큰 차이가 없다. 단, 주식을 증여받은 특수관계인은 개인사업자와 달리 취득세를 부담하지 않는다.

---

* 과세 기간 1월 1일부터 6월 30일까지가 제1기 부가가치세, 7월 1일부터 12월 31일까지가 제2기 부가가치세에 해당한다. 기본적으로 부가가치세 신고 대상의 과세 기간은 6개월이지만 해당 기간을 다시 절반으로 나눠 예정 신고를 할 수 있게 되어 있다.

개인사업자와 구분되는 법인의 장점이 있다. 주주는 출자한 지분 한도로 유한 책임을 지고, 대표자의 급여나 퇴직금을 비용으로 처리할 수 있다. 그리고 자본을 조달하는 방법이 개인사업자보다 다양하다. 예를 들면, 유상 증자, IPO(기업 공개), 회사채 발행 등을 통해 대규모 자금 조달이 가능하다.

제3자에게 사업을 매각한다고 했을 때는 법인 주식을 제3자에게 매각하면 되므로 개인사업자보다 간편하게 이전할 수 있다. 근로자가 5인 미만인 부동산 임대업을 주업으로 하는 경우 등을 제외하고는 일반적으로 성실 신고 확인 대상에서 제외된다.

이처럼 법인세율이 낮다는 이유만으로 법인을 선택하기보다 향후 사업 성장 가능성, 자금 조달의 다양성, IPO 여부 등까지 고려할 필요가 있다.

08

법인 ②

법인이 대도시에서 상가를 취득하면
취득세 중과 대상?

현장에서는 많은 임대사업자가 상가건물을 취득할 때 법인으로 하려다가 상대적으로 높은 취득세 때문에 망설인다.

일반적으로 개인사업자가 임대용 건물을 취득할 때 취득가액의 4.6%를 취득세로 낸다. 한편, 법인의 경우 법인을 설립하거나 지점 또는 분사무소를 설치할 때, 법인의 본점·주사무소·지점·분사무소를 대도시 밖에서 대도시로 전입하는 관계로 대도시에 있는 부동산을 취득(설립·설치·전입 이후의 부동산 취득 포함)할 때 취득세를 중과한다. '설립·설치·전입 이후의 부동산 취득'은 법인 또는 사무소 등의 설립·설치·전입 이후부터 5년 이내에 하는 업무용·비업무용 또는 사업용·비사업용의 모든 부동산을 취득하는 경우를 의미한다. 즉, 대도시에 법인을 설립하고 5년 이내에 대도시에 있는 업무용 또는 비업무용 부동산을 취득하면 취득세가 중과되어 9.4%를 내야 한다.

대도시에 설립한 지 5년 이내의 법인으로 상가를 취득하면 개인사업자보다 2배 이상 높은 취득세를 낸다고 보면 된다. 5년이 지났다고 해도 지점을 설치하면 취득세 등이 9.4%로 중과된다.

이와 관련해 흥미로운 사례가 하나 있어 소개하려고 한다.

임대사업용 부동산을 취득해 ① 임대 업무는 대도시 외 지역에 있는 본점에서 직접 관리하고, ② 건물의 청소 등 관리는 본점의 계약직 직원인 청소원이 담당하고, ③ 해당 부동산에는 영업활동이나 대외적인 거래 업무를 처리하기 위한 인원을 상주시키지 않는다면, 지점 설치에 해당하지 않아 중과세 대상이 아니라는 예규가 있다. 즉, 취득한 건물이 인적 및 물적 설비를 갖추고 계속 사무 또는 사업을 진행하는 장소에 해당한다면, 영업소나 연락사무소처럼 지점 형태로 임대용 부동산을 일부 쓰고 있다면 취득세 중과 대상으로 판단하는 것이다.

만약 대도시에 법인을 설립하고 바로 40억 원짜리 상가건물을 매입했다면 개인사업자로 매입할 때와 취득세 차이가 얼마나 날까?

과세표준	법인 설립 후 취득	개인사업자로 취득	차이
취득세	3억 7,600만 원	1억 8,400만 원	**1억 9,200만 원**

이에 대한 해결방안은 다음과 같다.

먼저, 법인을 설립하면서 대도시 외에 본점을 둔다. 형식상의 본점이 아니라 인적 및 물적 설비를 갖추고 계속 사무 또는 사업을 진행하는 장소여야 한다. 임대 관리도 실질적으로 이뤄져야 한다. 그리고 영업활동이나 대외적인 거래 업무를 처리하기 위한 인원은 상주시키지 않고, 청소 등 관리는 외주 계약을 통해 한다면 취득세는 중과되지 않을 것으로 판단된다. 단, 형식적으로 대도시 외 본점을 두고 모든 관리 업무를 대도시 안에 있는 상가에서 하면 중과세가 중과되니 주의한다.

2장

상가를 임대할 때
필요한 절세 지식

개인사업자 ①
필요 경비로 인정받을 수 있는 항목

부동산 임대업을 하는데 장부 기장을 하기로 했다면 필요 경비로 인정받을 수 있는 것은 무엇이 있는지 살펴보자. 필요 경비를 많이 인정받을수록 소득금액이 줄어들기 때문에 알아둘 필요가 있다.

첫째, 상가를 관리하기 위해 고용한 관리인과 청소원에게 지급하는 급여 및 퇴직금은 필요 경비로 인정된다.

둘째, 상가를 관리하는 가족 구성원에게 지급하는 급여 및 퇴직금도 필요 경비로 인정된다. 단, 실제로 근무하지 않았다면 필요 경비로 인정되지 않는다.

근무하지 않는 가족 구성원에게 급여를 지급하는 경우가 많은데, 추후 세무 조사를 받으면 해당 급여에 대해 필요 경비로 인정되지 않고 가산세까지 부과받을 수 있다. 또한, 법인이라면 사업주 본인에 대한 급여와 퇴직금은 필요 경비로 인정되지만, 개인사업자의 경우에는 인정되지 않는다.

셋째, 상가를 취득할 때 받은 대출금에 대한 이자도 필요 경비로 인정된다. 공동명의 상가에 대한 대출이자가 필요 경비로 인정되지 않는 경우도 있는데 뒤에서 자세히 말하겠다. 그리고 취득한 이후 임대사업을 하면서 낸 대출이자도 필요 경비로 인정된다.

넷째, 해당 상가의 재산세, 종부세, 도로 사용료, 교통 유발 부담금 등의 세금도 필요 경비로 인정된다. 벌금, 과태료 등은 인정되지 않는다.

다섯째, 전기요금, 수도요금, 도시가스료 등의 공과금은 필요 경비로 인정된다. 해당 상가에 대한 화재보험료도 인정된다.

여섯째, 사업주와 근로자에 대한 건강보험료, 산재보험료, 고용보험료는 필요 경비 또는 소득 공제로 인정된다.

일곱째, 벽지 장판 교체 비용, 인테리어 비용, 옥상 방수 공사 비용처럼 본래 기능을 유지하기 위한 비용은 필요 경비로 인정된다. 엘리베이터 설치 비용, 보일러 및 배관 개체 비용, 상가 리모델링 비용 등 자산의 내용 연수를 연장하거나 가치를 증가시키기 위해 지출한 비용은 종합소득세를 계산할 때 필요 경비로 인정되지 않고, 해당 건물을 양도할 때 취득가액의 필요 경비로 인정된다.

여덟째, 세무사에게 지급하는 기장수수료, 임대차 계약 시 지급한 중개수수료도 사업 관련 경비로 봐서 필요 경비로 인정된다.

아홉째, 임차인을 구하려고 신문, 인터넷 매체 등에 지급한 광고 비도 필요 경비로 인정된다. 부동산 임대업의 경우 접대비 지출액은 1,200만 원 이하까지는 필요 경비로 인정되고, 수입금액에 따라서 추가 한도(수입금액 100억 원 이하 적용률: 수입금액×0.3%)가 적용된다. 기부금도 일정 범위 한도 안에서만 필요 경비로 인정된다.

한편, 부동산 임대업자는 건물 취득가액에 대해서는 감가상각을 하여 비용으로 처리할 수도 있다. 감가상각을 하지 않는 것도 허용된다.

감가상각을 하면 세법상 신고한 내용 연수에 따라 매년 비용으로 인식할 수 있다. 단, 향후 해당 상가를 매각할 경우 감가상각비로 인식한 금액은 취득가액에서 제외되어 양도세가 높아지므로, 매년 감가상각비를 비용으로 처리할지 신중히 판단한다.

02

개인사업자 ②
승용차 관련 비용 처리는 가능할까?

C는 외제승용차를 구입해 상가와 연결해 비용 처리를 하고 있다. 그런데 운행일지, 주유 내역 등을 적는 증빙자료를 관리하고 있지 않고, 상가 관리를 위해서는 비정기적으로 가끔 오고 있다. 외제승용차를 개인적 용도로도 쓰고 있다.

과연 C는 외제승용차의 감가상각비, 유지비 등을 비용으로 처리할 수 있을까?

사업자가 업무용 승용차를 비용으로 처리하기 위해서는 장부 기장이 필요하다. 앞에서 말한 것처럼 부동산 임대업자는 경비율을 적용해 필요 경비로 공제하는 방법과 장부를 기장해 필요 경비로 공제하는 방법 중 하나를 선택할 수 있다.

경비율을 적용할 때 업무용 승용차의 유지비 등은 비용 처리를 할 수 없다. 실제 발생한 경비를 비용 처리하지 않고 일정 경비율로 필요 경비를 적용했기 때문이다.

장부를 기장해 필요 경비로 공제하는 방법을 선택했다면, 이와 관련한 법령을 알아둘 필요가 있다.

소득세법 제27조에 따르면, 사업소득금액 또는 기타소득금액을 계산할 때 필요 경비에 산입할 금액은 해당 과세 기간의 총수입금액에 대응하는 비용으로서 일반적으로 용인되는 통상적인 것의 합계액으로 한다고 규정하고 있다. 같은 법 제33조에 따르면, 가사(家事)의 경비와 이에 관련되는 경비 등은 사업소득금액을 계산할 때 필요 경비에 산입하지 않는 것으로 규정하고 있다. 즉, 승용차의 감가상각비가 부동산 임대소득에 대응하는 비용이어야 하며 가사의 경비와 관련이 없어야 한다.

관련한 판례를 좀 더 보자. 임대 건물의 관리는 청구인이 대표로 있는 법인의 관리부장이 하는 것으로 보이고, 건물 관리에 반드시 차가 필요하다고 보이지 않는 상황에서 차가 임대사업과 관련됐다는 객관적인 증빙을 제시하지 못하고 있으니 차 유지비 등을 필요 경비에 산입할 수 없다고 판시하고 있다. 또 다른 판례에서도, 고가의 차는 업무용으로 보기 어렵고 차 운행일지, 주유 내역이 없는 데다 임대 관리를 위해 사업장을 상시로 방문할 필요가 거의 없는 것으로 조사된 점 등을 들어 차의 유지관리비를 건물의 임대사업과 관련된 경비로 보기 어렵다고 판시하고 있다.

지금까지 말한 법령과 판례를 종합해 보면, 실제 임대사업과 관련해 승용차를 사용해야 하며 업무용 차량일지, 주유 내역 등 객관적인 증빙자료를 갖추고 있어야 할 것으로 판단된다. 또한, 승용차를 개인적인 용도로까지 혼용해 사용하면 업무용으로 사용할 때와 구분이 어려워서 실질적으로 유지비를 업무 관련 비용으로 인정받았다고 보기 어려울 것이다.

C는 해당 상가의 관리를 위해서 가끔 출근하고 있는 점, 건물 관리 등과 관련해 차가 반드시 필요한 것으로 보이지 않는 점, 운행일지나 주유 내역 등 증빙자료가 없는 점, 개인적인 용도로 혼용하여 사용하고 있는 점 등으로 볼 때 외제승용차의 유지비를 업무 관련 비용으로 인정받기는 어려울 것으로 판단된다.

해당하는 승용차의 운행일지, 주유 내역을 증빙자료로 구비해 놓고 있고 개인 용도가 아니라 실제 부동산 임대 관리 업무로만 사용하고 있는 경우에 한정해 비용 인정이 될 것으로 보인다.

복식부기 의무자의 경우 업무용 차량으로 인정받아도 내용 연수 5년, 정액법으로 상각해야 한다. 해당 감가상각비가 매년 800만 원을 초과하면 필요 경비로 산입되지 않고 이월된다. 즉, 고가의 외제차를 사용해도 감가상각비는 연간 800만 원만 인정된다.

복식부기 의무자가 업무용 승용차에 대해 운행일지를 작성했다면, 업무용 승용차 관리 비용(업무용 승용차에 대한 감가상각비, 임차료, 유류비, 보험료, 수선비, 자동차세, 통행료 및 금융 리스 부채에 대한 이자 비용 등 업무용 승용차의 취득 및 유지를 위해 지출한 비용) 중 업무

사용 비율(업무용 사용 거리÷총주행 거리)만큼 비용 인정이 된다. 하지만 운행일지를 작성하지 않으면 연간 1,500만 원까지만 비용으로 인정된다.

개인사업자 ③
오피스텔의 경우
주거용인지 업무용인지 먼저 판단하라

직장인 D는 월급을 열심히 모아 약 2억 원의 여유자금을 만들었다. 마침 집 근처에 분양 중인 신규 오피스텔을 적정한 프리미엄을 주고 취득했다.

D는 주거용으로 사용할 임차인을 구해서 임대료를 받을 예정이다. 물건을 중개한 공인중개사는 임대사업자로 등록해서 부가가치세를 환급받으라고 하는데 맞는 말일까?

오피스텔을 사는 사람들 대부분이 D처럼 잘못 알고 있다. 오피스텔을 업무용으로 임대할지, 주거용으로 임대할지에 따라서 부가가치세 환급 여부부터 달라진다.

오피스텔의 계약금과 중도금, 잔금을 납부할 때 보면 토지분과 건물분 금액이 구분되어 있다. 토지분은 면세항목이라서 부가가치세를 환급받을 수 없다. 반면, 건물분에 대해서는 부가가치세만큼 환급받을 수 있다. 업무용으로 임대할 경우에 한해서다.

오피스텔을 주거용으로 임대할 목적이라면 부가가치세를 환급받지 않는 것이 바람직하다. 오피스텔을 주거용으로 쓴다면 주택의 임대로 보기 때문에 부가가치세 면세항목에 해당하고, 면세사업과 관련된 매입세액은 불공제 대상이어서 부가가치세를 환급받을 수 없기 때문이다.

오피스텔을 주거용으로 임대하는 임대인 중 일부는 부가가치세는 환급을 받으면서 세입자에게 전입 신고를 하지 못하도록 강요하고 임대소득도 누락한다. 만약, 국세청이 이에 대해 인지하고 과세하면 환급받은 부가가치세는 모두 토해 내야 하고, 누락한 임대소득 관련 소득세에 가산세까지 세금 폭탄을 맞을 우려가 있다.

업무용으로 임대하는 도중에 주거용으로 임대하려면 어떻게 해야 할까? 그동안 공제받은 매입세액 일부를 해당 과세 기간의 확정 신고와 함께 다음과 같이 추가로 납부해야 한다.

추가 납부할 매입세액=공제받은 매입세액×(1−5%×경과된 과세 기간 수)

부가가치세법상 과세 기간은 1년 중 6월 말까지와 12월 말까지다. 따라서 업무용으로 임대를 시작한 지 10년이 지나서 주거용으로 전환하면 경과된 과세 기간 수가 '20'이 되어 앞의 식을 따르면 추가로 납부할 매입세액은 '0'이 된다

반대로, 주거용으로 임대하는 도중에 업무용으로 임대한다면? 매입세액 일부를 해당 과세 기간의 확정 신고와 함께 다음과 같이 공제받을 수 있다.

추가 공제받을 매입세액=공제되지 않은 매입세액×(1−5%×경과된 과세 기간 수)

마찬가지로, 주거용으로 임대를 시작한 지 10년이 지나서 임대용으로 전환하면 추가로 공제받을 매입세액은 '0'이 된다.

그러므로 오피스텔을 취득하기 전부터 주거용으로 임대할지, 업무용으로 임대할지를 정한 다음, 이에 따라 세무 처리를 정확하게 하는 것이 중요하다.

개인사업자 ④
건강보험료는 어떻게 될까?

E는 직장가입자로 건강보험료를 내고 있다. 최근에 경기도 남양주에 있는 상가 하나를 아내 EE와 공동명의(5:5)로 10억 원에 취득할 예정이다. 상가의 임대료는 월 400만 원 정도로 예상한다. 이럴 경우 건강보험료가 추가될지 궁금해졌다.

직장가입자인 E가 다른 소득이 없다면, 2021년부터 보수월액의 6.86%가 건강보험료로 부과된다. 이 중 반은 사업자가 부담하므로 실질적으로 B가 부담하는 건강보험료는 보수월액의 3.43%이다. 단, 다음과 같은 또 다른 소득금액이 3,400만 원을 초과하면 초과분에 대해서는 소득월액 보험료를 추가로 부담해야 한다.

① 사업소득(필요 경비 공제 후 금액)

② 금융소득(이자와 배당소득이 연 1,000만 원 초과 시 포함)

③ 기타소득(필요 경비 공제 후 금액, 분리과세 제외)

④ 근로소득(보수월액에 포함된 경우 제외, 근로소득 공제 적용 전 금액)

⑤ 연금소득(공적 연금기관의 연금수령액, 연금소득 공제 적용 전 금액)

E가 공동명의로 임대료를 받아도 인별 3,400만 원 이하이므로 추가로 건강보험료가 부과되지 않는다. 그런데 배우자인 EE가 E의 피부양자라면? 공동명의로 취득하고 공동사업자로 등록하면 임대소득이 발생하므로 피부양자 자격이 사라진다. 그렇게 되면 EE는 지역가입자로 분류되어 건강보험료가 별도로 부과된다.

직장가입자의 피부양자 요건으로는 '소득 요건', '재산 요건', '부양 요건'이 있는데, 모두 충족해야 한다.

① 소득 요건
• 연간소득(금융소득, 연금소득, 기타소득)이 3,400만 원* 이하일 것

---

* 2022년 7월 이후 건강보험료 부과 시 소득 기준이 3,400만 원에서 2,000만 원으로 하향 조정될 예정임. 재산세 과표 기준은 5억 4,000만 원에서 3억 6,000만 원으로 변경될 예정임.

- 사업소득금액이 없을 것(단, 사업자 등록을 하지 않는 경우 사업소득금액이 연간 500만 원 이하일 것)

② 재산 요건

- 재산세 과세표준 합계액이 5억 4,000만 원*(주택 공시 가격 9억 원) 이하일 것[단, 과세표준 합계액이 5억 4,000만 원 초과 9억 원 이하(주택 공시 가격 15억 원)라면, 연간소득이 1,000만 원 이하일 것]

- 형제자매의 경우 재산세 과세표준 합계액이 1억 8,000만 원(주택 공시 가격 3억 원) 이하일 것

③ 부양 요건

- 배우자는 동거 여부와 관계없이 부양 인정

- 자녀의 경우 동거할 때 부양 인정이 되고, 동거하지 않을 때는 미혼(이혼, 사별 포함)인 경우 부양 인정

- 형제자매는 원칙적으로 피부양자에서 제외되는데, 경제적으로 자립했다고 보기 어려운 30세 미만, 65세 이상, 장애인, 국가 유공 보훈 보상 대상 상이자 등은 소득 재산 부양 요건에 해당하면 피부양자로 인정

다만, EE가 과거에 사업자 등록을 했고 사업소득이 있다면 이미

＊2022년 7월 이후 건강보험료 부과 시 소득 기준이 3,400만 원에서 2,000만 원으로 하향 조정될 예정임. 재산세 과표 기준은 5억 4,000만 원에서 3억 6,000만 원으로 변경될 예정임.

지역가입자로 분류되어 건강보험료를 내고 있을 것이므로, 임대소득이 추가되면서 올라가는 건강보험료는 미미할 것이다.

개인사업자 ⑤
간이과세자 vs. 일반과세자

임대사업을 시작하면 간이과세자로 할지, 일반과세자로 할지 결정해야 한다. 먼저, 간이과세자의 개념부터 알아보자. '간이과세자'란, 직전 연도의 공급 대가의 합계액이 8,000만 원에 미달하는 사업자로서 간편한 절차로 부가가치세를 신고 및 납부하는 개인사업자를 말한다. 따라서 법인은 간이과세자가 될 수 없다.

부동산 임대업의 경우 국세청장이 정하는 규모 이상의 사업을 하면 간이과세자를 신청할 수 없다. 예를 들어, 서울에 보유하고 있는 아파트의 공시지가가 1,000만 원 이상이고 약 18.7평 이상이라면 간이과세자를 신청할 수 없다. 참고로, 2021년 1월 1일 이후 개시하는 과세 기간부터 간이과세자 기준금액이 4,800만 원에서 8,000만 원으로 상향됐다.

[부동산 임대업의 경우 국세청장이 정하는 규모]

m²당 공시지가	기준면적(건물, m²)						
	서울	인천	대전	광주	대구	부산	울산
1,000만 원 이상	62	69	85	85	85	72	85
950만 원 이상	70	74	94	92	92	80	94
900만 원 이상	79	79	104	101	101	87	104
850만 원 이상	85	92	115	113	112	102	116
800만 원 이상	92	106	126	125	124	116	128
750만 원 이상	99	120	140	139	137	126	142
700만 원 이상	106	133	154	152	150	138	155
650만 원 이상	121	144	172	170	168	147	174
600만 원 이상	137	157	190	188	187	157	193
550만 원 이상	158	176	212	210	208	181	215
500만 원 이상	180	195	235	232	229	204	237
450만 원 이상	203	223	260	257	255	228	262
400만 원 이상	226	252	286	283	280	252	289
350만 원 이상	274	296	328	325	321	282	332
300만 원 이상	323	342	371	367	363	314	374
250만 원 이상	369	418	444	440	435	391	448
200만 원 이상	415	494	518	513	507	470	523
150만 원 이상	549	608	629	622	616	581	635
100만 원 이상	683	722	740	732	725	694	747
100만 원 미만	770	940	940	940	940	940	940

간이과세자는 세금계산서를 발급할 수 없고, 영수증만 발급할 수 있다. 세금계산서를 발급하지 못하므로 세입자가 매입세액 공제를 받

을 수 없다. 세입자가 세금계산서를 요구해도 발급해줄 수 없는 것이다. 단, 2021년 7월 1일 이후 재화 또는 용역을 공급하는 분부터는 직전 사업연도 공급 대가 합계액이 4,800만 원 이상인 간이과세자라면 세금계산서를 발급해야 한다.

부가가치세를 신고할 때 일반과세자와 달리 다음과 같이 업종별 부가가치율을 곱한 다음, 매출세액을 산출해야 한다.

매입세액 공제 관련해서도 차이가 있다. 일반과세자의 경우 발생한 매입세액에 대해 전액 공제가 되는 반면, 간이과세자의 경우 매입세액의 업종별 부가가치율만큼 공제된다.

구분	간이과세자	일반과세자
매출세액	공급 대가×업종별 부가가치율×10%	공급가액×10%
매입세액 공제	매입세액×업종별 부가가치율	매입세액 전액 공제

• 주: 업종별(부동산 임대업) 부가가치율은 40%

예를 들어, 사업 초기에 매입세액이 많이 발생해도 간이과세자는 매입세액을 일부만 공제받을 수 있고, 일반과세자와 달리 부가가치세가 환급되지 않는다.

간이과세자에게도 유리한 점은 있다. 해당 과세 기간에 대한 공급 대가의 합계액이 4,800만 원 미만이면 그 과세 기간의 납부세액의 납부 의무를 면제한다. 일반과세자는 과세 기간이 1년에 2번(1월 1일~6월 30일, 7월 1일~12월 31일)이지만, 간이과세자는 1년에 1번(1월 1일~12월 31일)이다. 즉, 간이과세자는 일반과세자에 비해 1년에 한 번만 부가가치세 신고를 하면 되고, 공급 대가가 4,800만 원 미만이면 부가가치세를 납부하지 않아도 된다.

그럼, 간이과세자를 포기하고 일반과세자로 전환할 수 있을까?

물론, 가능하다. 간이과세자를 포기하고 일반과세를 적용받으려면 일반과세자에 관한 규정을 적용받으려는 달의 전달 마지막 날까지 납세지 관할 세무서장에게 간이과세 포기 신고를 해야 한다. 그리고 간이과세를 포기하고 일반과세 적용 신고를 한 개인사업자는 일반과세자에 관한 규정을 적용받으려는 달의 1일부터 3년이 되는 날이 속하는 과세 기간까지는 간이과세자에 관한 규정을 적용받지 못한다.

지금까지 말한 내용을 토대로 간이과세자와 일반과세자의 장단점을 잘 파악한 후 결정한다. 참고할 만한 팁 하나를 주자면, 사업 초기 때부터 비용이 많이 들어갔다면 매입세액 공제를 전부 받을 수 있는 일반과세자 선택이 유리하고, 임대료가 연간 4,800만 원 미만이고 임대료보다 비용이 적다면 부가가치세 납부 의무가 면제되는 간이과세자 선택이 유리하다.

개인사업자 ⑥
상가를 취득할 때
공동명의로 하면 좋을까?

F는 서울 합정동에 있는 상가를 60억 원에 취득할 예정이다. 임대료는 3억 원 정도로 예상된다. 주변에서는 공동명의를 하는 것이 좋다고 하는데 과연 FF(배우자)와 공동명의를 하는 것이 세제상 유리한지 궁금하다.

먼저, 상가를 각각 취득한 것으로 보고 취득세를 내야 한다.

예를 들어, 5대 5로 취득해도 취득가액(30억 원)에 대한 취득세로 1억 3,800만 원(=30억 원×4.6%)을 내야 한다. 취득단계에서는 단독명의와 비교했을 때 세제상으로 유리한 부분이 없다.

만약 FF가 과거 소득이 없고 따로 증여받은 돈도 없다면, 6억 원을 초과해 취득한 부분에 대해서는 증여세를 내야 한다. 부부간 증여 공제는 6억 원까지만 인정해주기 때문이다.

이제 임대할 때를 살펴보자. 임대소득에 대해 소득세를 내야 한다. 소득세는 다음과 같이 구간별로 소득세율이 다르게 적용된다.

과세표준	적용 세율	누진공제액
1,200만 원 이하	6%	—
1,200만 원 초과~4,600만 원 이하	15%	108만 원
4,600만 원 초과~8,800만 원 이하	24%	522만 원
8,800만 원 초과~1억 5천만 원 이하	35%	1,490만 원
1억 5천만 원 초과~3억 원 이하	38%	1,940만 원
3억 원 초과~5억 원 이하	40%	2,540만 원
5억 원 초과~10억 원 이하	42%	3,540만 원
10억 원 초과	45%	6,540만 원

소득을 분산하면 매년 부담할 소득세는 낮아진다. F 명의인 경우와 F가 FF와 5대 5 공동명의인 경우를 비교해보자(다른 소득은 없는 것으로 가정). 다음 페이지의 표에 그 비교 내용을 정리했다.

임대소득이 3억 원이 발생했을 때 명의 분산을 하면 매년 약 2,000만 원을 절세할 수 있다. 임대소득이 커질수록 그 절세효과는 커진다.

구분	단독명의	공동명의		차이
명의	F(100%)	F(50%)	FF(50%)	—
임대소득	300,000,000	150,000,000	150,000,000	—
필요 경비※	43,800,000	21,900,000	21,900,000	—
과세표준	256,200,000	128,100,000	128,100,000	—
소득세	77,956,000	29,935,000	29,935,000	—
지방소득세	7,795,600	2,993,500	2,993,500	—
부담세액	85,751,600	32,928,500	32,928,500	—
세 부담 합계	85,751,600	65,857,000		19,894,600

• ※ 기준 경비율은 14.6%로 가정
• 단위: 원

　　상가를 처분할 때도 절세효과를 볼 수 있다. 상가를 10년 동안 보유했다가 80억 원에 처분했다고 가정하고 세금을 비교해보자. 다음 페이지의 표에 그 비교 내용을 정리했다.

　　공동명의로 상가를 80억 원에 처분하면 약 5,200만 원을 절세할 수 있다.

　　공동명의로 하면 임대하는 동안 매년 소득세를 절세할 수 있고, 양도할 때는 양도세를 절세할 수 있으니 세제상으로는 유리하다.

　　그런데 주의할 사항이 있다. 앞에서도 말했지만, 배우자가 과거에 소득이 없거나 따로 증여받은 돈이 없다면 부부간 증여 공제 한도인 6억 원을 초과해 취득할 경우 증여세를 내야 한다. 또한, 배우자가 그동안 피부양자여서 건강보험료를 내지 않았는데 상가를 공동명의로 임대해 임대소득이 발생하면 피부양자에서 제외되고 별도로 건강보험료가 나올 수 있다.

구분	단독명의	공동명의		차이
명의	F(100%)	F(50%)	FF(50%)	—
양도금액	8,000,000,000	4,000,000,000	4,000,000,000	—
취득금액 (취득세 포함)	6,276,000,000	3,138,000,000	3,138,000,000	—
양도 차익	1,724,000,000	862,000,000	862,000,000	—
장기 보유 특별 공제	344,800,000	172,400,000	172,400,000	—
양도소득금액	1,379,200,000	689,600,000	689,600,000	—
양도소득 기본 공제	2,500,000	2,500,000	2,500,000	—
과세표준	1,376,700,000	687,100,000	687,100,000	—
양도세	554,115,000	253,182,000	253,182,000	—
지방소득세	55,411,500	25,318,200	25,318,200	—
부담세액	609,526,500	278,500,200	278,500,200	—
세 부담 합계	609,526,500	557,000,400		52,526,100

• 단위: 원

07

개인사업자 ⑦
공동명의라면
대출이자는 인정받을 수 있나?

앞에 나왔던 F는 배우자와 공동명의로 하기로 하고 은행에서 약 20억 원을 대출받으려고 한다. 그런데 공동명의로 하면 대출 이자는 필요 경비로 인정받을 수 없다는데 맞는 말일까?

공동명의로 상가를 취득해서 임대할 경우 먼저 공동사업자로 사업자 등록을 해야 한다. 장부 기장을 택하면 사업과 관련된 비용은 필요 경비로 인정된다. 그런데 상가 취득과 관련된 차입금의 이자 비용 인정 여부에 대해서는 논란이 있다.

관련 유권해석에 따르면, 거주자가 공동 사업에 출자하기 위해 차입한 차입금의 지급 이자는 해당 공동사업장의 필요 경비에 산입할 수 없다. 그리고 출자를 위한 차입금 외에 해당 공동 사업을 위해 차입한 차입금의 지급 이자는 해당 공동사업장의 필요 경비에 산입할 수 있으나 해당 여부는 공동 사업 구성원 간에 정한 동업 계약의 내용 및 출자금의 실제 사용 내역 등에 따라 판단한다. 즉, 국세청에서는 차입금 성격이 공동 사업의 출자금 성격이면 필요 경비에 산입하지 않는 것으로 보고, 공동 사업을 위해 차입한 차입금의 지급 이자만 필요 경비로 인정하고 있다.

이와 관련한 판례를 살펴보자. 공동사업계약서에 청구인과 G는 은행 차입금을 제외하고 투자한 것으로 나타나고, 재무상태표에 쟁점 차입금(상가 취득 시 차입한 금액) 외에 자본금이 ○○○원으로 나타나는 점, 쟁점 차입금은 부동산 임대업 사업자 등록 이후에 발생한 점, 공동사업자 G도 동일한 내용으로 경정 청구(부당하게 세금을 더 냈거나 잘못 냈을 때 돌려달라고 요청하는 것)를 하여 지급 이자를 필요 경비로 인정받은 점 등을 종합해 보면, 쟁점 지급 이자는 공동 사업과 관련이 있는 필요 경비로 인정함이 타당한 것으로 봤다.

필자의 개인적인 생각으로는, 1인(단독)이 부동산을 매입하면서 받은 차입금에 대한 이자는 필요 경비로 인정하면서, 단지 공동 사업의 형태로 부동산 임대업을 한다고 필요 경비로 인정하지 않으면 동일한 경제적 실질에 대해 합리적 이유 없이 차별적으로 취급하는 것으로 판단된다.

부동산 매매 계약을 하기 전에 동업 계약서부터 작성하면 어떨까? 공동 경영, 지분율, 각자의 출자금, 일부 취득자금은 대출금으로 지급함, 대출이자는 공동명의 건물의 임대수입에서 지급함 등을 동업 계약서에 넣은 다음, 대출이자가 공동사업자의 통장에서 나가게 하면 앞에서 말한 판례 등을 근거로 대출이자를 필요 경비로 인정 받을 가능성이 높다고 본다. 물론, 이와 관련해서는 관련 전문가의 자문을 충분히 구한 다음에 처리하기 바란다.

08

개인사업자 ⑧
보증금도 세금을 내나?

상가를 임대하면 보통 보증금과 월세를 받는다. 월세는 당연히 소득세 과세 대상이라고 대부분 알고 있는데, 의외로 보증금이 종합소득세 과세 대상이 되는지는 잘 모른다.

거주자가 부동산 또는 그 부동산상의 권리 등을 대여하고 보증금이나 전세금, 또는 유사한 성질의 금액을 받으면 다음과 같이 계산해 나온 금액을 사업소득금액을 계산할 때 총수입금액에 산입한다. 이를 '간주임대료'라고 한다.

총수입금액에 산입할 금액 = (해당 과세 기간의 보증금 등의 적수 − 임대용 부동산의 건설비 상당액의 적수) × 1 ÷ 365 × 1.2% − 해당 과세 기간의 해당 임대사업부분에서 발생한 수입

이자와 할인료 및 배당금의 합계액

• 1.2%: 2021년 3월 16일에 공포된 소득세법 시행규칙에 따라 이자율은 1.2%를 적용했음.

'임대용 부동산의 건설비 상당액'이란, 해당 건축물의 취득가액을 말한다. '임대사업부분에서 발생한 수입 이자와 할인료 및 배당금'은 비치 또는 기장한 장부나 증빙서류에 의해 해당 임대보증금 등으로 취득한 것이 확인되는 금융자산으로부터 발생한 이자 등을 말한다.

기준 경비율 또는 단순 경비율로 소득세를 신고할 때는 다음과 같이 계산한 금액을 사업소득금액을 계산할 때 총수입금액에 산입한다.

총수입금액에 산입할 금액 = 해당 과세 기간의 보증금 등의 적수×1÷365×1.2%

이때는 임대용 부동산의 건설비 상당액과 수입 이자 등이 인정되지 않는다. 따라서 보증금이 있다면 위와 같이 계산된 금액을 종합소득세를 신고할 때 사업소득금액에 가산한다.

한편, 위의 보증금과 관련한 세금계산서는 발행할 수 없지만, 임대인은 다음의 금액을 공급가액으로 보고 부가가치세를 납부해야 한다.

총수입금액에 산입할 금액 = 해당 과세 기간의 보증금×과세 대상 일수÷365×1.2%

이처럼 보증금에도 부가가치세, 소득세가 발생하므로 신고할 때 누락하지 않아야 한다.

상가를 임대할 때의
실질 수익률

H는 최근에 신도시의 12억 원짜리 상가를 매수했다. 개인 자금 5억 원, 대출 5억 원(대출이자율 3%), 그리고 보증금 2억 원을 승계하는 조건이었다. 임대수익은 월 400만 원 정도이므로, 대출이자를 감안했을 때 세전 수익률은 실투자금 대비 6.6%가 발생한다고 판단했다. 그래도 세후 수익률은 어떻게 되는지 궁금해 세무 전문가에게 문의하기로 했다.

먼저, 취득세 4.6%를 내야 한다. H의 상가 취득세는 5,520만 원이다. 60일 내에 관할 지자체에 신고 및 납부를 해야 한다.

상가를 임대하는 기간에는 부가가치세, 재산세, 종합소득세 등을 내야 한다. 일반과세자라면, 세입자에게서 임대료에 부가가치세를 별도로 받는다. 이 부가가치세는 세입자가 부담한 후, 매입세액 공제를 받을 수 있다. 따라서 H가 추가로 부담하는 세금으로는 볼 수 없다.

재산세는 매년 6월 1일을 기준으로 해당 부동산을 보유하고 있을 때 낸다. H의 상가 공시가격을 8억 원으로 가정해보자. 재산세 〔148만 원=(8억 원×70%−2억 원)×3÷1,000+40만 원〕, 지방교육세(30만 원), 재산세 도시지역분(78만 원≒8억 원×70%×1.4/1,000) 등 약 256만 원이 나온다.

또한, 임대소득이 발생하므로 매년 5월 31일까지 종합소득세를 신고해야 한다. 임대료를 기준으로 계산하지 않고 임대료에 필요 경비를 차감한 금액을 기준으로 계산한다. 종합소득세 관련해서는 뒤에서 좀 더 다루겠다.

연간 임대소득이 4,800만 원으로 간편장부 대상자에 해당하므로, 필요 경비를 계산할 때 기준 경비율 14.6%를 적용할 수도 있다. 그리고 실제 발생한 대출이자, 인건비, 감가상각비, 수선비를 필요 경비로 적용할 수도 있다.

H의 연간 대출이자가 임대료 대비 약 31%(=5억 원×3%÷4,800만 원)이므로, 기준 경비율을 따르는 방법보다는 실제 발생한 필요 경비를 차감하는 간편장부에 의한 신고가 유리하다.

이처럼 간편장부로 신고하면 종합소득세 등은 약 393만 원(기본공제 150만 원, 기본세액 공제 7만 원, 지방소득세 반영)이다(임대소득 외 다른 소득이 없다고 가정).

393만 원≒〔{4,800만 원(연간 임대료)−1,500만 원(대출이자)−150만 원}×소득세율−7만 원〕×110%

H가 근로소득자라면, 임대소득금액을 근로소득금액과 합산해 종합소득세가 적용되므로 세 부담은 더욱 높아진다.

임대료 외에 다른 소득이 없다면 지역가입자로 분류되어 건강보험료를 추가로 부담해야 한다. 이번 실질 수익률 계산을 위해 매월 건강보험료가 약 20만 원이 됐다고 하자.

지금까지 말한 취득세, 재산세, 종합소득세, 건강보험료 등을 감안한 세후 수익률은 다음과 같이 약 4.3%로 낮아진다.

구분	금액(원)
상가취득금액	1,200,000,000
(−) 보증금	200,000,000
(−) 대출금	500,000,000
(+) 취득세	55,200,000
실투자금(A)	**555,200,000**
임대료	48,000,000
(−) 이자 비용	15,000,000
(−) 재산세	2,560,000
(−) 종합소득세 등	3,932,500
(−) 건강보험료	2,400,000
세후 수익(B)	**24,107,500**
세후 수익률(B÷A)	**4.3%**

H의 사례처럼, 단순하게 계산하면 세전 수익률은 6.6%로 나오지만 취득세, 재산세, 종합소득세, 건강보험료 등을 고려하면 세후 수익률은 4.3%로 낮아진다. 차이가 매우 큰 것을 알 수 있다.

따라서 세무 전문가와 충분하게 상담하면서 관련 세금 및 세후 수익률을 검토하고 상가 취득 여부를 결정해야 한다.

종합소득세를 산정할 때
합산되는 소득 기준은?

임대소득에서 필요 경비를 제하고 사업소득금액을 산정한다. 그리고 사업소득금액 외 5가지 소득금액을 합산해 종합소득금액을 계산한다('5가지 소득'이란, 이자소득, 배당소득, 근로소득, 연금소득, 기타소득 등을 말한다).

금융기관에서 받는 이자 및 배당금이 2,000만 원 이하라면, 15.4% 원천징수로 납세 의무가 종결된다. 2,000만 원 초과분은 종합과세가 된다. 여기서 비영업대금의 이익이 있을 수 있다. 사업 목적이 금전 대여가 아닌 사람이 일시적 또는 우발적으로 금전을 대여해줘서 받은 이자나 수수료 등을 말한다. 비영업대금의 이익은 27.5%로 원천징수가 되며, 이자 및 배당소득과 합산해 2,000만 원을 초과하면 종합과세가 된다. 즉, 금융소득의 경우 2,000만 원 이하로 받으면 절세할 수 있다.

근로를 제공해 받는 봉급, 급료, 보수, 세비, 임금, 상여, 수당, 그리고 이와 유사한 성질의 급여는 근로소득에 해당한다. 근로소득에 근로소득 공제를 차감한 금액이 근로소득금액이다.

연금소득은 공적연금과 사적연금으로 나뉜다. 공적연금은 공무원연금, 군인연금, 사립학교 교직원연금, 별정우체국법에 따른 각종 연금을 말한다. 공적연금소득은 연금수령액에서 총환산소득 중 2002년 1월 1일 이후 납입한 기간의 '환산 소득÷총납입 기간' 동안의 환산소득금액 누계액의 비율만큼 곱하면 종합과세가 된다.

사적연금은 세액 공제를 받은 연금계좌 납입액, 연금계좌 운용 실적에 따라 증가한 금액 등을 말한다. 연 수령액이 1,200만 원 이하라면 분리과세(3.3~5.5%)를 선택해 적용할 수 있다. 분리과세를 선택하면 연금소득자의 나이에 따라 70세 미만이라면 5.5%, 70세 이상 80세 미만이라면 4.4%, 80세 이상이라면 3.3%로 분리과세가 된다. 종합소득세율 등(지방소득세 포함)이 6.6~49.5%이므로, 다른 소득이 많을 경우 사적연금소득을 연간 1,200만 원 이하로 수령하면서 분리과세를 선택하면 절세할 수 있다. 사적연금소득이 연간 1,200만 원을 초과하면 종합과세가 된다.

기타소득은 이자소득, 배당소득, 사업소득, 근로소득, 연금소득, 퇴직소득 및 양도소득 외의 소득을 말한다. 예로는, 상금, 복권 당첨으로 받은 금품, 산업재산권 등을 양도하거나 대여하고 받은 대가, 위약금 등 계약의 위약으로 받은 소득, 문예 창작소득, 강연료 등을 들 수 있다. 이러한 기타소득도 필요 경비를 제한 후에 종합과세가 된다. 예외적으로, 문예 창작소득, 강연료 등은 기타소득금액이 300만 원 이하라면 분리과세를 선택할 수 있다.

한편, 양도소득과 퇴직소득은 종합소득에 합산되지 않고 별도로 과세된다.

앞에서 말한 6가지 소득을 합산해 종합소득금액을 산정한 다음, 종합소득 공제를 차감해 종합소득 과세표준을 산정한다. 종합소득

과세표준에서 종합소득세율 등(지방소득세 포함 6.6~49.5%)을 과세표준 구간별로 적용한다.

따라서 임대소득 외에도 앞에서 언급한 소득의 금액을 잘 파악하고 있어야 한다. 금융소득, 사적연금소득, 기타소득 등 분리과세가 될 수 있는 부분은 종합소득에 합산되지 않아 절세가 가능하므로, 이를 잘 활용할 필요가 있다.

09

개인사업자 ⑨
세금계산서 작성법

세금계산서는 사업자가 재화나 용역을 공급해서 부가가치세를 거래 징수했을 때, 이를 증명하기 위해 공급받는 자에게 공급하는 사업자의 등록번호와 성명 또는 명칭, 공급받는 자의 등록번호, 공급가액과 부가가치세액 및 작성 연월일 등이 기재된 계산서를 말한다.

세금계산서는 거래 당사자에게 송장, 대금 청구서 또는 거래 영수증의 기능을 하고, 납세 의무자의 매입세액 공제를 위한 자료가 되며 과세관청에는 과세 거래의 포착 및 과세표준 파악을 위한 기초 자료로 사용된다.

임대업을 하는 일반과세자는 임대료를 받으면 세금계산서를 발행해야 한다. 세금계산서는 공급하는 사업자가 공급자 보관용과 공급받는 자 보관용, 이렇게 2매를 작성해 1매는 보관하고 1매는 공급받는 자에게 발급한다.

임대업자는 세금계산서를 발행할 때 세입자에게 임대료의 10%를 가산하고, 부가가치세를 신고할 때 임대료의 10%를 부가가치세로 납부해야 한다. 세입자는 발급받은 세금계산서를 근거로 부가가치세를 신고할 때 매입세액 공제를 받는다.

세금계산서에 적을 사항으로는 필요적 기재사항과 임의적 기재사항이 있다. '필요적 기재사항'이란, 그 전부 또는 일부가 적히지 않았거나 그 내용이 사실과 다르면 세금계산서의 효력을 인정하지 않는 사항을 말한다. 다음과 같다.

① 공급하는 사업자의 등록번호와 성명 또는 명칭
② 공급받는 자의 등록번호(단, 공급받는 자가 사업자가 아니거나 등록한 사업자가 아니면 관할 세무서장으로부터 부여받는 고유번호 또는 공급받는 자의 주민등록번호)
③ 공급가액과 부가가치세액
④ 작성 연월일

필요적 기재사항의 전부 또는 일부가 착오나 과실로 적혀 있지 않거나 사실과 다르면 세금계산서를 발급한 사람은 해당 공급가액의 1%를 가산세로 내야 한다. 이때 발급받은 사람은 매입세액을 공제받지 못한다.

'임의적 기재사항'이란, 세금계산서의 효력에 영향을 주는 않는 사항으로 다음과 같다.

① 공급하는 자의 주소

② 공급받는 자의 상호, 성명, 주소

③ 공급하는 자와 공급받는 자의 업태와 종목

④ 공급 품목

⑤ 단가와 수량

⑥ 공급 연월일

⑦ 거래의 종류

⑧ 사업자 단위 과세 사업자의 경우 실제로 재화 또는 용역을
공급하거나 공급받는 종된 사업장의 소재지 및 상호

[별지 제14호 서식]

세 금 계 산 서 (공급받는자 보관용)

책번호 / 권호 / 일련번호

공급자
- 등록번호: 123-45-67890
- 상호(법인명): ○○빌딩 / 성명: A ⑩
- 사업장 주소: 서울특별시 영등포구 여의도동
- 업태: 부동산업 및 임대업 / 종목: 부동산업

공급받는자
- 등록번호: 123-45-67890
- 상호(법인명): ○○○ / 성명: B ⑩
- 사업장 주소: 서울특별시 영등포구 여의도동
- 업태: 도소매 / 종목: 인테리어소품

작성		공 급 가 액	세 액	비 고
년	월 일	공란수 백 십 억 천 백 십 만 천 백 십 일	십 억 천 백 십 만 천 백 십 일	
2020	6 30	1 2 0 0 0 0 0	1 2 0 0 0 0	

월	일	품 목	규격	수량	단 가	공급가액	세 액	비고
6	30	임대료				1.200.000	120.000	

합계금액	현 금	수 표	어 음	외상미수금	이 금액을 청구 함 영수
1.320.000					

한편, 법인사업자와 직전 연도의 사업장별 재화 및 용역의 공급가액 합계액이 3억 원 이상인 개인사업자는 전자 세금계산서를 발급해야 한다. 전자 세금계산서는 장부 관리와 세금계산서 보관을 편리하게 해주며 사업자의 납세 협력 비용을 줄여준다. 그리고 사업자 간 거래의 투명성을 제고하여 가공의 세금계산서를 수수하는 행위를 차단하게 해준다.

조세범 처벌법 제10조에 따라 세금계산서를 발급하지 않거나 거짓으로 기재해 발급하거나, 또는 세금계산서를 발급받아야 할 사람이 통정(通情)하여 세금계산서를 발급받지 않거나 거짓으로 기재한 세금계산서를 발급받은 사람은 1년 이하의 징역 또는 공급가액에 부가가치세율을 적용해 계산한 세액의 2배 이하에 해당하는 벌금을 내야 할 수 있다.

그리고 재화 또는 용역을 공급하지 않거나 공급받지 않고 세금계산서를 발급하거나 발급받은 사람은 3년 이하의 징역 또는 공급가액에 부가가치세율을 적용해 계산한 세액의 3배 이하에 해당하는 벌금을 낼 수 있다.

정해진 재화 또는 용역을 공급하고 정당하게 세금계산서를 발급하는 것이 바람직하다.

세금계산서는 언제 발행하나?

공급 단위를 구획할 수 없는 용역을 계속 공급하는 경우에는 대가의 각 부분을 받기로 한 때를 공급 시기로 한다. 즉, 부동산 임대업자가 부동산 임대용역을 계속 공급하고 그 대가를 월별, 분기별 또는 반기별 등 기일을 정해 받기로 했다면 그 대가의 각 부분을 받기로 한 때를 공급 시기로 본다. 따라서 매월 받기로 했다면 그때를 기준으로 세금계산서를 발행한다.

또한, 사업자가 2과세 기간(1월 1일~6월 30일, 7월 1일~12월 31일) 이상에 걸쳐 부동산 임대용역을 공급하고 그 대가를 선불 또는 후불로 받으면 예정 신고 기간 또는 과세 기간의 종료일이 부동산 임대용역의 공급 시기가 된다. 그 공급 시기에 맞춰 세금계산서를 발행하면 된다.

전세금 또는 임대보증금에 대한 간주임대료의 경우에는 예정 신고 기간 또는 과세 기간의 종료일이 해당 용역의 공급 시기가 된다. 간주임대료와 관련해서는 세금계산서를 발행할 수 없지만 공급 시기에 맞춰 부가가치세를 신고해야 한다.

그렇다면 대가를 공급 시기보다 미리 받고 세금계산서를 발행하면 문제가 될까? 사업자가 재화 또는 용역의 공급 시기가 되기 전에 재화 또는 용역에 대한 대가의 전부 또는 일부를 받고, 그 받은 대가와 관련한 세금계산서를 발급하면 그 세금계산서 등을 발급하는 때를 각각 해당하는 재화 또는 용역의 공급 시기로 본다.

사업자가 재화 또는 용역의 공급 시기가 되기 전에 세금계산서를 발급하고 그 세금계산서 발급일로부터 7일 이내에 대가를 받으면 해당 세금계산서를 발급한 때를 재화 또는 용역의 공급 시기로 본다고 규정하고 있다. 즉, 대가를 미리 받고 세금계산서를 발행해도 세법상 문제가 될 부분이 없다.

단, 임대인이 재화 또는 용역의 공급 시기에 세금계산서를 발급하지 않은 상황에서 세금계산서 발급 시기가 지난 후부터 해당 재화 또는 용역의 공급 시기가 속하는 과세 기간에 대한 확정 신고 기한 때까지 세금계산서를 발급하지 않으면 공급가액의 2%에 해당하는 가산세가 부과되며 임차인은 매입세액 공제가 되지 않는다. 그러므로 세법에서 정한 공급 시기에 세금계산서를 발급하는 것이 바람직하다.

종종 임대인과 임차인 간에 임대료 관련 다툼이 발생해 소송을 하기도 한다. 소송 중에는 공급 시기와 관련해 변동이 생길까?

　최근 유권해석에 따르면, (부동산 임대용역의 공급 시기는 그 대가의 각 부분을 받기로 한 때가 되지만) 임대업자가 임차인과 임대료에 대한 다툼이 발생하는 바람에 해당 임대료 상당액이 법원의 판결에 따라 확정되는 경우에는 해당 임대용역의 공급 시기는 법원의 판결에 따라 확정되는 때가 되는 것으로 답변하고 있다. 즉, 이 경우에는 법원의 판결에 따라 해당 대가가 확정될 때를 용역의 공급 시기로 보고 세금계산서를 발행하면 된다.

개인사업자 ⑪
성실 신고 확인제도를 활용하자

　'성실 신고 확인제도'는, 해당 과세 기간의 수입 합계액이 일정 금액 이상인 사업자를 대상으로 종합소득 과세표준 확정 신고 시 세무사 등이 장부 기장 내용의 정확성 여부를 확인해 작성한 성실 신고 확인서를 제출하게 하여 개인사업자의 소득세 성실 신고를 유도하려는 제도다. 부동산 임대업의 경우 해당 과세 기간의 수입금액이 5억 원 이상이면 성실 신고 확인 대상 사업자에 해당한다.

　성실 신고 확인 대상 사업자는 종합소득 과세표준 확정 신고를 할 때 첨부서류에다 비치 및 기장이 된 장부와 증명서류에 의해 계산한 사업소득의 적정성을 세무사(세무사법 제20조의 2에 따라 등록한 공인회계사 포함), 세무법인 또는 회계법인(이하 '세무사 등')이 확인하고 작성한 확인서를 납세지 관할 세무서장에게 제출해야 한다.

이처럼 성실 신고 확인 대상 사업자는 세무사 등의 확인을 받아야 해서 일반 사업자보다 좀 더 엄격한 납세 신고 의무를 부담한다.

성실 신고 확인 대상 사업자가 과세 기간의 다음 연도 6월 30일까지 성실 신고 확인서를 납세지 관할 세무서장에게 제출하지 않으면 다음 계산식에 따라 계산한 금액을 가산세로 해당 과세 기간의 종합소득 결정세액에 더해 납부해야 한다.

$$성실\ 신고\ 확인서\ 미제출\ 가산세 = 종합소득\ 산출세액 × 사업소득금액 ÷ 종합소득금액 × 5\%$$

세무공무원은 정기 선정에 의한 조사 외에 납세자가 성실 신고 확인서의 제출 의무를 이행하지 않으면 세무 조사를 할 수 있다.

물론, 제재 사항만 있는 것은 아니다. 성실 신고 확인 대상 사업자에 대한 혜택도 있다.

일반 사업자는 다음 해 5월 말까지 종합소득 과세표준 확정 신고를 해야 하는 반면, 성실 신고 확인 대상 사업자가 성실 신고 확인서를 제출하면 과세 기간의 다음 연도 5월 1일부터 6월 30일까지 하면 된다.

또한, 의료비 및 교육비를 2021년 12월 31일이 속하는 과세연도까지 지출하면 지출한 금액의 15%(난임 시술비는 20%)에 해당하는 금액을 해당 과세연도의 사업소득에 대한 소득세에서 공제받는다. 이때 의료비의 경우 사업소득금액의 3%를 초과하면 초과한 금액은 소득세에서 공제한다(기본 공제 대상자를 위해 지급한 일반 의료비에 대해서는 초과금액 기준 공제 한도가 700만 원임). 그리고 다음 금액을 사업소득에 대한 소득세액에서 공제한다.

세액 공제액=성실 신고 확인에 직접 사용한 비용×60%(공제 한도 120만 원)

개인사업자 ⑫
친인척에게 싸게 임대해도 될까?

I는 강남에 있는 상가 2층을 보유하고 있다. 동일면적, 동일용도의 공간 2개를 만들어 임대하고 있으며, 1개당 보증금 3억 원에 월세 800만 원을 받았다.

최근에 공간 1개를 임차하고 있던 학원이 나가면서 공실이 됐다. I는 사촌인 J가 보증금 3억 원, 월세 400만 원에 사용하게 해달라고 하자 그렇게 하라고 해줬다. 과연, 세무상으로는 문제가 발생하지 않을까?

납세지 관할 세무서장 또는 지방국세청장은 배당소득, 사업소득, 기타소득이 있는 거주자의 행위나 계산이 (해당 거주자와) 특수관계인과의 거래로 인해 해당 소득의 조세 부담을 부당하게 감소시켰다고 인정하면 거주자의 행위나 계산과 관계없이 해당 과세 기간의 소득금액을 계산할 수 있다. 또한, 특수관계인에게 금전, 그 밖의 자산이나 용역을 무상 또는 낮은 이율 등으로 빌려주거나 제공했을 때 조세 부담을 부당하게 감소시켰다고 인정한다. 시가와 거래가액 간의 차액이 3억 원 이상이거나 시가의 5%에 해당하는 금액 이상인 경우에만 해당한다.

J는 I의 사촌이므로 특수관계인에 해당한다. 그리고 같은 층의 동일면적, 동일용도의 상가 임대료인 800만 원보다 싸게 임대하고 있으므로 시가와의 차이가 5%를 초과한다. 부당 행위 계산 부인 대상에 해당한다. 부당 행위 계산 부인 대상에 해당하면 I는 월세로 400만 원을 받고 있어도 소득세를 신고할 때는 시가인 월세 800만 원을 받은 것으로 신고해야 한다.

또한, 특수관계인에게 공급하는 재화 또는 용역에 대한 조세의 부담을 부당하게 감소시킨 것으로 인정된다. 용역의 공급에 대해 부당하게 낮은 대가를 받으면 공급한 재화 또는 용역의 시가를 공급가액으로 본다고 규정하고 있다. 즉, I는 월세로 400만 원을 받고 있어도 부가가치세를 신고할 때는 시가인 월세 800만 원을 공급가액으로 보고 부가가치세(공급가액의 10%)를 납부해야 한다.

한편, J가 시가보다 낮은 대가를 지급하고 부동산을 임차함으로써 얻은 이익은 증여세 대상이 된다. 시가와 30% 이상 차이가 나는 경우인데, 타인에게 시가보다 낮은 대가를 지급하거나 무상으로 용역을 제공받아 얻은 이익이 있으면 이익을 얻은 사람의 증여 재산가액으로 한다고 규정하고 있다.

J는 같은 층의 동일면적, 동일용도의 임대료인 800만 원보다 싸게 임차하고 있고 시가와의 차이가 30%를 초과하므로 증여받은 것으로 의제된다. 계약 기간이 1년을 초과하면 1년이 되는 날의 다음 날에 매년 새로 재산을 사용 또는 사용하게 하거나 용역을 제공 또는 제공받은 것으로 본다. 즉, J는 I에게서 매년 4,800만 원[=(800만 원−400만 원)×12]을 증여받은 것이 되므로 증여세 신고 대상에 해당한다.

세법에서는 특수관계인 간에 거래할 때 시가대로 하지 않으면 차액에 대해 소득세 및 증여세를 과세하고 있다. 또한, 시가를 공급가액으로 보므로 부가가치세를 추가로 납부해야 한다.

불필요한 세금을 부담하지 않기 위해서는 특수관계인 간에 거래할 때는 시가대로 거래하거나 법에서 정한 허용범위 한도 내에서 거래하는 것이 바람직하다.

개인사업자 ⑬
임대료는 지분 비율대로 배분한다

앞으로 부동산 가치가 많이 오를 것으로 예상한 K는 보유하고 있던 상가의 지분을 10년 전에 자녀 2명에게 각각 30%씩 증여했다. 증여한 이후 현재 상가의 가치는 50% 상승했다.

상가 임대소득 외에 별다른 소득이 없는 K는 임대료를 10년 동안 자신의 통장으로 받았고 일부는 생활비로 썼다. 10년 동안 받은 임대료는 약 1억 5,000만 원이었다. K는 증여할 때 증여세를 다 냈기 때문에 세무상 이슈는 없다고 생각한다.

K가 10년 전에 상가를 자녀에게 증여한 것은 증여세 절세 측면에서 보면 탁월한 선택이었다. 현재보다 낮은 10년 전 가격으로 증여를 해서 상가의 가치 상승분(50% 상승)은 증여세 없이 자녀에게

로 부가 이전됐기 때문이다. 향후 상가를 양도하면 개인 지분별로 양도세를 따로 계산하기 때문에 양도소득도 줄어드는 효과를 볼 수 있다. 그런데 10년 동안 상가 임대료 약 1억 5,000만 원이 K의 통장으로 입금된 부분은 세무상으로 문제가 될 소지가 있다.

관련 유권해석에 따르면, 증여 목적으로 자녀 명의의 예금계좌를 개설해 현금을 입금하면 그 입금한 시기에 증여한 것으로 본다고 되어 있다. 임대료의 자녀 지분율만큼은 자녀가 받아야 하나 K가 임대료 전체를 자신의 통장에 입금받은 것이므로 매년 자녀가 K에게 임대료 일부를 증여한 것으로 볼 수 있다.

추후 세무 조사를 받으면, 10년 동안의 증여세와 무신고 가산세(미납부세액의 20%), 납부 불성실 가산세(미납부세액에 연간 9.125%씩 가산)까지 낼 수 있다. 계속 K의 통장에서 관리한다면 상속하게 될 때 K의 상속 재산에 해당하여 상속세까지 늘어난다.

이러한 세무상 이슈를 피하기 위해서는 해당 상가의 임대료를 각자의 지분율만큼 각자의 통장에서 관리하는 방법이 최선이다. 자녀는 해당 임대료를 소득 원천으로 인정받을 수 있으므로, 향후 주거용 부동산을 매입하거나 금융 상품에 가입할 때 정당한 자금 원천으로 인정받을 수 있다는 장점이 생긴다.

자녀에게 상가 지분 일부 증여를 한다고 해도 이후 임대료를 받을 때 세심하게 주의해야 한다.

개인사업자 ⑭
부동산 임대소득세 신고는
직접 할 수 있다

장부 기장을 하는 임대사업자는 담당 세무사를 통해 종합소득세를 신고하면 된다. 이에 비해, 단순 경비율 또는 기준 경비율로 신고한다면 홈택스에서 직접 간단하게 신고할 수 있다.

기장을 하지 않는 임대사업자라면 이제 부동산 임대소득세 신고를 홈택스를 통해 직접 해보자(참고로, 앞의 '주택 임대소득 신고를 직접 해보자'에서는 주택을 임대할 때 직접 신고하는 방법에 대해 말한 것이고, 이번에는 상가를 임대할 때 직접 신고하는 방법에 대해 말하는 것이다). 여기서는 임대사업자가 단순 경비율로 신고하는 경우로 가정해 설명하려고 한다(홈택스의 구성이 매년 바뀔 수 있어서, 2020년 5월 말에 종합소득세를 신고할 때의 메뉴 기준으로 설명하겠다).

먼저, 홈택스(www.hometax.go.kr)에 들어간다. '신고/납부'에서

'종합소득세 신고'를 클릭한다. 바뀐 화면에서 '단순 경비율 추계신고서(사업소득만 있는 경우)'의 '정기 신고 작성'을 클릭한다.

'기본 정보 입력'에 납세자 주민등록번호, 휴대폰 번호 등 개인 정보를 입력한 다음, '저장 후 다음 이동'을 클릭한다. 바뀐 화면에서 사업자 등록번호, 주업종 코드 등 사업장 정보를 입력하고 '등록하기'를 클릭한 다음, '사업장 소득명세'에서 '입력/수정'을 클릭한다.

'업종별 총수입금액 및 소득금액 계산'이 나온 화면에서 총수입금액을 입력한다. 입력하면 단순 경비율이 자동 계산되어 소득금액이 산출된다. 다음으로 '등록하기', '입력 완료'를 클릭한다.

'인적 공제 명세' 화면에 나온 '수정'을 클릭하고, 본인 외에 기본 공제 대상자가 있으면 추가로 정보를 입력한다. 그리고 국민연금보험료, 구 개인연금저축 공제액, 소기업 소상공인 공제부금을 입력하고, '세액 공제 명세' 중에 해당 사항이 있으면 입력한다.

입력이 모두 끝나면 신고서 제출 동의란을 클릭하고, '신고서 작성 완료'를 클릭한다. 그다음으로 '신고서 제출하기'를 클릭하면 종합소득세 신고가 마무리된다.

이후 소득세 납부서를 출력해서 소득세를 납부한다. 신고서 제출 내역을 보면 지방소득세도 신고 및 납부를 할 수 있도록 위택스로 링크가 되어 있다.

지방소득세 신고를 하지 않으면 가산세가 나올 수 있으므로, 반드시 신고한다. 지방소득세를 위택스에서 신고 및 납부를 하면 종합소득세 및 지방소득세 관련 신고 납부절차가 마무리된다.

15

법인

개인사업자에서
법인으로 전환할 수 있을까?

개인사업자로 부동산을 임대할 경우 임대수입이 많을수록 높은 소득세를 부담해야 하고, 해당 과세 기간의 수입금액이 5억 원 이상이면 성실 신고 확인 대상 사업자에 해당하게 된다. 그래서 개인사업자에서 법인으로 전환하려고 고민을 많이 하는데, 법인으로 전환하면 어떤 세제 혜택이 있을까?

국내 거주자가 사업용 고정 자산을 현물 출자(주주가 금전 외의 부동산, 채권, 영업권 등 현물을 출자하는 행위)하거나 사업 양도 및 양수의 방법에 따라 법인으로 전환할 때 사업에 관한 모든 권리와 의무를 포괄적으로 양도할 경우에 한해 그 부동산 등 사업용 고정 자산에 대해서는 양도세를 과세이연(양도세를 현물 출자 당시에 내지 않고 법인이 부동산을 처분했을 때 이연한 양도세를 냄)을 하게 해준다.

여기서 '포괄적 양도'란, 사업용 자산을 비롯한 물적·인적 시설 및 권리, 의무 등을 포괄적으로 양도하고 사업의 동질성을 유지하면서 경영 주체가 개인에서 법인으로 전환되는 행위를 말한다. 관련 유권해석에 따르면, 거주자의 동일 사업장 전체를 현물 출자하여 법인으로 전환하면 양도세 과세이연을 적용할 수 있지만, 동일 사업장 중 일부만 법인으로 전환하면 적용할 수 없다고 되어 있다.

개인사업자에서 법인으로 전환하면서 양수한 사업용 고정 자산 등을 다른 법인에 양도하면 개인사업자가 과세이연을 받은 양도세를 법인세로 납부해야 한다.

양도세의 과세이연은 새롭게 설립되는 법인의 자본금이 사업용 고정 자산을 현물 출자나 사업 양수도를 해서 법인으로 전환한 사업장의 순자산가액 이상일 때만 적용한다. 여기서 '순자산가액'이란, 통합일 현재의 시가로 평가한 자산의 합계액에서 충당금을 포함한 부채 합계액을 공제한 금액의 합계액을 말한다. 예를 들어, 개인사업자에서 전환한 법인의 순자산 시가가 100이라면, 그 법인의 자본금이 100 이상이어야 한다는 의미다.

따라서 순자산가액이 클수록 자본금도 늘어나며 이에 따른 등록면허세 및 지방교육세(이하 '등록면허세 등')를 자본금의 0.48%로 부담해야 한다. 과밀억제권역 내에 법인을 설립하면 3배가 중과되어 등록면허세 등으로 자본금의 1.44%를 부담해야 한다.

한편, 현물 출자방식으로 법인 전환을 하면 상법상 변태 설립사항과 관련해 법원이 선임한 검사인에 의해 그 내용 및 가액을 조사

받게 한다. '변태 설립사항'이란, 회사 설립과 관련된 사항들 가운데 회사의 자본적 기초를 약화할 우려가 있는 것을 말한다. 상법은 회사의 자본을 충실하게 하기 위해 변태 설립 사항의 정관 기재를 강행규정으로 하고 있다. 위반하면 원칙적으로 무효가 된다. 변태 설립 사항에는 발기인의 특별 이익, 현물 출자, 재산 인수, 설립 비용과 발기인의 보수 등이 있다.

검사인의 조사는 공인회계사의 감사와 감정기관의 감정을 근거로 진행된다. 따라서 검사인 선임을 신청할 때는 공인회계사의 감사보고서와 감정 기관의 감정서가 첨부서류로 제출되어야 한다. 사업 양수도방식에서는 이러한 검사인의 조사가 필수가 아니라서 사업 양수도방식이 현물 출자방식보다 시간은 적게 걸린다.

이와 같이 설립된 법인의 설립 등기일로부터 5년 이내에 다음 사유가 발생하면 과세이연을 받은 개인은 사유 발생일이 속하는 달의 말일부터 2개월 이내에 양도세 과세이연액을 납부해야 한다.

① 법인이 거주자로부터 승계받은 사업을 폐지하는 경우
② 거주자가 법인 전환으로 취득한 주식 또는 출자 지분의 50% 이상을 처분하는 경우

앞에서 설명한 것과 같은 과세이연방식으로 현물 출자 또는 사업 양수도에 따라 2021년 12월 31일까지 취득하는 사업용 고정 자산에는 취득세의 75%를 경감해준다. 즉, 앞에서 설명한 것과 같은 과

세이연방식으로 법인 전환을 하면 사업용 고정 자산에 대한 취득세의 25%는 부담해야 하고, 감면받은 취득세 75%의 20%는 농특세로 납부해야 하니 주의한다.

그런데 최근 세법 개정에 따라 부동산 임대업의 경우 2020년 8월 2일 이후 법인 전환에 따라 취득하는 사업용 고정 자산에 대해서는 취득세 감면이 배제된다. 취득일로부터 5년 이내에 정당한 사유 없이 해당 사업을 폐업하거나 해당 재산을 처분한다면, 또한 법인 전환에 따라 보유하는 주식을 50% 이상 처분한다면 경감받은 취득세를 추징당한다.

세 부담 외에도 법무사 수수료, 감정 평가 수수료, 공인회계사 또는 세무사 관련 수수료가 추가로 발생한다. 법인 전환을 고려하고 있다면 이러한 것까지 충분히 검토한 후에 신중하게 결정해야 한다.

3장

상가를 처분할 때
필요한 절세 지식

개인사업자 ①
상가를 팔 때 내는 세금

L은 경기도 분당에 있는 구분 상가를 12년 전에 6억 원에 취득했다. 당시 취득세로 2,760만 원을 냈다.

최근에 상권이 활성화되고 임대료도 상승하면서 시세도 12억 원으로 꽤 올랐다. L은 이 상가를 팔고 양도세를 제외한 나머지 금액으로 다른 상가를 살 계획을 세웠다. 그렇다면 양도세는 얼마나 될까?

먼저, 양도 차익부터 간단히 계산해 보자. 양도 차익은 양도가액에서 취득가액과 필요 경비의 합계를 빼면 된다. 여기서 필요 경비는 취득세, 부동산 취득과 매매 시 지출한 중개수수료, 자본적 지출액 등이 해당한다. L의 경우 취득세 외 다른 부대 비용이 없다고 가정하면 양도 차익은 다음과 같다.

- 양도 차익: 5억 7,240만 원

  =12억 원(매도 가격)−6억 원(취득 가격)−2,760만 원(취득세 4.6%)

 양도 자산의 보유 기간에 그 자산에 대한 감가상각비로써 각 과세 기간의 사업소득금액을 계산할 경우 필요 경비에 산입했거나 산입할 금액이 있을 때 이를 공제한 금액을 취득가액으로 한다. 즉, 과세 기간 동안에는 감가상각비를 비용으로 처리해 소득세를 적게 낼 수는 있으나 양도할 때에는 그동안 인식했던 감가상각비가 취득원가에서 차감되므로 양도세를 많이 부담할 수 있다.

 또한, 장기간 쌓여왔던 부동산의 미실현 시세 차익이 양도를 통해 실현할 수 있게 되는 바람에 과도하게 높은 세금을 부담하는 것을 완화하기 위해 적용되는 장기 보유 특별 공제가 있다. 장기 보유 특별 공제는 토지 또는 건물을 보유한 기간이 3년 이상이면 적용된다.

 장기 보유 특별 공제액은 '자산의 양도 차익×보유 기간별 공제율'로 계산하는데 공제율은 앞의 '장기일반민간임대주택 임대사업자의 등록 요건과 세제 혜택'에 나와 있다. 참고로, L은 12년 동안 보유했으므로 '12년 이상 13년 미만'의 세율인 '24%'를 적용받는다.

 L의 사례로 계산하면 다음과 같다.

- 장기 보유 특별 공제액: 1억 3,737만 6,000원

  =5억 7,240만 원(양도 차익)×24%(장기 보유 특별 공제율)

이 장기 보유 특별 공제액을 빼면 양도소득금액이 나온다.

- 양도소득금액: 4억 3,502만 4,000원

  =5억 7,240만 원(양도 차익)−1억 3,737만 6,000원(장기
  보유 특별 공제액)

오래 보유할수록(최장 15년) 장기 보유 특별 공제의 영향으로 양도소득금액이 줄어들기 때문에 양도세도 줄어든다.

그리고 양도소득이 있으면 해당 과세 기간의 양도소득금액에서 연 250만 원을 공제한다. 이를 '양도소득 기본 공제'라 한다. 이 양도소득 기본 공제까지 빼야 과세표준이 나온다.

- 과세표준: 4억 3,252만 4,000원

  =4억 3,502만 4,000원(양도소득금액)−250만 원(양도소득 기본 공제)

이렇게 나온 과세표준에 소득세율을 적용한다. 소득세율은 앞의 '개인사업자 ⑥ 상가를 취득할 때 공동명의로 하면 좋을까?'에 나와 있다.

L의 과세표준은 4억 원이 넘으므로 '3억 원 초과~5억 원 이하'의 세율인 '40%'를 적용하고 누진공제액 2,540만 원을 빼면 된다.

- 양도세: 1억 4,760만 9,600원
  =4억 3,252만 4,000원(과세표준)×40%−25,400,000원 (누진공제액)

마지막으로, 양도세에 지방소득세 10%를 가산하면 최종 부담하는 세액이 나온다.

- 부담세액: 1억 6,237만 560원
  =1억 4,760만 9,600원(양도세)+1,476만 960원(지방소득세)

결과적으로, 양도세를 제한 금액이 순수하게 남은 양도 후 잔액이라고 할 수 있다. 앞으로는 팔기 전에 지금까지 말한 계산방법으로 양도세 등을 미리 구해 양도대금을 정확히 예측해보도록 하자.

개인사업자 ②
부가가치세를 부담하지 않는 매매방식

M은 임대사업을 하기 위해 N의 상가를 6억 원에 취득하려고 한다(N은 그동안 해당 상가를 임대하고 있었다). 그런데 6억 원은 어떻게든 마련할 수 있었던 M은 계약서를 보고 놀랐다. 건물 2억 원, 부가가치세 2,000만 원, 토지 4억 원으로 되어 있는 것이 아닌가! 총금액은 생각했던 6억 원이 아니라 부가가치세를 포함한 6억 2,000만 원이었다. M은 생각하지 못한 부가가치세 때문에 이번 계약에 고민이 많아졌다.

사실 현장에서는 M과 같은 사례가 비일비재하다. M은 납부한 부가가치세를 공제받을 수 있지만 공제받을 때까지 불필요한 자금 압박을 받게 된다. 그리고 과세관청은 부가가치세를 받은 후에 다시 돌려줘야 하기 때문에 국고 수입도 없으면서 행정적인 낭비만 하게 된다.

이런 상황이라면 포괄 사업 양수도방식으로 매매하는 것을 고려해본다. 사업장별로 해당 사업에 관한 모든 권리와 의무를 포괄적으로 승계하면 재화의 공급으로 보지 않는다. 즉, 사업장별로 사업의 승계가 이뤄지면서 사업에 관한 모든 권리와 의무를 포괄적으로 승계하고 사업의 동질성이 유지된다면 따로 부가가치세를 납부하지 않아도 된다는 것이다.

한 사업장 내 일부 자산만 양수하면 포괄 사업 양수도에 해당하지 않는다. 또한, 사업자가 부가가치세가 과세되는 부동산 임대업을 양도할 때, 양수자가 해당 부동산(건물)을 양수해 과세 사업과 면세 사업을 겸하면 해당 부동산(건물)의 양도는 사업의 동질성이 유지되지 않는다고 보므로 포괄 사업 양수도에 해당하지 않는다. 부동산 임대업을 하는 사업자가 임대용 부동산을 양도했는데 양수자가 부동산 임대업을 하지 않고 (예를 들어) 직접 음식점을 시작하는 것도 마찬가지다.

관련 판례에서도 부가가치세법상 재화의 공급으로 보지 않는 '사업 양도'란, 양도자가 양수자에게 사업에 관한 모든 권리와 의무를 포괄적으로 승계시켜 사업 동일성을 유지하면서 경영의 주체만 교체하는 것이라고 되어 있다. 그러면서 청구인과 양수인이 체결한 계약서에 사업을 포괄적으로 양도 및 양수한다는 내용이 명확히 표시되지 않은 점, 쟁점 사업자의 시설 및 집기 외에 직원과 임대차 계약 등을 포괄적으로 승계한 내용이 제시되지 않은 점 등을 근거로 포괄 사업 양수도에 해당하지 않는다고 봤다.

물론, 사업의 동질성은 유지되어야 하지만, 해당 사업과 직접 관련이 없는 자산을 일부 양수하지 않을 때는 예외적으로 포괄 사업 양수도로 인정해주고 있다. 사업과 관련 없는 일부 미지급금, 미수금을 승계하지 않는 경우 등을 예로 들 수 있다.

앞의 M은 N과 상가 매매 계약을 하면서, 해당 조건을 그대로 인수하는 포괄 사업 양수도로 계약하면 부가가치세를 부담하지 않아도 된다. 계약서에 현재 임대 조건, 인적 및 물적 설비 등을 그대로 양수하고 경영 주체만 변경된다고 명시해도 포괄 사업 양수도를 인정받는 근거가 된다.

03

개인사업자 ③
증여하고 5년 후 매각

O는 10년 전에 5억 원에 산 상가가 최근에 9억 원이 된 것을 알았다. 재산 분산 차원으로 상가를 감정 평가한 다음, 배우자 OO에게 8억 원에 증여했다.

OO는 상가를 증여받은 지 2년 후에 12억 원에 매각했다. 8억 원에 증여를 받았으므로 양도 차익 4억 원과 관련한 세금만 내면 된다고 생각했다.

국내 거주자가 배우자, 직계존비속으로부터 증여받은 토지, 건물, 특정 시설물 이용권의 양도 차익 계산과 관련해 양도일로부터 5년 이내라면 취득가액은 배우자, 직계존비속의 취득 당시 금액으로 한다. 배우자나 자녀에게 부동산을 증여하고 단기간에 양도해 조세를 회피하는 것을 방지하기 위해서다. 즉, 배우자 또는 직계존비속으로부터 증여받은 부동산을 5년 내 팔면 양도세 계산 시 증여자의 원래 취득가액과 양도가액 간의 차액을 과세하므로 양도세가 매우 커질 수 있다.

O의 사례처럼 증여받고 5년 이내에 양도하면 증여세와 양도세는 다음과 같다.

구분	증여세 부담액	구분	차이
증여 재산가액	800,000,000	양도금액	1,200,000,000
증여 공제	600,000,000	취득금액	500,000,000
증여세 과세가액	200,000,000	필요 경비※	30,000,000
증여세 산출세액	30,000,000	양도 차익	670,000,000
증여세액 공제	900,000	장기 보유 특별 공제	160,800,000
증여세 부담액(①)	29,100,000	양도소득금액	509,200,000
		양도소득 기본 공제	2,500,000
		과세표준	506,700,000
		양도세	177,414,000
		지방소득세	17,741,400
		부담세액(②)	195,155,400
세 부담 총합계(①+②)			224,255,400

• ※ 증여세 산출세액은 필요 경비에 산입함.
• 단위: 원

만약, 배우자 OO가 상가를 증여받은 후 5년 뒤에 양도하면 소득세법 제97조 2에 따른 배우자 이월과세가 적용되지 않는다. 배우자 OO가 양도할 때 취득금액은 증여받을 당시 평가액이 취득금액이 된다. 이 경우 세금은 다음과 같다.

구분	증여세 부담액	구분	차이
증여 재산가액	800,000,000	양도금액	1,200,000,000
증여 공제	600,000,000	취득금액	800,000,000
증여세 과세가액	200,000,000	필요 경비※	—
증여세 산출세액	30,000,000	양도 차익	400,000,000
증여세액 공제	900,000	장기 보유 특별 공제	40,000,000
증여세 부담액(①)	29,100,000	양도소득금액	360,000,000
		양도소득 기본 공제	2,500,000
		과세표준	357,500,000
		양도세	117,600,000
		지방소득세	11,760,000
		부담세액(②)	129,360,000
세 부담 총합계(①+②)		158,460,000	

- ※ 계산 편의상 취득세는 반영하지 않음.
- 단위: 원

5년 뒤에 매각했다면 세금으로 약 6,500만 원을 아낄 수 있었다.

실제로 현장에서는 이런 사례가 종종 발생한다. 배우자, 자녀에게 부동산을 증여했다면 반드시 5년이 지난 후에 매각하도록 하자.

개인사업자 ④
양도 후 증여 vs. 증여 후 양도

"자녀에게 상가를 증여하려는데 양도하고 증여하는 것이 나은가요? 아니면, 증여하고 양도하는 게 나은가요?"

고객과 상담할 때 많이 나오는 질문 중 하나다. 증여를 하고 10년이 지나면 향후에 상속(세를 매기는) 재산에 포함되지 않는다. 사전 증여를 통해 상속세를 줄일 수 있는 것이다. 또한, 증여 재산은 10년 단위로 합산되는 관계로, 고액자산가들은 사전 증여를 10년 단위로 하고 한다. 그래서 상가가 있는 자산가들은 양도한 후에 증여할지, 증여한 후에 양도할지에 대해 고민이 많다.

P의 사례를 통해 좀 더 알아보자. P는 10년 전에 5억 원에 산 상가가 최근에 15억 원이 된 것을 알았다. 상가를 양도해 받은 현금을 자녀 P1, P2에게 똑같이 나눠 증여할 계획을 세웠다.

먼저, 상가를 양도한 후에 현금을 증여하는 경우를 살펴보자. 상가를 양도하면 다음과 같이 양도세를 부담해야 한다.

구분	양도세 부담액
양도금액	1,500,000,000
(—) 취득금액	500,000,000
양도 차익	1,000,000,000
(—) 장기 보유 특별 공제	200,000,000
양도소득금액	800,000,000
(—) 양도소득 기본 공제	2,500,000
과세표준	797,500,000
양도세	299,550,000
(+) 지방소득세	29,955,000
부담세액	**329,505,000**

• 단위: 원

양도세를 내면 양도대금 잔액은 11억 7,049만 5,000원이 된다. 이 금액을 자녀 2명에게 동일하게 나눠주면 각각의 증여세는 다음과 같다.

구분	P1	구분	P2
증여 재산가액	585,247,500	증여 재산가액	585,247,500
증여 공제	50,000,000	증여 공제	50,000,000
증여세 과세가액	535,247,500	증여세 과세가액	535,247,500
증여세 산출세액	100,574,250	증여세 산출세액	100,574,250
증여세액 공제	3,017,228	증여세액 공제	3,017,228
증여세 부담액	**97,557,022**	**증여세 부담액**	**97,557,022**

• 단위: 원

지금까지 계산한 양도세와 증여세 부담액을 모두 합하면 총부담 세액은 약 5억 2,500만 원이다.

그렇다면 5년 전에 자녀 P1, P2에게 상가의 지분을 감정 평가금액(당시에 11억 원이라고 가정)으로 50%씩 증여한 다음, 지금 양도하는 경우의 세금을 살펴보자.

상가를 자녀에게 증여하면 증여세와 취득세를 다음과 같이 부담해야 한다.

구분	P1	구분	P2
증여 재산가액	550,000,000	증여 재산가액	550,000,000
증여 공제	50,000,000	증여 공제	50,000,000
증여세 과세가액	500,000,000	증여세 과세가액	500,000,000
증여세 산출세액	90,000,000	증여세 산출세액	90,000,000
증여세액 공제	2,700,000	증여세액 공제	2,700,000
증여세 부담액(①)	87,300,000	증여세 부담액(①)	87,300,000
취득세(②)	22,000,000	취득세(②)	22,000,000
부담세액(①+②)	**109,300,000**	**부담세액(①+②)**	**109,300,000**

• 단위: 원

증여를 받고 나서 5년 후에 상가를 양도하면 양도세는 다음의 표와 같다.

이때 주의할 점이 있다. 자녀에게 증여한 지 5년이 지난 후에 양도해야 한다. 앞에서 말한 것처럼, 자녀가 증여받은 부동산을 5년 내에 팔면 양도세를 계산할 때 증여자의 원래 취득가액과 양도가액 간의 차액을 과세하므로, 양도세가 매우 클 수 있다.

구분	P1	구분	P2
양도금액	750,000,000	양도금액	750,000,000
취득금액	550,000,000	취득금액	550,000,000
필요 경비	22,000,000	필요 경비	22,000,000
양도 차익	178,000,000	양도 차익	178,000,000
장기 보유 특별 공제	17,800,000	장기 보유 특별 공제	17,800,000
양도소득금액	160,200,000	양도소득금액	160,200,000
양도소득 기본 공제	2,500,000	양도소득 기본 공제	2,500,000
과세표준	157,700,000	과세표준	157,700,000
양도세	40,526,000	양도세	40,526,000
지방소득세	4,052,600	지방소득세	4,052,600
부담세액	**44,578,600**	**부담세액**	**44,578,600**

• 단위: 원

자녀에게 상가를 증여하고 양도하면 총부담세액은 약 3억 800만 원이다. 양도한 후에 증여한 경우와 비교해보면, 약 2억 1,700만 원이 절세되는 것을 알 수 있다. 양도세를 인별로 계산해 누진과세가 적용됐고, 증여를 통해 자녀의 취득가액이 높아지면서 양도세가 줄어든 것이다. 증여받는 자녀가 많다면 세금은 더 많이 줄어든다.

(사례마다 다르지만) 일반적으로 '양도 후 증여'보다 '증여 후 5년 뒤 양도'가 앞의 사례처럼 부담세액이 줄어들기 때문에 상가를 증여할 계획이 있다면, 여러 자녀에게 나눠주는 것이 좋다.

이처럼 자녀에게 증여하고 최소 5년 후에 양도하는 것을 우선 고려하는 것이 바람직하다.

개인사업자 ⑤
증여 시 평가방법과 부담부 증여

Q는 서울 합정동에 시세 30억 원짜리 상가(취득가 18억 원)를 15년간 보유하고 있다. 현재 보증금 3억 원에 월세 1,100만 원을 받고 있다. Q는 사업 자금이 필요해서 상가를 담보로 12억 원을 대출받았다. 이때 탁상감정(현장 조사 없이 매매 사례가액을 보고 평가액을 사전적으로 가늠해보는 것)을 받은 결과, 상가의 감정가액은 25억 원이 나왔다. 해당 상가의 공시 가격은 17억 원이었다.

Q는 주변 지인에게서 해당 상가를 공시 가격으로 자녀에게 증여할 수 있으므로 그렇게 하면 증여세가 별로 나오지 않는다는 말을 들었다. 그래서 Q는 해당 상가를 양도보다 자녀(성년)에게 물려주기로 마음먹었다. 이때는 어떻게 증여하는 것이 나을까?

일반적으로 상가는 아파트와 달리 면적, 위치, 용도, 종목, 기준시가가 같거나 유사한 다른 상가를 찾기가 매우 어렵다. 따라서 시가를 찾지 못하면 보충적 평가방법에 따라 평가하도록 규정하고 있다.

보충적 평가방법이란 다음과 같은데, 이 중 큰 금액으로 한다.

① 토지는 개별 공시지가로 평가하며, 건물은 건물(제3호와 제4호에 해당하는 건물은 제외)의 신축 가격, 구조, 용도, 위치, 신축연도 등을 고려해 매년 1회 이상 국세청장이 산정 및 고시하는 가액으로 평가한다.

② 사실상 임대차 계약이 체결되거나 임차권이 등기된 재산의 경우 다음과 같이 평가한다.

임대료 환산가액=(1년간의 임대료÷0.12)+임대보증금

Q가 보유한 상가의 공시 가격은 17억 원이고, 임대료 환산가액은 14억 원(=1억 3,200만 원÷0.12+3억 원)이다. 보충적 평가방법을 통해 나온 금액 중 큰 금액이 17억 원으로 평가된다.

과거에는 일반적으로 상가를 증여할 때 평가 기간 이내 신고일까지 유사한 매매사례(가액)가 없으면 보충적 평가방법으로 나온 17억 원을 기준으로 증여할 수 있었다.

그런데 지금은 다르다. 앞에서도 설명했듯이 2019년 2월에 개정된 상증세법 시행령 제49조에 따르면, 평가 기준일 전 2년 이내의 기간 중 매매 등이 있거나 평가 기간이 경과한 후로부터 다음 기한

까지의 기간 중 매매 등이 있는 경우 평가 기준일로부터 다음에 해당하는 날까지의 기간 중 주식 발행회사의 경영 상태, 시간의 경과 및 주위 환경의 변화 등을 고려해 가격 변동의 특별한 사정이 없다고 보고 납세자, 지방국세청장 또는 관할 세무서장이 신청하는 때는 평가심의위원회의 심의를 거쳐 해당 매매 등의 가액을 시가로 볼 수 있다.

① 상속세: 상속세 과세표준 신고 기한으로부터 9개월
② 증여세: 증여세 과세표준 신고 기한으로부터 6개월

앞으로는 납세자가 기준시가로 신고해도 앞에서 말한 기한까지 국세청에서 평가심의위원회의 심의를 거쳐 2곳 이상의 감정 평가기관으로부터 감정 평가를 받으면 시가로 인정될 수 있다는 법적 기반이 마련됐다. 실제로 국세청에서는 올해 약 24억 원의 예산을 투입해 증여로 신고한 일부 상가의 감정 평가를 의뢰해 진행 중이다.

앞으로는 상가를 공시 가격 기준으로 증여할 경우 2곳 이상의 감정가액 평균액과의 차액만큼 추가로 증여세를 낼 수 있다. 따라서 이제부터는 상가를 증여할 때 2곳 이상의 감정 평가를 받는 것이 보수적이고 안전하다고 할 수 있다.

Q의 경우 2곳 이상의 감정 평가를 받은 결과로 상가의 감정 평가액이 25억 원이라고 했을 때 자녀에게 증여할 경우(1안) 증여세는 다음과 같다.

구분	증여세
증여세 과세가액	2,500,000,000
(—) 증여 공제	50,000,000
과세표준	2,450,000,000
증여세 산출세액	820,000,000
(—) 신고세액 공제	24,600,000
증여세 부담액	**795,400,000**

• 단위: 원

그렇다면 증여세 부담을 줄이는 방법은 없을까? 바로, 부담부 증여가 있다.

'부담부 증여'란, 증여자의 채무를 수증자가 인수하는 조건의 증여 계약을 말한다. 채무 상당액부분은 유상으로 이전되는 것으로 봐서 양도세 대상이 되며, 증여세를 평가할 때는 채무를 차감한 부분이 증여세 대상이 된다. 부담부 증여는 실제로 임대용 부동산을 증여할 때 많이 활용한다.

Q가 보증금 및 대출금을 인수하는 조건으로 부담부 증여를 할 경우(2안) 양도세 대상가액은 15억 원(보증금+대출금)이고, 증여세 대상가액은 25억 원에서 15억 원을 차감한 10억 원이다. 부담부 증여를 하면 증여자가 양도세를 부담하고 수증자가 증여세를 부담한다 (다음 페이지 표 참고).

부담부 증여로 하면 1안 때보다 약 4억 7,000만 원의 세금을 줄일 수 있다. 취득가액이 매우 낮으면 부담부 증여를 할 때 양도세 대상가액이 늘어나므로 무조건 하기보다 사전에 세무 전문가와 함

구분	양도세 부담액	구분	증여세 부담액
양도가액	2,500,000,000	증여 재산	2,500,000,000
(一) 취득가액	1,800,000,000	(一) 채무 인수액	1,500,000,000
양도 차익	700,000,000	증여세 과세가액	1,000,000,000
부담부 증여 양도 차익※	420,000,000	(一) 증여 공제	50,000,000
(一) 장기 보유 특별 공제	126,000,000	과세표준	950,000,000
양도소득금액	294,000,000	증여세 산출세액	225,000,000
(一) 기본 공제	2,500,000	(一) 신고세액 공제	6,750,000
과세표준	291,500,000	증여세 부담액(②)	218,250,000
양도세	91,370,000	—	—
(+) 지방소득세	9,137,000	—	—
양도세 등 부담액(①)	100,507,000	—	—
세 부담 총합계(①+②)	318,757,000		
1안과의 세 부담 차이	476,643,000		

• ※ 7억 원×15억 원÷25억 원=4억 2,000만 원
• 단위: 원

께 검토하는 것이 좋다. 또한, 일반적으로 증여할 때보다 세 부담이 적지만, 부채 상당액만큼 증여를 적게 하는 것이므로 추후 수증자가 부담해야 할 대출금 및 이자 비용도 고려하고 있어야 한다.

상환능력이 없는 미성년자에게 부담부 증여를 하면 부담부 증여가 아닌 일반 증여로 간주할 수도 있으니 주의한다. 그러므로 자녀에게 상환능력이 있는지도 파악해놓고 있어야 한다.

개인사업자 ⑥
상속 시 상가는 자녀 명의로 한다

R(만 63세)은 배우자 RR(만 57세) 사이에 자녀 2명이 있다. 자산으로는 금융 상품 약 10억 원, 상가(감정 평가액 13억 원)가 있다. 상가는 역세권에 있어 공실이 없고 매년 시세가 상승하고 있다. 그런데 불행히도 R은 큰 사고를 당해 세상을 떠났다. RR은 어느 정도 시간이 지난 뒤에야 상속세를 내야 한다는 사실을 알게 됐다. 상속세를 어떻게 내는 것이 유리할지 고민이다.

위와 같은 사례에서는 배우자 상속 공제금액에 따라 상속세가 달라진다. 거주자의 사망으로 상속이 개시되어 배우자가 실제 상속받은 금액이 있다면 다음 ①과 ② 중 적은 금액을 한도로 상속세 과세가액에서 공제한다.

① 배우자 공제 한도=(A-B+C)×D-E

A: 상속 재산 중 공과금, 채무, 비과세되는 상속 재산 등을 차감한 금액

B: 상속 재산 중 상속인이 아닌 수유자가 유증 등을 받은 재산의 가액

C: 상속 개시일 전 10년 이내에 피상속인이 상속인에게 증여한 재산가액

D: 민법 제1009조에 따른 배우자의 법정 상속분(공동 상속인 중 상속을 포기한 사람이 있으면 그 사람이 포기하지 않은 경우의 배우자 법정 상속분을 말함)

E: 상속 재산에 가산한 증여 재산 중 배우자가 사전 증여를 받은 재산에 대한 증여세 과세표준

② 30억 원

배우자가 실제 상속받은 금액이 없거나 상속받은 금액이 5억 원 미만이면 앞에서 말한 한도와 관련 없이 5억 원을 공제한다.

앞의 사례에 나온 RR은 배우자 상속 공제를 최대한 받는 것이 유리하다. 현재 배우자의 법정 상속 지분은 자녀의 1.5배다. 자녀가 2명인 배우자 RR의 법정 상속 지분은 약 43%(1.5÷3.5)이므로, 전체 자산 약 23억 원 중 RR이 법정 상속 지분만큼 받으면 9.85억 정도를 상속받고 배우자 상속 공제를 받게 된다. 배우자가 상속을 한 푼도 안 받으면 배우자 상속 공제가 5억 원만 되므로 상속세가 늘어

나기 때문이다.

배우자가 법정 상속 지분만큼 상속받으면 상속세로 약 1억 1,800만 원이 나오지만, 상속을 받지 않으면 약 2억 6,800만 원을 내야 한다. 이처럼 배우자 상속 공제를 얼마 받는지에 따라 상속세는 크게 차이가 난다.

그렇다면 이 상속세를 누가 부담하는 게 좋을지 살펴보자. 상속세를 납부할 때 상속인이 받은 재산 한도로 연대 납세 의무(하나의 납세 의무에 대해 여러 사람이 연대하여 납부 의무를 지는 것)를 부담한다. 따라서 배우자가 받은 재산 한도로 자녀분을 포함해 상속세를 다 부담해도 증여세가 발생하지 않는다. 앞의 사례에서 자녀로 부의 이전 효과를 보기 위해서라면 배우자가 상속세를 전액 부담하는 것이 바람직하다.

또한, 상속인 간의 상속 재산 배분도 중요하다. 앞의 사례에서는 향후 생활비를 고려해 법정 상속 지분만큼 배우자가 금융 재산을 상속받는 것이 좋다. 앞으로 시세가 계속 상승할 것으로 보는 상가는 자녀에게 상속한다. 자녀가 상속받은 이후 상가의 가치 상승분에 대해서는 별도의 세금 없이 자녀에게로 부가 이전되기 때문이다. 매월 받는 임대료는 자녀의 소득으로 인정되므로, 추후 부동산을 매입할 때 자금 출처로 인정받을 수 있다.

상속이 진행될 상황이 발생하면 상속세 신고 전에 상속 재산을 어떻게 배분하느냐에 따라 상속세가 어떻게 달라지는지 파악하고, 되도록 자녀에게 부의 이전이 잘되도록 할 필요가 있다.

수정 신고와
경정 청구

　임대업자의 종합소득세 신고는 과세 기간 다음 연도의 5월 31일까지다. 이때 세금을 적게 신고하면 수정 신고를 해야 한다. '수정 신고'란, 이미 신고한 과세표준 및 세액이 과소하거나 이미 신고한 내용이 불완전하다고 본 납세 의무자가 이를 정정하는 신고를 말한다.

　수정 신고를 하는 사업자는 관할 세무서장이 각 세법에 따라 해당 국세의 과세표준과 세액을 결정 또는 경정하여 통지하기 전에 국세를 부과할 수 있는 날로부터 5년이 지나기 전까지 다음 사항을 기재한 과세표준 수정신고서를 제출할 수 있다.

　　① 당초 신고한 과세표준과 세액
　　② 수정 신고하는 과세표준과 세액
　　③ 그 밖에 필요한 사항

　보통 세금을 적게 신고 및 납부를 하면 다음과 같이 과소 신고 가산세와 납부 불성실 가산세가 부과된다.

- 과소 신고 가산세: 과소 납부세액×10%(부당 과소의 경우 40%)
- 납부 불성실 가산세: 과소 납부세액×25÷10,000×미납 기간

단, 과세당국에서 세금을 부과하기 전에 자진해서 수정 신고를 하면 과소 신고 가산세가 기간에 따라 다음과 같이 감면된다.

- (법정 신고 기한이 지난 후) 1개월 이내: 해당 가산세액의 90%에 상당하는 금액
- 1개월 초과 3개월 이내: 해당 가산세액의 75%에 상당하는 금액
- 3개월 초과 6개월 이내: 해당 가산세액의 50%에 상당하는 금액
- 6개월 초과 1년 이내: 해당 가산세액의 30%에 상당하는 금액
- 1년 초과 1년 6개월 이내: 해당 가산세액의 20%에 상당하는 금액
- 1년 6개월 초과 2년 이내: 해당 가산세액의 10%에 상당하는 금액

정확한 세액보다 과다하게 납부했다면 어떻게 해야 하는가? 이때는 경정 등의 청구를 하면 된다.

'경정 등의 청구'란, 이미 신고한 과세표준이 과대한 경우 과세관청으로부터 정정하여 경정하도록 하는 납세 의무자의 청구를 말한다.

과세표준신고서를 법정 신고 기한까지 제출한 사업자, 기한 후 과세표준신고서를 제출한 사업자인데 다음 중 하나에 해당한다면 최

초로 신고 및 수정 신고를 한 국세의 과세표준 및 세액의 결정 또는 경정을 법정 신고 기한이 지난 후 5년 이내에 관할 세무서장에게 청구할 수 있다.

- 과세표준신고서 또는 기한 후 과세표준신고서에 기재된 과세표준 및 세액(각 세법에 따라 결정 또는 경정이 있는 경우에는 해당 결정 또는 경정 후의 과세표준 및 세액)이 세법에 따라 신고해야 할 과세표준 및 세액을 초과할 때
- 과세표준신고서 또는 기한 후 과세표준신고서에 기재된 결손금액 또는 환급세액(각 세법에 따라 결정 또는 경정이 있는 경우에는 해당 결정 또는 경정 후의 결손금액 또는 환급세액)이 세법에 따라 신고해야 할 결손금액 또는 환급세액에 미치지 못할 때

법정 신고 기한이 지난 후 5년 안에 경정 청구를 한다는 점을 기억하고 있어야 한다. 5년이 지나면 세금을 돌려받고 싶어도 돌려받을 수 없다.

소득세 관련 경정 청구를 한다면 주소지의 관할 세무서에 하면 된다. 경정 청구를 하더라도 무조건 세금이 환급되지는 않는다. 과세 당국에서 경정 청구에 따른 환급을 거부하면 경정 청구 거부통지서 수령일로부터 90일 이내에 불복 청구를 제기할 수 있다.

불복 청구의 방법으로는 세무서에 하는 이의 신청과 국세청에 하는 심사 청구, 조세심판원에 하는 심판 청구, 감사원에 하는 감사원 심사 청구가 있다. 이러한 절차를 거친 후에도 인용되지 않으면 행정 소송을 제기할 수 있다. 관련한 절차는 다음과 같다.

이의 신청

권리 또는 이익의 침해를 당한 자는 해당 처분이 있던 것을 안 날(처분의 통지를 받은 때에는 그 받은 날)로부터 90일 이내에 관할 세무서장에게 하거나 세무서장을 거쳐 관할 지방국세청장에게 이의 신청을 제기할 수 있다.

이의 신청은 납세자가 심판 청구 또는 심사 청구를 제기하기 전에 선택적으로 할 수 있는 제도다. 건너뛰고 바로 심판 청구나 심사 청구도 가능하다.

심사 청구

권리 또는 이익의 침해를 당한 납세자가 처분청의 최상급 기관인 국세청장에게 제기하는 불복절차를 말한다.

심사 청구는 해당 처분이 있던 것을 안 날(처분의 통지를 받은 때에는 그 받은 날)로부터 90일 이내에 제기해야 한다. 이의 신청을 거치고 심사 청구를 할 때는 이의 신청과 관련한 결정의 통지를 받은 날(이의 신청 결정 기간 내에 결정의 통지를 받지 못하면 그 결정 기간이 경과한 날)로부터 90일 이내에 제기해야 한다.

또한, 심사 청구에 대한 결정의 통지를 받은 날(심사 청구 결정 기간인 90일 내에 결정의 통지를 받지 못하면 그 결정 기간이 경과한 날)로부터 90일 이내에 처분청 관할 행정법원에 소송을 제기할 수 있다.

심판 청구

심판 청구는 해당 처분이 있던 것을 안 날(처분의 통지를 받은 때는 그 받은 날)로부터 90일 이내에 제기해야 한다. 이의 신청을 거치고 심판 청구를 할 때는 이의 신청와 관련한 결정의 통지를 받은 날로부터 90일 이내에 제기해야 한다.

심판 청구의 경우 그 처분을 하거나 했어야 할 세무서장(세관장), 지자체의 장을 거쳐 조세심판원장에게 하거나 세무서장 등을 거치지 않고 직접 조세심판원장에게 할 수 있다. 조세심판원장은 심판 청구를 받은 날로부터 90일 이내에 결정해야 한다. 심사 청구와 심판 청구는 선택적 절차이며 중복 청구가 불가능하다.

감사원 심사 청구

국세청, 관세청, 지자체는 감사원의 피감사기관에 해당하기 때문에 국세청 등의 처분이 위법하거나 부당하다면 감사원법의 규정에 따라 심사 청구를 할 수 있다.

과세 처분이 있던 것을 안 날로부터 90일 이내에 심사청구서를 제출해야 한다. 감사원의 심사 청구를 거친 사건은 조세심판원에 대한 심판 청구 또는 국세청 등에 대한 심사 청구를 할 수 없다.

결정의 통지를 받은 날로부터 90일 이내에 행정 소송을 제기할 수 있다.

행정 소송

(조세)행정 소송은 원고인 납세자가 심판 결정 또는 심사 결정에 불복할 경우 결정의 통지를 받은 날로부터 90일 이내에 처분청(피고) 소재지 관할 행정법원에 소장을 제기해야 한다. 단, 심사 및 심판 청구 결정 기간인 90일 내에 결정의 통지를 받지 못했다면 결정의 통지를 받기 전이라도 그 결정 기간이 경과한 날로부터 행정 소송을 제기할 수 있다.

조세 소송의 제1심 관할 법원은 피고인 처분청의 소재지를 관할하는 행정법원이고, 고등법원이 제2심이 되며 대법원에서 최종심이 결정된다. 행정 소송을 한다면 대법원 판결을 통해 불복 청구한 세금의 환급 여부가 최종 결정된다고 보면 된다.

07

법인

법인으로 증여하면 증여세가 줄어들까?

경기도 남양주 인근에 있는 상가를 취득하려는 S에게 한 지인
이 말했다. 법인을 이용해 취득하면 결국 비상장주식이라서 평
가금액을 낮출 수 있으니, 그렇게 해서 자녀에게 넘기면 상속세
나 증여세를 낮출 수 있다고 말이다. 과연 맞는 말일까?

고객과 세무 상담을 하다 보면, 부동산을 법인으로 취득하고 해당
법인의 주식을 증여하고자 하는 경우 어떻게 평가하는지, 언제 증
여하는 것이 좋은지와 관련한 문의가 많다.

'시가'란, 증여일 전후 3개월 내에 불특정 다수인 사이에 자유롭
게 거래가 이뤄지는 경우 통상적으로 성립된다고 인정되는 가액을
의미한다. 시가가 없으면 상속세 및 증여세법 제63조에 따른 보충

적 평가방법에 따라 평가하도록 하고 있다.

일반적으로 비상장주식은 증여일 전 6개월에서 후 3개월 내에 거래가 거의 없고, 주로 특수관계인 간에 이뤄지므로 대부분 보충적 평가방법에 따른 평가액으로 거래한다.

비상장주식의 경우 '1주당 순손익 가치(증여일 직전 3개년의 주당 순손익액을 가중 평균한 가액÷10%)와 1주당 순자산 가치(증여일 기준 상속세 및 증여세법상 주당 순자산 가치 평가액)의 비율을 각각 3대 2의 비율로 가중 평균한 금액'을 보충적 평가액으로 본다.

부동산 등(토지, 건물, 부동산에 관한 권리)의 비율이 전체 자산가액의 50%를 초과하면 부동산 과다법인에 해당한다. 이 경우에는 '1주당 순손익 가치와 1주당 순자산 가치를 각각 2대 3의 비율로 가중 평균한 금액'을 보충적 평가액으로 본다.

이렇게 가중 평균한 금액이 1주당 순자산 가치의 80%보다 낮으면 1주당 순자산 가치에 80%를 곱한 금액을 비상장주식의 가액으로 한다.

또한, 다음과 같으면 순자산 가치로만 평가한다.

① 상속세 및 증여세 과세표준 신고 기한 이내에 평가 대상 법인의 청산절차가 진행 중이거나 사업자의 사망 등으로 사업을 계속하기에 곤란하다고 인정되는 경우
② 사업 개시 전의 법인, 사업 개시 후 3년 미만의 법인, 휴·폐업 중에 있는 법인

③ 해당 법인의 자산총액 중 주식이 차지하는 비율이 80% 이
   상인 경우

④ 해당 법인의 자산총액 중 부동산 등이 차지하는 비율이
   80% 이상인 법인

부동산 임대 법인은 자산 대부분이 부동산이다. 그래서 부동산 등
이 자산가액의 합계액에서 차지하는 비중이 80% 이상인 경우가 대
부분이다. 따라서 부동산 임대 법인을 평가할 때 순자산 가치로 하
는 경우가 대부분이다.

순자산 가치로 평가할 때 부동산 가치는 감정 평가액 또는 공시
가격으로 하므로, 개인이 부동산을 보유하고 있는 경우의 평가액과
큰 차이가 없다. 즉, 부동산 임대 법인을 자녀에게 증여할 때 평가금
액을 낮추는 것이 어렵다는 말이다.

평가금액을 낮추기 위해서는 해당 법인에 다른 사업을 추가해 총
자산 대비 부동산 비율을 80% 미만으로 해야 한다. 비상장주식의
가치를 평가할 때 수익 가치와 자산 가치가 가중 평균이 되므로, 평
가액을 낮추는 것이 가능하지만 만만치는 않다.

물론, 자녀에게 비상장주식을 증여하면 취득세는 부과되지 않는
다는 장점이 있다. 그런데 과밀억제권역 내에서 법인을 설립하고 5
년 내에 과밀억제권에 있는 부동산을 취득하면 취득세가 9.4%로
중과된다는 단점도 있다.

이와 같이 부동산 임대 법인을 증여한다고 해서 현실적으로 증

여세를 낮추기가 어렵다. 단순히 증여세를 낮추기 위한 목적이라면 법인을 이용해 취득하려는 생각은 다시 해볼 필요가 있다.

Part 2.
임대사업자에게 필요한 법률 지식

‘임대인이 임대사업을 하는 데 있어 관련 법률을 알 필요가 있을까?’

임대차(賃貸借)와 관련된 법률 대부분은 임차인의 보호를 위한 강행규정으로 되어 있다. 그러므로 임대인은 이에 대해 미리 알고 대처할 준비를 하는 것이 필요하다. 계약으로 정해 놓은 사항이라도 강행규정인 법률을 제대로 확인하지 않는 바람에 임차인과 소송을 하거나 금전적 손실을 볼 수 있기 때문이다.

물론, 법률 해석과 관련된 구체적이고 자세한 판례나 학설 등을 알 필요는 없다. 변호사에게 물어보면 되기 때문이다. 그렇다고 해도, 임대사업자는 계약 당사자로서 큰 틀에서 관련 법률이 어떤 내용으로 구성되어 있는지에 대한 대략적인 지식을 갖고 있을 필요는 있다. 그래야 발생 가능한 문제를 예방할 수 있고, 문제가 발생해서 변호사를 만나 상담할 때는 이해를 빠르게 할 수 있기 때문이다. 법률에 대해서 알고 있어야 정확하고 신속하게 대처할 수 있다.

1부

임대차 계약을 할 때 필요한 법률 지식

임대사업을 시작하려면 임대인과 임차인 간에 계약이 필요하다. 강행규정인 해당 법률을 아는 것도 중요하지만, 임대인은 전혀 모르던 낯선 임차인과 계약을 체결하는 것이기 때문에 임차인의 정보, 그리고 계약이 잘못 체결되었을 때 대응방법 등을 미리 알아둘 필요가 있다.

또한, 어떤 법을 적용받는지도 미리 알아두면 도움이 된다. 주택 임대사업자 등록을 했는지, 아니면 임대사업자 등록을 하지 않고 임대업을 하는지, 또는 상가 임대업을 하는지 여부에 따라 적용되는 법률과 주의할 내용이 달라지기 때문이다.

1장

임대사업을 하기 전에
사전 점검이 필요하다

임대차 계약 체결 전에
확인해야 하는 사항

임대인이 확인할 것

임대차 계약을 체결할 때는 거래 상대방(임차인)의 인적사항, 임대 권한 유무, 임대인과 임차인이 여러 명인 경우 등을 확인해야 한다.

우선, 임대인이 임대차 계약을 할 때 임차인과 관련해 확인할 사항은 다음과 같다.

임차인이 개인이라면 신분증, 유선 확인 등으로 본인 여부를 확인한다. 법인이라면 법인등기부등본, 법인인감증명서, 인감(사용인감인 경우 사용인감계를 같이 확인)이 날인된 위임장 등을 통해 직접 거래를 진행하는 법인의 직원 등에게 계약 체결에 관한 적법한 권한이 있는지 여부를 확인한다. 외국인 등 비거주자라면 해당 국가의 아포스티유 공증(한 국가의 문서가 다른 국가에서 사용되기 위해서는 문서의 국외 사용을 위한 확인을 받아야 하는데 이를 받는 것을 말함)을 거친 위임장 등으로 본인 의사 여부를 확인한다.

임대인은 임대할 부동산에 대해 임대할 권한을 갖고 있어야 한다. 유효한 임대차 계약 체결을 위해 임대인이 반드시 소유자일 필요는 없지만 임대차 목적물(상가 또는 주택)을 적법하게 임대할 수 있는 권한은 있어야 한다. 예를 들어, 신탁 부동산의 경우 위탁자(신탁 계약을 통해 금융기관 등 수탁자에게 소유권을 맡긴 자)는 대내외적으로 소유자가 아니므로 원칙적으로 임대할 권한이 없다. 단, 신탁 계약으로 위탁자에게 신탁 부동산에 대한 임대 권한을 부여했다면 계약에서 정한 범위에서 위탁자는 임대차 계약 체결 및 임대차 보증금 수령 등 적법한 임대 권한을 행사할 수 있다.

계약 당사자가 여러 명인 경우

임대인은 1명인데 임차인이 여러 명인 경우가 있다. 이때 임대인이 꼭 알고 있어야 하는 것으로는 무엇이 있을까?

(각 임차인이 임대인과 관계를 맺고 목적물 전부를 사용하거나 사용하면서 수익을 만든다는 점 등을 감안해) 임대차 계약이 해지될 때 (공동) 임차인이 임대인에게 해야 하는, 즉 임대차 목적물 반환 의무, 미지급 차임 지급 의무, 차임 상당 부당 이득 반환 의무 등은 '불가분 채무의 관계'에 있다는 것을 알아야 한다['불가분 채무의 관계'란, 채무자는 채무 전부를 해결할 의무가 있는데 공동 채무자인 경우에서는 (공동 채무자 중) 한 사람이 채무를 해결하면 다른 채무자는 그 의무를 면하게 되

는 관계를 말한다]. 따라서 임대인은 여러 명의 임차인 중 누구에게 든 앞에서 말한 의무 전부를 이행하라고 청구할 수도 있다.

또한, 임차인 여러 명과 했던 계약을 해지할 때는 (다른 약정이 없는 한) 임차인 여러 명 모두에게 해지하겠다는 의사를 표시해야 한다. 이런 점 때문에 계약을 체결할 때부터 통지할 경우 누구에게 해야 하는지 대표 임차인을 미리 정해놓으면 도움이 된다. 아울러 차임이 연체될 때 누가 책임을 지는지, 보증금을 반환할 때 귀속문제, 임차인 간 책임관계 등도 미리 정해놓는다(차임은 '월세'의 법적 표현이며, 이후부터는 차임 또는 월세를 같이 사용하겠다).

반대로, 임대인이 여러 명이고 임차인이 1명이라면? 상속 등으로 받은 집을 자녀들이 공동으로 소유하는 것처럼 임대차 목적물을 공동으로 소유하고 있다면 임대차 계약의 체결과 해지는 공동 소유물의 관리에 해당해 공동 소유자 과반수의 동의가 필요하다. 즉, 소수 지분권자가 반대해도 과반수 지분권자의 동의만으로도 임대차 계약을 유효하게 체결하거나 해지할 수 있다(이때 소수 지분권자는 임대인이 아니고 지분에 따른 수익 청구만 가능하다).

계약을 해지할 때 좀 더 알고 있어야 하는 부분이 있다. 공동 소유자(전부 또는 과반수)가 계약 당사자인 임대인인 상황에서는 공동 임대인 모두의 명의로 임차인에게 계약 해지를 통지해야 한다는 것이다. 계약 전부를 해지해야지 공동 임대인 각자의 지분별로 나눠서 계약을 해지할 수 없다는 말이다.

임대차 계약 당사자로서 임대인의 임대차 목적물 확인

임대차 계약을 체결할 때 임대인은 임차인에게 임대차 목적물의 하자 여부 등을 미리 확인해 알려줄 의무가 있다. 보통 토지와 건물의 소유주가 일치하는지, 선순위 권리가 존재하는지, 무허가 건물인지, 위법 건축물인지 등에 대한 것이다.

이런 사항을 알려주지 않아서 임차인이 손해를 입으면 임대인은 그 손해에 대해 보상해줘야 할 수도 있다. 예를 들어, 임대한 상가건물이 무허가 증축 등으로 인한 위법 건축물임이 밝혀지면 임차인이 영업 허가를 받을 수 없거나 적법한 신고를 할 수 없게 되어 손해를 볼 수 있다. 이때 임차인이 위법 건축물인 줄 모르고 계약했다면 계약의 사기 취소 또는 손해 배상 청구가 가능할 수 있다.

또한, 임대할 때 임차인의 원상회복의 의무 범위가 어디까지인지를 명확히 해놓아야 한다. 보통 임대인은 임대차 계약이 끝나면 임차인이 원상회복의 의무를 부담한다고 생각해 그 원상의 범위가 어디까지인지에 대해 소홀하게 생각할 수 있다. 그런데 임차인과 원상회복의 의무 불이행과 관련해 다투게 되면 원상회복과 관련한 원상의 의미와 범위에 대한 입증은 임대인에게 있다.

그러므로 임대인은 임대차 목적물을 임대하기 전에 원상에 대한 범위 등을 계약서에 명시하거나 사진을 찍어서 계약서에 첨부해 간인을 하는 등의 방법으로 원상회복에 대한 분쟁을 대비할 필요가 있다.

중개업자를 통해 거래하는 경우 본인의 책임 범위

중개업자를 통해 계약하면 앞에서 말한 확인 의무를 소홀히 할 수 있다. 보통 부동산 거래 당사자가 중개업자에게 부동산 거래의 중개를 위임하면 중개업자는 위임 취지에 따라 중개 대상물의 권리 관계를 조사 및 확인할 의무가 있다. 그 의무를 위반하면 그로 인한 손해를 배상할 책임을 갖는다. 그래서 중개 행위를 통한 거래일 경우 당사자는 거래하는 상대방이나 거래 목적물에 대한 확인을 소홀히 할 수 있다.

하지만 중개업자를 통한 거래라고 해도, 중개를 위임한 거래 당사자는 본인이 원래 부담하는 거래관계에 대한 조사 및 확인 책임에서 벗어난다고 할 수 없다.

이와 관련한 판례가 있다. 중개업자가 부동산 거래를 중개하면서 진정한 권리자인지 등을 조사 및 확인할 의무를 다하지 못해 중개 의뢰인(임대인 또는 임차인)에게 발생한 손해에 대한 배상의 범위를 정할 때, 중개의뢰인에게 거래 관계를 조사 및 확인할 책임을 게을리한 부주의가 인정되고, 그것이 손해 발생 및 확대의 원인이라면 중개의뢰인에게도 과실이 있는 것으로 봤다.

02

계약할 때
발생하는 문제들

계약 성립 여부에 따른 가계약금 반환 의무

임대인이 임대차 계약서를 쓰기 전에 가계약금을 받기도 한다. 만약, 이후 임차인 또는 임대인의 변심으로 계약이 성립되지 않았다면 가계약금을 임차인에게 돌려줘야 할까?

결론부터 말하면, 구두 또는 서면으로 가계약을 하고 가계약금 명목으로 금전을 받아도 계약의 주요 내용이 정해지지 않아서 계약이 불성립되었다면 임대인은 임차인에게 가계약금만 돌려주면 된다.

관행적으로는 임대인이 가계약금을 받으면 가계약이 성립됐음을 전제로 생각해 임대인의 경우에는 가계약금의 배액을 상환하고, 임차인의 경우에는 가계약금을 포기하면 가계약을 파기할 수 있다고 생각하기 쉽다.

법률적으로는 조금 다르게 본다. 보통 가계약금은 전체 계약금 중 일부인데 앞에서 말한 것처럼 가계약금만 반환하고 계약을 종료시키려면 그에 대한 별도의 약정이 있어야 한다. 이런 약정이 없다면 가계약이라는 표현을 썼다고 해도 계약에 따른 법리가 적용된다.

참고로, '가계약'이라는 표현은 법적 표현이 아니다. 서면으로 작성된 계약뿐만 아니라 가계약, 구두계약, 계약금이 지급되지 않은 계약이라도 모두 계약으로 볼 수 있다. 따라서 가계약과 관련한 분쟁이 발생하면 계약으로 성립하는가를 먼저 확인한다. 계약이 성립조차 되지 않았다면 가계약금을 돌려주는 것으로 당사자 간 권리 및 의무의 관계는 끝나기 때문이다.

'계약의 주요 내용'은 계약의 성립에 꼭 필요한 것을 의미한다. 예를 들어, 계약금, 중도금(생략 가능), 잔금에 대해 정하고 대금 지급 일정, 해당 부동산과 당사자가 확정됐다면 계약은 성립된 것으로 볼 가능성이 크다. 판례는 계약의 성립기준에 관해 다음과 같이 판시하고 있다.

계약이 성립하기 위해서는 당사자 사이에 의사의 합치가 있을 것이 요구된다. 이러한 의사의 합치는 해당 계약의 내용을 이루는 모든 사항과 관련해 있어야 하는 것은 아니지만 그 본질적 사항이나 중요 사항에 관해서는 구체적으로 있거나 적어도 장래에 구체적으로 특정할 수 있는 기준과 방법 등에 관한 합의는 있어야 한다.

따라서 가계약이라도 계약의 주요 내용이 정해졌다면 계약이 성립하게 된다. 성립한 계약을 종료하는 방법으로는 임의 해제, 강제 해제, 그리고 당사자 간 합의로 해제하는 합의 해제가 있다.

'임의 해제'는 가계약금 등 계약금의 일부만 지급한 상태에서는 불가능하다. 거래금액 전체 기준으로 임대인이 계약금을 전부 지급한 상태에서 상대방의 동의 없이 계약을 임의로 종료하려면 임대인은 계약금의 배액을 상환하고, 임차인은 계약금을 포기하는 조건으로 어느 한쪽의 계약 이행(예를 들어, 임차인의 중도금 지급, 중도금이 없다면 잔금 지급)이 있기 전까지 계약 해제가 가능하다.

'강제 해제'는 상대방이 계약을 불이행하는 데 귀책사유가 있어야 계약 해제가 가능함을 말한다. 따라서 임대인이 가계약금을 받고 가계약을 했는데 별도의 약정이 없는 상황에서 가계약이라는 표현만 믿고 가계약금의 배액만을 상환해 계약을 종료시킬 수 없다. 오히려 가계약이라도 계약 조건이 다 정해졌다면, 관행이라고 알고 있었던 가계약금 배액 상환으로는 계약을 마음대로 종료시키기 어렵다는 점을 더 기억할 필요가 있다.

계약 성립 이후 임의 해제 가능 여부

임의 해제에 대해 좀 더 살펴보자. 예를 들어, A는 은행에 신입사원으로 취직했다. 그런데 발령받은 지점이 집에서 멀어서 걱정이다. 한 달 정도는 어떻게든 버텼는데 더는 안 되겠다는 생각이 들었다. 그래서 지점 근처에 방을 얻기로 했다.

마침내 A는 지점 주변의 적당한 위치에 있고 마음에 드는 오피스텔을 발견했다. 집주인인 임대인 B와 보증금 1,000만 원에 월세 60만 원으로 2년간 임대차 계약을 했다.

계약 당일에 계약금을 지급하고 중도금 없이 잔금은 한 달 후에 지급하기로 했다. 내심 잘한 결정이라고 생각하며 이사 준비를 하는 도중에 우연히 곧 나갈 임차인이 나가는 이유를 듣게 됐다. 윗집의 층간 소음이 심하다는 것이 아닌가!

A는 예민한 편이라 층간 소음에 대해 계속 고민을 하다가 조금 손해를 보더라도 계약을 취소하고 다른 곳을 알아보기로 했다. A는 지금이라도 계약을 해제할 수 있을까?

A는 계약할 때 상대방과 대금, 대금 지급 시기 등 주요 내용을 정했기 때문에 B와의 계약은 계약금 지급 여부를 불문하고 확정적으로 효력을 발생한다. 원칙적으로 상대방에게 책임을 물을 만한 채무불이행 사유가 있거나 특약이 없는 이상 A는 계약 내용대로 임대차 계약을 이행해야 한다.

단, A는 일정한 요건하에 지급한 계약금을 포기하고 계약을 해제할 수 있다. 계약 당사자 한쪽이 계약 당시에 금전 등을 계약금 명목으로 상대방에게 지급했다면 당사자 간에 다른 약정이 없는 한 당사자 한쪽이 이행에 착수할 때까지 교부자는 이를 포기하고, 수령자는 그 배액을 상환하면 계약을 해제할 수 있다. 그러므로 임차인 A는 잔금 지급 전까지 또는 상대방이 이행에 착수하기 전까지 계약금을 포기한다는 의사 표시를 하고 계약을 해제할 수 있다.

반대로, 임대인 B가 A와의 계약을 해제하고 싶을 때는 어떻게 해야 하는가?

앞에서 말한 대로 B는 A가 잔금을 지급하기 전까지 계약금의 배액을 실제로 반환함과 동시에 계약을 해제한다는 의사 표시를 A에게 통지해야 한다. 이때 당사자가 잔금 지급기일을 정했다고 해도 잔금 지급기일 전에는 착수하지 않는다는 특약을 넣는 등 특별한 사정이 없다면 잔금 지급기일 전이라도 임차인이 잔금을 지급하는 등 이행에 착수할 수 있다는 점을 유의한다. 즉, 잔금 지급기일 전이라도 특약이 없는 경우 B가 내용 통지와 배액 상환을 하기 전에 A가 잔금을 미리 지급하면 B는 계약을 해제할 수 없게 된다.

이처럼 계약을 체결하고 나서 계약금만 지급했는데 개인적인 사정으로 계약을 해제해야 하거나 그 반대의 상황이 생긴다면 앞에서 말한 요건과 효과를 고려해 최대한 빨리 결정하고 상대방에게 의사 표시 및 배액 상환 등의 조치를 해야 한다.

제소전 화해조서의 필요성

제소전 화해조서(提訴前 和解調書)는 지방 법원의 단독 판사 앞에서 미리 제출한 화해 조항대로 화해하는 절차를 말한다. 임대차 계약이 종료될 때 임차인의 임대차 목적물 반환 거부 등을 대비해 임대인이 미리 건물의 명도를 위한 집행권원을 확보하기 위해서 많이 사용한다.

제소전 화해조서가 작성되면 화해 조항에 기재된 내용에 대해 판결의 효력이 발생한다. 추후 명도 관련 분쟁이 발생했을 때 소송절차 없이도 강제 집행이 가능하게 되는 장점이 있다.

또한, 판례는 '제소전 화해조서는 확정 판결과 동일한 효력이 있다. 당사자 사이에 기판력(동일 내용으로 더는 다툴 수 없게 되는 효력)이 생기는 것이다. 확정 판결의 당연 무효 사유와 같은 사유가 없는 한, 설령 그 내용이 강행법규(위반 시 법적 효력이 인정되지 않음)에 위반되더라도 단지 제소전 화해에 하자가 있다는 것을 나타내는 정도이므로 준재심절차(제소전 화해에 대해 재심규정의 사유에 따라 다툴 수 있는 절차)에 의해 구제받는 경우는 별문제로 한다. 그러므로 그 화해조서를 무효라고 주장할 수 없다'라고 판시했다. 강행법규와의 관계에서 제소전 화해조서의 효력을 인정한 것이다.

예를 들어, 매출 하락 등의 이유로 월세를 계속 내지 못하는 임차인을 둔 임대인에게 제소전 화해조서는 어떤 역할을 할까?

상가건물임대차보호법에 따라 연체금액이 3기의 차임액에 달하면 계약을 해지할 수 있다. 보통 작성하는 계약서에도 3기 연체 시 해지가 가능하다는 문구를 넣는다. 그러므로 임대인은 3기의 차임액에 달하면 계약을 해지할 수 있다. 이때 곧바로 임차인에게 건물 인도를 요청할 수 있다.

그런데 임차인이 집기 등을 그대로 두고 문을 잠근 채 연락 두절이 된 상황이라면 어떻게 해야 하는가? 임대인은 계약을 해지하는 것뿐만 아니라 건물 인도에 대한 소송을 진행해야 한다. 이후 승소 판결을 받은 후, 그 판결에 따라 건물 인도에 대한 강제 집행을 해야 건물을 돌려받을 수 있다. 이러한 소송 기간에 발생한 손해(원상회복 비용 포함)는 보증금에서 공제한다고 해도 시간과 비용이 많이 소요될 수 있다. 만약, 보증금이 이미 연체된 금액으로 모두 공제됐다면 임대인의 손실은 더 커지게 된다.

제소전 화해조서는 소송 없이도 바로 강제 집행을 할 수 있게 해 준다. 임대인에게 시간과 비용 측면에서 많은 도움을 줄 수 있다. 그런데 제소전 화해조서의 화해 조항을 추상적으로 작성하면 효력이 없을 수도 있게 됨을 주의한다. 즉, 정확하고 구체적으로 화해 조항을 작성할 필요가 있는 것이다. 특히, 상가처럼 갱신이 잦은 부동산은 갱신되는 임대차에까지 효력이 미치도록 명시하는 작업이 필요하다.

이 외에도 계약할 때 알아야 하는 것

우선, 계약할 때 참고해도 될 임대차 계약양식이 있다. 주택 임대차 관련 계약양식은 법무부 홈페이지(www.moj.go.kr)에서 '법무정책서비스→법무/검찰→주택임대차법령정보' 순으로 들어가면 나오는 '주택임대차표준'에서 확인이 가능하다.

상가 임대차 관련 계약양식은 법무부 홈페이지에서 '법무정책서비스→법무/검찰→상가건물임대차법령정보' 순으로 들어가면 나오는 '상가건물임대차표준'에서 확인이 가능하다.

민간임대주택으로 등록했을 때 사용해야 하는 표준임대차계약서는 국가법령정보센터(www.law.go.kr)에서 '민간임대주택에 관한 특별법 시행규칙'을 검색해서 들어가면 별표 서식으로 나온다.

한편, 임대차 계약을 할 때 기간을 어떻게 계산하는지는 다음의 기준을 따르면 된다[기간의 계산과 관련해서는 법률 행위(법령, 재판상 처분) 등에 따로 정해진 내용이 없다면 보충규정으로서 민법규정이 적용된다].

임대차와 관련해 주의해야 할 민법 조문을 살펴보면, 기간 계산에 대해 '기간을 일, 주, 월 또는 연으로 정한 때는 기간의 초일은 산입하지 않는다. 그러나 그 기간이 오전 0시부터 시작하는 때는 그렇지 않다'라고 규정되어 있다. 이에 따르면, 기간 계산은 임대인과 임차인 간 법률 행위인 임대차 계약에서 정한 대로 결정된다(이때의 기간 계산은 최다 존속 기간 보장 등 주택임대차보호법 또는 상가건물임대차보호법상에서 정하는 사항은 고려하지 않고 법률 행위와 민법만을 고려함을 유의한다). 예를 들어, 임대차 계약을 체결할 때, ○○년 ○○월 ○○일부터 ○○년 ○○월 ○○일이라고 날짜까지 명시하는 등의 경우다.

당사자 간에 임대차 계약을 체결하면서 임대차 기간을 약정하기는 했는데 연 단위로만 정할 수 있다. 예를 들어, 계약을 체결한 날로부터 2년 또는 ○○년 ○○월 ○○일부터 2년 등의 경우다.

기간을 연 단위로 정하면, 기간의 초일은 산입(기간 계산 시 첫날을 1일로 함)하지 않는 것이 원칙이다. 예외적으로 기간이 오전 0시부터 시작하는 때는 초일을 산입하는데, 계약 체결의 시작을 오전 0시부터 할 것인지는 임대인과 임차인이 어떤 식으로 협의했는지에 따라 달라진다.

계약 기간을 구체적으로 명시하지 않았다면 당사자 의사를 판단하는 데 있어 월세를 언제부터 받기로 했는지 여부도 참고할 수 있다. 예를 들어, 계약 체결은 2019년 12월 25일에 하고 계약 기간은 2020년 1월 1일부터 2년이라고 표시한 다음, 2020년 1월 1일부터 월세를 계산하면 2020년 1월 1일 0시부터 계약이 시작됐다고 보는 것이 타당할 수 있다.

이처럼 임대인과 임차인이 임대차 계약을 할 때 기간을 언제부터 시작하는지, 그리고 언제 끝나는지에 대해 명확하게 정해놓지 않으면 이후 기간 계산을 할 때 초일을 산입해야 하는지, 산입하지 않아야 하는지에 따라 계약 기간이 달라질 수 있다. 계약 기간의 계산은 임대인 또는 임차인의 권리 및 의무에 큰 영향을 미칠 수 있으므로 최대한 구체적으로 명시하는 것이 안전하다. 한편, 묵시적 갱신 등 법정 갱신 같은 경우의 갱신 계약은 다른 약정이 없는 한 기존 계약 만료일이 지난 그다음 날 0시부터 시작하는 것으로 계산하면 된다.

2장

임대차 관련
법률 간의 적용순서

민간임대주택에 관한 특별법과
주택임대차보호법 간의 적용순서

'민간임대주택에 관한 특별법'상 주택 임대차와 주택임대차보호법상 주택 임대차 간의 관계에 대해 살펴보면, '민간임대주택에 관한 특별법'에서 정하는 임대차 관련 규정이 주택임대차보호법상 규정과 다르거나 상충하면 '민간임대주택에 관한 특별법'이 우선 적용된다.

임대차와 관련해 '민간임대주택에 관한 특별법'에서 정하지 않은 사항에는 주택임대차보호법이 적용되고, 주택임대차보호법에서 정하지 않은 사항에는 민법이 적용된다.

예를 들어보자. '민간임대주택에 관한 특별법'상 등록 임대사업자가 임대사업자의 실거주 목적과 같은 주택임대차보호법상 갱신 거절 사유를 이유로 임차인의 재계약 요구를 거절할 수 있을까?

2018년에 장기일반민간임대주택 임대사업자 등록을 한 임대인 C가 2019년 10월에 임차인 D와 임대 기간 2년으로 임대차 계약을 했다. 그런데 임대인 C는 해당 계약이 끝나기 두 달 전인 2020년 8월에 임차인 D에게 내용증명을 보냈다. '임대인이 실거주 목적으로 거주하려고 하니 집을 비워주길 바라며, 아울러 계약의 갱신을 거절한다'라는 내용을 통지한 것이다.

　　'민간임대주택에 관한 특별법'에 따르면, 임대사업자는 임차인이 의무를 위반하거나 임대차를 계속하기 어려운 경우 등 대통령령으로 정하는 사유가 발생한 때는 임대 의무 기간에도 임대차 계약을 해제 또는 해지하거나 재계약을 거절할 수 있다고 규정하고 있다.

　　한편, 판례는 구(舊) 임대주택법과 관련해 '임대주택의 임대인은 관련법 시행규칙의 거절 사유가 있어야 해당 임대차 계약을 해지하거나 계약의 갱신을 거절할 수 있다. 그렇지 않은 경우에 임차인이 임대차 계약의 갱신을 원하면 임대인은 (특별한 사정이 없으면) 거절할 수 없고 임대차 계약은 갱신되는 것으로 봐야 한다'라고 판시했다. 이에 비춰 보면, '민간임대주택에 관한 특별법'상 재계약 거절 사유가 없다면 임대사업자는 임차인이 재계약을 요청할 경우 거절하지 못한다고 볼 수 있다.

　　최근에 주택임대차보호법이 개정되어(2020년 7월 31일 시행) 임대사업의 등록 여부와 상관없이 주택 임차인이 1회에 한해 계약 갱신 요구를 할 수 있게 됐다. 임대인에게 정당한 거절 사유가 없는 한 계약 갱신을 거절할 수 없도록 규정한 것이다.

여기서 '민간임대주택에 관한 특별법'상 재계약 거절 사유와 주택임대차보호법상 갱신 거절 사유는 일치하지 않는다. 주택임대차보호법 제6조의 3 제1항 제8호의 임대인의 실거주 목적의 거절 사유는 주택임대차보호법상 인정되는 사유이고, '민간임대주택에 관한 특별법'에서 인정되는 재계약 거절 사유로 명시되어 있지 않다.

앞의 사례에서 임대인 C에게 '민간임대주택에 관한 특별법'상의 재계약 거절 사유가 인정되지 않는다면, '민간임대주택에 관한 특별법'에는 없는 주택임대차보호법상의 갱신 거절 사유만을 이유로 임차인의 재계약 요청을 거절할 수 없고 임대차 계약은 갱신되는 것으로 볼 가능성이 크다. 임대인 C가 임대사업자 등록을 유지하는 이상 C와 D 간의 임대차 관계에서 '민간임대주택에 관한 특별법'이 주택임대차보호법보다 우선 적용되기 때문이다.

02

상가건물임대차보호법 또는 주택임대차보호법과
민법 간의 적용순서 및 범위

상가건물임대차보호법 또는 주택임대차보호법(이하에서는 '특별법'이라고도 함)은 민법에 대한 특례로 규정되어 있다. 특별법과 민법이 상충하거나 중복되면 특별법을 우선으로 적용한다. 특별법과 다르게 정한 당사자 간 약정 중 임차인에게 불리한 경우는 무효가 된다.

따라서 임대차 계약을 할 때 해당 임대차에서 적용되는 법과 그 적용범위를 정확히 확인하는 것이 중요하다.

주택의 경우에는 주거용 건물의 전부 또는 일부의 임대차 관련해서도 적용된다. 적용 여부는 형식이 아닌 실질에 따라 판단한다. 예를 들어, 주택 임대차 관련해서 해당 건물의 용도가 오피스텔이라도 실제 거주 목적으로 사용한다면 주택임대차보호법이 적용될 수 있다.

상가건물임대차보호법은 부가가치세법상 사업자 등록을 한 상가건물에 적용된다. 상가건물에서는 환산보증금액도 그 적용 여부에 영향을 미친다. 보증금과 월세가 같이 있으면 보증금에 '월세×100'을 더한 금액(보증금+월세×100)을 '환산보증금'이라고 한다. 환산보증금액이 법에서 정하는 기준(이하에서는 '법에서 정하는 기준'이라고도 함)을 초과하는 임대차 계약이라면 상가건물임대차보호법이 일부만 적용되고 나머지는 민법이 적용된다. 따라서 법에서 정하는 기준을 초과하지 않는 상가건물만 상가건물임대차보호법이 전부 적용될 수 있다는 점을 주의해야 한다.

특별법에서 정하지 않는 사항은 민법을 따른다. 민법이 적용되는 대표적인 사항으로는, 임대인의 임대차 목적물을 사용해서 수익을 낼 수 있도록 할 의무, 건물 인도 의무, 임차인의 보증금 지급 의무, 원상회복의 의무와 전대차 관계에 대한 설명, 유익비(부동산의 가치를 객관적으로 증가시키는 데 드는 비용) 및 필요비(부동산을 유지 및 보수하는 데 드는 비용) 청구, 묵시적 갱신(일정 요건을 충족하면 자동으로 계약이 갱신), 무단 전대(임대인 동의 없는 전대 행위)에 대한 해지권, 2기 차임 연체액에 달하는 경우 해지권 등이 있다.

따라서 임대인과 임차인 간의 임대차와 관련해 분쟁이 발생하면 주택의 경우에는 주택임대차보호법에 어떤 내용이 있는지를 확인하고 보충적으로 민법을 확인한다. 상가건물의 경우에는 상가건물임대차보호법에 어떤 내용이 있는지를 확인하고 보충적으로 민법을 확인한다.

분쟁이 발생하면 어떤 법이 적용되는지를 먼저 확인하고 우선순위에 따라 판단하면 된다.

임대사업을 할 때 필요한 법률 지식

2부에서는 주택, 상가의 임대차와 관련한 법의 해석에 대해 다뤘다. 주택 임대차는 어떤 내용으로 구성되어 있으며 주택 임차인과 계약할 때 어떤 규정을 주의해야 하는지, 최근에 개정된 임차인의 갱신 요구권은 어떤 내용인지에 대해 상세하게 설명했다.

상가건물 임대차와 관련해서는, 임차인과의 관계에서 임대인은 어떤 점을 주의해야 하는지, 임차인이 계약을 위반하면 어떤 규정으로 대응할 수 있는지 등에 대해 상세하게 설명했다.

주택이나 상가를 보유하고 임대할 때 알아야 하는 법률 지식을 담았다고 생각하면 된다.

여기서 설명하는 내용을 참고해 실제로 임대차가 체결된 이후부터 종료되어 임대인이 임대한 주택이나 상가를 온전하게 명도할 때까지 어떤 법의 어떤 내용이 적용되는지를 파악하면 갑작스러운 분쟁에 슬기롭게 대응할 수 있을 것이다.

1장

주택 임대사업자라면
주택임대차보호법을 알아야 한다

대항력과 우선변제권의
의의 및 효력 발생 요건

주택임대차보호법은 주택의 임대차에 관하여 민법에 대한 특례를 규정해서 임차인의 임차권을 보호하는 취지를 갖고 있다.

임대인 입장에서는 주택임대차보호법이 임차인에게 어떤 권리와 의무를 부여하고 있는지를 알아야 한다. 그래야 임차인과의 관계에서 발생하는 문제들을 효과적으로 대비할 수 있기 때문이다.

그렇게 하려면 어떻게 해야 할까? 임차인의 임대인에 대한 권리가 어떤 것이 있는지를 임차인의 시각으로 봐야 한다.

대항력과 우선변제권의 의의

주택의 임대차에서 임차인에게 선순위 대항력과 우선변제권이 인정되는지 여부는 분쟁에 있어 매우 중요한 요소다.

임대인이 해당 임대차 목적물을 매매하거나 해당 임대차 목적물에 경매가 진행된다고 해보자. 임차인에게 선순위 대항력과 우선변제권이 있다면 매수인이나 경매 낙찰자 등으로부터 임차권을 보호받을 수 있고, 경매 또는 공매절차에서 후순위자 등보다 우선해서 보증금을 변제받을 수 있다. 임대차 목적물의 매수인 또는 낙찰자는 해당 목적물의 매매 등에서 임차인에게 선순위 권리가 있는지 정확히 파악해야 예상치 못한 피해를 줄일 수 있다.

임대차 계약을 체결하면 원칙적으로는 계약 당사자 간에만 효력이 발생한다. 그러나 주택의 경우에는 관련 특별법에 따라 일정 요건만 갖추면 등기를 하지 않아도 제3자에게도 임대차 계약의 효력(임대차 종료 시까지 임대차 목적물 사용 및 수익권, 보증금 반환청구권 등)이 발생한다.

이처럼 임대차 목적물인 주택의 양수인, 임대할 권리를 승계한 자, 기타 임대차 목적물에 관해 이해관계를 갖는 자에 대해 임대차의 내용 및 효력으로 대항할 수 있는 법률상의 권능(權能, 권리를 주장하고 행사할 수 있는 능력)을 '대항력'이라고 한다.

임차인이 대항력을 갖추면 그 이후 임대차 목적물이 양도된 경우 양수인이 임대인 지위를 법적으로 승계한다. 임차주택의 양수인이 양도인인 임대인의 지위를 승계하므로 임차인은 양수인에게 임대차에 따라 임대인이 해야 할 의무 이행을 요구할 수 있고, 제3자의 임차주택 침해에 대해 방해 배제청구권 등을 행사할 수 있다. 또한, 대항력을 갖추고 확정일자를 받으면 우선변제권을 주장할 수 있는 법률상의 권능을 가진다. '우선변제권'이란, 임차인이 민사집행법에 따른 경매 또는 국세징수법에 따른 공매를 할 때 임대건물(임대인 소유의 대지 포함)의 환가대금에서 후순위 권리자나 그 밖의 채권자보다 우선해 보증금을 변제받을 권리를 말한다.

대항력과 우선변제권의 요건 및 효력 발생 시기

주택을 임대할 때 임차인이 건물의 점유를 이전(건물 인도)받고 전입 신고를 하면 그다음 날(익일) 0시부터 대항력이 발생한다. 임차인이 대항력을 갖춘 이후에는 임대차 목적물에 대해 제3자에게 임차권으로 대항할 수 있게 된다.

대항력과 관련해 잊지 말아야 할 것이 있다. 한 번 갖추면 계속 효력이 발생하는 게 아니라 앞에서 말한 요건(건물 인도+전입 신고)을 계속 유지해야 대항력도 유지된다는 점이다. 즉, 주택(또는 건물)에 대한 점유를 상실(건물의 점유가 임대인에게 이전되는 경우)하거나 전입 신고가 말소 또는 이전되는 경우 임차인의 대항력은 상실(즉, 대항력이 인정되지 않음)된다.

다음으로, 대항력 인정 요건(건물 인도+전입 신고)을 충족하고 확정일자를 받으면 임차인의 임대차 목적물에 대한 우선변제권이 인정된다. 우선변제권은 주택 임대차처럼 대항력을 갖춘 날을 기준으로, 같은 날 확정일자를 받으면 그다음 날 0시부터, 대항력보다 확정일자를 먼저 받으면 대항력을 갖춘 다음 날 0시부터, 대항력을 갖춘 이후 다른 날 확정일자를 받으면 확정일자를 받은 때를 기준으로 발생한다.

참고로, 주택 임대차에 있어 확정일자를 받는 것과 관련해 2020년 8월 18일에 부동산 거래 신고 등에 관한 법률이 개정되면서 2021년 6월 1일 이후 최초로 주택 임대차 계약을 체결 또는 변경하는 임대차의 경우 임차인이 주민등록법에 따라 전입 신고를 하면 주택임대차보호법상 확정일자를 받은 것과 같이 보도록 하고 있다.

확정일자 관련 개정법 적용

부동산 거래 신고 등에 관한 법률에 따라 2021년 6월 1일 이후부터 체결되는 임대차 계약(체결, 변경, 해지)의 경우 일정 기간 내 법에서 정하는 사항과 관련해 관할 관청에 신고(또는 주민등록법에 따른 전입 신고)를 해야 한다.
부동산 거래 신고 등에 관한 법률에 따라 신고를 하면 주택임대차보호법상 확정일자를 받은 것으로 본다고 규정하고 있으므로 전입 신고만 하면 임차인은 별도로 확정일자를 받을 필요가 없어지게 됐다.

존속 요건으로서의 대항력과 우선변제권의 요건

앞에서 언급한 임차인의 대항력뿐만 아니라 우선변제권도 해당 요건이 계속 유지되는 동안에만 효력이 발생한다. 이러한 요건을 '존속 요건'이라고 한다. 분쟁이 발생했을 때 임차인의 대항력과 우선변제권의 효력이 유지되는지가 권리 및 의무에 큰 영향을 미치므로 자세히 알 필요가 있다.

예를 들어, 임차인 E가 임대인 F의 임대 아파트에 임대 기간을 2

년으로 한 임대차 계약을 체결하고 전입 신고 및 확정일자를 받았다고 해보자. 그런데 E가 갑자기 다른 지역으로 발령을 받아 이사를 가게 됐다.

임차인 E는 전입 신고 및 확정일자를 받고 F의 아파트를 인도받았으므로 그 이후 아파트에 발생하는 매매, 경매 등으로부터 임차권 및 임대차 보증금을 보호받을 수 있다. 하지만 대항력 취득 이후 전입 신고가 말소 또는 이전되거나 점유를 상실하면 원칙적으로 대항력이 상실된다.

임차인 E가 임대차 기간 중에 이사를 간 다음, 이사를 간 곳에 전입 신고를 하면 (그렇게 이전한 것이 되면) 그 즉시 대항력은 상실된다. 일시적으로 (다른 곳에) 전입 신고를 했다가 (기존 살았던 집으로) 다시 전입 신고를 하는 경우도 마찬가지다. 대항력이 상실되면 우선변제권도 효력을 잃기 때문에 임차인은 임대차 보증금 회수에 문제가 생길 수 있다.

예외적인 경우도 있다. 판례는 '주민등록(전입 신고)은 임차인 본인뿐만 아니라 그 배우자나 자녀 등 가족이나 전차인(轉借人) 등 점유 보조자의 주민등록을 포함한다. 주택 임차인이 가족과 함께 해당 주택 점유를 계속하고 있으면서, 가족의 주민등록을 그대로 둔 채 임차인만 주민등록을 일시적으로 다른 곳으로 옮겼다면 전체적으로나 최종적으로 주민등록의 이탈이라고 볼 수 없다. 그러므로 임대차의 제3자에 대한 대항력을 상실하지 않았다'라고 본다. 가족의 주민등록으로도 임차인의 대항력이 유지될 수 있다고 본 것이다. 또한, 가족이 아닌 제3자에게 임대인의 동의를 받아 전대(轉貸)를 하는 상황이라도 임차인의 대항력 유지는 가능하다.

임차인과 그 가족 등이 모두 이사 가는 바람에 임차인 가족의 전입 신고 또는 제3자의 전대 등을 기대할 수 없는 상황이 발생한다면? 임차인이 전입 신고는 그대로 둔 채, 짐 일부는 놓고 이사 가는 등 형식적으로 대항력을 유지하는 방법을 생각할 수 있다. 그런데 이 방법은 상황에 따라 임차인의 대항력 상실 사유가 될 수 있다.

주민등록법상 주민등록(전입 신고)은 실제 거주를 전제로 한다. 그래서 이해 당사자가 신고를 하거나 그러면 관련 법령에 따라 주민등록이 직권말소되어 임차인의 대항력이 상실되거나 경매과정에서 점유 상실 등을 이유로 우선변제권이 인정되지 않을 수 있다.

참고로, 판례는 '채권자가 채무자와 임대차 계약을 하고 전입 신고를 마친 후 거주함으로써 형식적으로 주택 임대차 관련 대항력을 가진 외관을 갖췄다고 해도, 해당 임대차 계약의 주된 목적이 주택을 사용하면서 수익을 낼 수 있도록 하는 것이 아니라 사실 대항력 있는 임차인으로 보호받아 후순위 권리자나 기타 채권자보다 우선 채권을 회수하려는 것이라면, 그런 임차인에게는 주택임대차보호법이 정하는 대항력을 부여할 수 없다'라고 봤다. 즉, 형식적으로 유지되는 외관만으로는 대항력이 인정되지 않는다고 본 것이다.

임대인이 알아야 하는
지위 승계

대항력을 갖춘 임차인이 있는 부동산을 양도하는 경우

주택의 임차인이 대항력을 갖춘 이후에 임대차 목적물을 양수한 양수인(기타 임대할 권리를 승계한 사람 포함)은 임대인의 지위를 승계한 것으로 본다. '양수인'이란, 매매, 경매, 증여 등의 사유로 임대차 목적물의 소유권을 취득한 사람을 말한다. 신탁법상의 수탁자도 양수인에 해당한다.

임대인 지위의 승계는 법률상의 당연승계(當然承繼)에 해당한다. 따라서 대항을 갖춘 임차인이 있는 주택을 양도받은 양수인은 주택의 소유권과 결합해 임대인의 권리 및 의무 일체를 그대로 승계한다.

'임대인의 권리 및 의무 일체를 그대로 승계한다'는, 양도인과 임차인 간 체결한 임대차 계약의 내용대로 양수인에게 임대인의 권리 및 의무가 발생한다는 말이다. 따라서 양수인은 계약 내용대로 임차인에게서 차임 등을 받을 권리가 있으며 임차인이 임대차 목적물을 사용하면서 수익을 낼 수 있도록 할 의무와 임대차 보증금 반환 의무를 부담하는 등 기존 계약에 따른 권리 및 의무를 승계한다.

이와 관련해 양수인이 임차인에 대한 임대차 보증금 반환 채무를 면책적으로 인수한다. 즉, 양도인은 임대차 관계에서 빠지면서 임차인에 대한 임대차 보증금 반환 채무를 면하고, 양수인이 임차인에 대한 임대차 보증금 반환 채무를 부담한다. 양도인의 보증금 반환 채무는 소멸하기 때문에 임차인은 기존 임대인인 양도인에게 임대차 보증금 반환 청구를 할 수 없다.

임차한 건물의 소유권이 이전되기 전에 이미 발생한 연체 차임이나 연체 관리비 등은 당사자 간에 별도로 채권 양도를 하지 않으면 원칙적으로는 양수인에게 이전되지 않는다. 기존 임대인인 양도인이 임차인에게 청구가 가능하다. 연체 차임이나 연체 관리비 등은 임차인이 임차한 건물을 사용한 대가이므로 임차인에게 사용하도록 할 당시 소유자 등 처분 권한이 있는 사람에게 귀속되어 승계되는 권리에 포함되지 않기 때문이다.

임대차 목적물 처분에 따른 임대인의 지위 승계와 관련해 법 규정에는 없지만 임차인은 상당한 기간 내에 이의 제기를 해 계약을 종료시킬 수 있다는 판례가 있다(이때 '상당한 기간'이 어느 정도의 기간인지에 대해서는 정해진 것이 없다. 계약한 당사자들의 여러 사정을 고려해 판단하는 것으로 보인다. 예를 들어, 임대인이 변경된 사실을 알고도 임차인이 다음 월세를 바뀐 임대인에게 지급했다면 이의 제기를 할 수 있는 상당한 기간은 경과했다고 볼 여지가 있다). 즉, 임차인의 보호를 위한 임대차보호법의 입법 취지에 비춰 보면, 임차인이 임대인의 지위 승계를 원하지 않으면 임차인이 임차한 주택의 양도 사실을 안 때로부터 상당한 기간 내에 이의를 제기해 승계되는 임대차 관계를 종료시킬 수 있다고 본 것이다(다만, 이에 대한 법 규정이 없고 특정 사안에서의 판시사항이므로 실제 사안별로 다툼의 여지가 있을 수 있다). 이 때 양도인의 임차인에 대한 보증금 반환 채무는 소멸하지 않는다(즉, 임차인은 여전히 기존 임대인에게 보증금 반환 청구를 할 수 있다).

따라서 기존의 임대차 계약 승계를 조건으로 임차한 주택의 매매 등이 이뤄져도 임차인이 상당한 기간 내에 이의 제기를 하면 임대차 관계에서 벗어날 가능성이 있다. 임대인 또는 양수인은 임차인과 별도 약정 등을 해서 임대차 목적물 처분 시 임대차 계약 승계와 관련한 확답을 받아 놓는 것이 안전하다.

각 당사자의 유의사항

대항력을 갖춘 임차인 G가 거주하는 주택을 소유자이자 임대인인 GG가 GGG에게 매도하려고 한다면 각 당사자는 어떤 점을 유의해야 할까?

임차인에게 대항력이 인정되는 주택을 매매 등으로 양수하면 양수인은 임대인의 지위를 승계하게 된다. 임대인의 지위 승계에 대해서는 양수인과 임차인 간 별도의 약정이 필요하지 않다.

임차인 G가 대항력을 갖춘 상황에서 임대인 GG가 GGG에게 해당 주택을 매도하면 매수인 GGG는 매도인 GG가 갖고 있는 임대인의 지위를 당연승계하게 된다. 이에 따라 매수인 GGG는 GG의 주택 소유권과 함께 임대인의 임대차 계약상의 권리 및 의무 일체를 그대로 승계한다.

임차인 G는 주택 매매로 인한 소유권 이전 등기가 된 이후부터는 매수인 GGG에게 권리를 행사하고 의무를 이행하면 된다. 구체적으로 보면, 월세 등 지급 의무 이행은 새로운 임대인인 GGG에게 하는 것이다.

소유권이 변동되면 새로운 소유자와 임차인 간에 계약서를 새로 쓰는 것이 일반적이다. 그런데 임차인 G가 GG와 GGG 간의 매매 계약이나 소유권 이전 등기 사실을 알지 못해서 월세 등을 기존대로 GG에게 지급하는 경우가 발생할 수 있다.

이때는 매도인(GG)이나 매수인(GGG)이 임차인(G)에게 소유권 변경 사실을 알리지 않았다는 등의 이유로 임차인 G가 GG와 GGG 간의 매매 계약이나 소유권 이전 등기 사실을 모르는 것과 관련해 아무 잘못이 없다면 GG에게 월세를 지급해도 GGG를 상대로 한 월세 지급 의무를 이행했다고 볼 수 있다. 민법에서는 이를 '채권의 준점유자에 대한 변제'라고 한다. 거래 관념상 진정한 채권자라고 믿게 할 만한 외관을 갖춘 자에 대해 채무자가 선의 및 무과실로 변제하면 그 변제의 효력을 인정하고 있기 때문이다. 이런 경우를 대비해 임차인은 계약할 때 '매매 등으로 소유자가 변경되면 임차인에게 즉시 통지한다'와 같은 문구를 넣는다.

임차인 G는 GGG에게 계약 기간 동안 임차 목적물을 사용하고 수익을 내는 데 문제가 없도록 요구하고 계약이 종료되면 보증금 반환 청구를 할 수 있다.

매도인 GG의 입장에서 살펴보자. GGG에게 매도했으므로 GG는 임대차 관계에서 빠진다. 임차인에 대한 임대차 보증금 반환 채무는 GGG가 부담하므로 GG은 신경 쓸 일이 이제 없다. 또한, GG가 주택의 소유자일 때 발생한 연체 차임, 연체 관리비 등 연체된 채권은 GGG와 계약할 때 별도로 양도 및 양수 관련 약정을 하지 않았다면 임차인 G에게 지급을 청구할 수 있다. 차임과 관리비 채권은 1년 이내의 기간으로 정한 금전의 지급을 목적으로 한 채권이라서 그 청구가 가능한 시점부터 3년까지라는 소멸시효가 적용된다는 사실을 유의한다. 따라서 연체된 월세는 매월 지급일이 경과하면 그 즉시 시효가 진행되고, 연체가 발생한 건별로 3년이 지나면 소멸시효가 완성되므로 받기가 힘들 수 있다.

이제, 매수인 GGG의 입장에서 살펴보자.

첫째, 매수인 GGG가 실거주를 목적으로 GG의 주택을 매수했다면, 임차인 G와의 관계에서 주택임대차보호법상 갱신 요구를 했는지 여부, 임대인에게 법상 갱신 거절 사유가 있는지 여부 등을 확인해야 한다(뒤에서 갱신 요구에 대해 다룰 때 추가로 설명하겠다).

둘째, 매수인 GGG가 주택의 소유권 이전 등기를 하면 임대인 지위를 그대로 승계한 것이 되므로 임대차 계약의 내용대로 권리 및 의무를 행사할 수 있게 된다. 임대인의 권리로는 임대료 지급 청구, 임대료 증액 청구, 임대주택 반환 청구 등이 있고, 의무로는 임대차 보증금 반환 의무, 임대차 목적물을 사용하면서 수익을 낼 수 있도록 해줄 의무, 하자 등에 대한 담보책임, 기타 계약상의 의무 등이 있다.

주택 임대차의
존속 기간

약정이 없거나 2년 미만이면 2년

주택임대차보호법상 임대차 계약의 기간은 관련 약정이 있으면 약정을 따른다. 약정이 없거나 약정을 2년 미만으로 해도 기간은 2년으로 본다.

기간을 2년 미만으로 약정했을 때 임대인은 2년 미만이 유효하다고 주장하지 못하지만, 임차인은 유효하다고 주장할 수 있다. 2년 미만으로 정했다면 임차인의 선택에 따라 그 유효 여부에 다툼이 생길 수 있는 것이다.

묵시적으로 갱신되면 계약은 2년 갱신

'묵시적 갱신'이란, 임대인이나 임차인이 계약 종료 전 일정 기간 내 법에서 정한 통지를 하지 않으면 계약이 동일한 조건으로 2년 갱신되는 것을 말한다.

계약이 묵시적으로 갱신되는 것을 막고 싶은 임대인이라면 임대차 기간이 끝나기 6개월 전부터 1개월 전 안에 임차인에게 '갱신 거절의 통지(①)'를 하거나 '계약 조건을 변경하지 않으면 갱신하지 않겠다는 통지(②)'를 해야 한다. 앞에서 말한 기간 내에 통지(① 또는 ②)를 하지 않으면 임대차가 종료된 때에 전 임대차와 동일한 조건으로 다시 임대차한 것으로 본다.

임차인 또한 계약이 묵시적으로 갱신되는 것을 막기 위해서라면 임대차 기간이 끝나기 1개월 전까지 통지해야 한다(묵시적 갱신 거절이 가능한 임차인의 기간은 임대인의 기간과는 다르다).

갱신 거절 통지는 앞에서 말한 법정 기간을 준수해야 하고, 그 기간 안에 상대방에게 통지가 안 되면 묵시적 갱신 관련 거절 통지는 없는 것이 되어 임대차 계약은 동일한 조건으로 2년 갱신된다.

참고로, 법 개정으로 인해 2020년 12월 10일 이후 최초로 계약되거나 갱신된 임대차의 경우 임대인은 임대차 기간이 끝나기 6개월 전부터 2개월 전까지, 임차인은 임대차 기간이 끝나기 2개월 전까지로 위에 나온 ① 또는 ②의 통지 기간이 변경됐다. 그러므로 묵시적 갱신 거절 통지를 할 때 법정 기간을 준수했는지에 대한 확인이 필요하다. 또한, 이 개정된 기간의 규정은 2020년 12월 10일 이후 최초로 체결되거나 갱신된 임대차부터 임차인의 갱신 요구권 행사 기간에도 적용되므로 권리 행사를 할 때 주의가 필요하다.

임대차 계약이 묵시적으로 갱신되면 그 존속 기간(권리나 그 밖의 법률 따위가 유효한 기간)은 2년이다. 임대인이든, 임차인이든 갱신된 기간 동안 기존 계약과 동일한 권리 및 의무가 발생한다. 단, 임차인은 임대인과 다르게 갱신된 임대차 계약에 대해 (갱신된 임대차 기간인) 2년 동안 언제든지 임대인에게 계약 해지 통지를 할 수 있다. 임대인이 통지를 받은 날로부터 3개월이 지나면 그 해지 효력이 발생한다.

임차인의 요구로 갱신되면 계약은 2년 갱신

임차인은 임대차 계약이 끝나기 6개월 전부터 1개월 전 안에 임대차 계약의 갱신을 1회에 한해 임대인에게 요구할 수 있다(개정법에 따라 2020년 12월 10일 이후 최초로 체결하거나 갱신된 임대차부터는 6개월 전부터 2개월 전까지 기간으로 변경됨).

임차인의 계약 갱신 요구권은 개정법 시행일인 2020년 7월 31일 당시 존속(2020년 7월 31일 당시 유효하게 유지 중인 주택 임대차 계약 의미) 중이거나 그 이후 체결되는 임대차에 대해 적용된다. 단, 2020년 7월 31일 법 시행 전에 임대인이 갱신을 거절하고 제3자와 임대차 계약을 체결했다면 임차인의 갱신 요구권 규정이 적용되지 않는다.

2020년 7월 31일 전에는 계약이 종료될 때 임차인이 계약 연장(갱신)을 희망해도 묵시적 갱신이 되거나 임대인과 협의되지 않으면 계약을 갱신할 수 없었다. 그런데 2020년 7월 31일에 시행된 개정법 덕분에 임대인이 묵시적 갱신을 막기 위해 갱신 거절 통지를 해도 임차인은 계약 갱신 요구권을 적극적으로 행사하면 계약을 갱신할 수 있게 됐다.

임차인의 갱신 요구와 관련해서도 묵시적 갱신과 마찬가지로 갱신 요구 통지는 법정 기간을 준수해야 하고, 앞에서 말한 법정 기간 내에 상대방에게 통지가 도달하지 않으면 계약 갱신 요구는 없는 것이 된다. 따라서 임대인이 적법하게 묵시적 갱신 거절을 통지하면 임차인은 앞에서 말한 법정 기간을 준수하면서 갱신 요구를 해야 임대차 계약이 갱신된다.

임차인의 갱신 요구에 따라 임대차 계약이 갱신되면 갱신되는 계약의 존속 기간은 2년이다. 갱신된 기간 동안 기존 계약과 동일한 권리 및 의무가 발생한다. 단, 임차인은 갱신된 임대차 계약에 대해 언제든지 임대인에게 계약 해지 통지를 해서 계약을 종료시킬 수 있다. 임대인이 그 통지를 받은 날로부터 3개월이 지나면 그 계약 해지의 효력이 발생한다.

04

임대차 존속 기간 및
갱신규정 간의 관계

2년 미만의 임대차 기간과 묵시적 갱신 간의 관계

주택임대차보호법상 임대 기간은 원칙적으로 2년이다. 2년 미만으로 정했다면 임차인만이 유효함을 주장할 수 있다. 주택 임대차 계약을 1년으로 해도 임차인은 2년 주장이 가능하다. 그렇다고 해도 이 계약은 갱신이 아니다. 기존의 계약이 기간만 2년으로 늘어난 것이다.

만약, 처음에 1년 계약으로 했는데 이 계약이 끝나기 전에 법에서 정한 일정 기간 내에 갱신 거절 통지 등을 하지 않았다면 임차인은 총 3년(=1년+2년)을 주장할 수 있을까?

현행법(여기서는 1999년 1월 21일 개정 이후의 법을 의미) 제4조 제1항 단서 규정(단, 임차인은 2년 미만으로 정한 기간이 유효함을 주장할 수 있다)이 존재하지 않고, 본문의 규정(기간의 정함이 없거나 기간을 2년 미만으로 정한 임대차는 그 기간을 2년으로 본다)만 있던 1995년 당시 법을 적용한 판례가 있다.

판례는 '임차인이 (구)주택임대차보호법 제4조 제1항(1999년 1월 21일 개정 전의 법)의 적용을 배제하고 2년 미만으로 정한 임대차 기간의 만료를 주장할 수 있는 것은 임차인 스스로 약정한 임대차 기간이 만료되어 임대차가 종료됐음을 이유로 임대차 보증금 반환 채권 등의 권리를 행사하는 경우에 한정한다. 임차인이 2년 미만으로 약정한 임대차 기간이 만료되고 다시 임대차가 묵시적으로 갱신됐다는 이유로 같은 법 제6조 제1항, 제4조 제1항에 따른 새로운 2년간의 임대차 존속을 주장하는 경우까지 같은 법이 보장하고 있는 기간보다 짧은 약정 임대차 기간을 주장할 수는 없다'라고 봤다. 그러면서 임차인이 2년 미만의 계약의 유효함을 주장할 수 있는 범위를 '임대차가 종료되었음을 이유로 그 종료에 따른 임대차 보증금 반환 채권 등의 권리를 행사하는 경우에 한정'했다.

과거의 법(1999년 1월 21일 개정 전의 법)에 따른 판례 입장은 계약 기간을 2년 미만으로 정하고 그 기간이 종료되면 임차인은 계약의 종료 및 보증금 반환을 주장할 수 있을 뿐, 2년 미만 계약의 묵시적 갱신까지 허용하고 있지 않다. (예를 들어) 임차인과 임대인이 임대차 기간을 1년으로 정하고 계약했는데 약정한 1년이 종료됐을 때 임차인이 묵시적 갱신을 주장하면서 2년 연장을 주장해 총 3년의 계약 기간이 유효하다고 할 수는 없다.

현행법에서는 제4조 1항 단서 규정으로 '임차인이 2년 미만으로 정한 기간이 유효함을 주장할 수 있음'을 인정하고 있다. 임차인이 임대차 계약 기간을 2년 미만으로 정해도 유효하다고 본다. 따라서 현행법에 따르면 2년 미만의 기간을 정한 주택 임대차에서 임차인이 묵시적 갱신을 주장할 때 묵시적 갱신이 인정되는 시점에 대해 앞에서 말한 판례와 달리 판단[예를 들어, 총 3년(=1년+2년)] 가능성이 높다. 물론, 이에 대한 대법원 판례가 아직 없으므로 앞의 상황이 발생하면 법률 전문가에게 반드시 확인할 필요가 있다.

임차인의 갱신 요구권 및 묵시적 갱신과의 관계

주택임대차보호법이 최근 개정되어 주택 임대차의 경우 상가건물 임대차처럼 임차인이 적극적으로 갱신 요구를 할 수 있게 됐다.

갱신 요구를 할 수 있는 임차인은 2020년 7월 31일 기준으로 존속하는 임대차 계약을 체결했다면 거의 해당한다. 임차인의 갱신 요구에 따른 갱신은 일정 기간 내에 아무런 조치를 하지 않으면 자동으로 갱신되는 묵시적 갱신과는 달리 임차인의 적극적인 조치가 요구된다. 즉, 임차인이 일정 기간 내에 임대인에게 갱신을 요구해야 계약이 갱신될 수 있다.

만약, 임차인이 2016년 1월 1일부터 2년 동안 임대인의 임대주택에 살기로 계약하고, 당사자 간 별다른 의사 표시 없이 2020년 현재까지 유지되고 있다면 추후 임차인의 갱신 요구는 가능할까?

임차인의 계약 갱신이 유효하려면 임대차 계약이 종료되기 6개월 전부터 1개월 전까지 임대인에게 갱신 요구를 해야 한다. 그런데 갱신 요구를 할 수 있는 일정 기간을 알기 위해서는 계약이 언제 종료되는지를 먼저 확인해야 한다. 계약이 종료되는 날을 확인해야 그때부터 언제까지 갱신 통지를 할 수 있는지에 대한 계산이 가능하기 때문이다.

앞에서 말한 사례의 경우 원칙적으로는 2018년 12월 31일이 임대차 계약 종료일이 된다. 그런데 임대인이나 임차인이 2018년 12월 31일이 되기 6개월 전에서부터 1개월 전 내에 상대방에게 계약과 관련한 갱신 거절을 통지하는 등의 묵시적 갱신 거절 관련 통지를 하지 않았다면 계약은 묵시적으로 갱신된 것으로 본다. 계약 기간이 2년 연장된 것이다. 따라서 2020년 12월 31일이 계약 종료일이 된다.

임차인은 2020년 12월 31일이 되기 6개월 전(참고로, 갱신 요구권은 2020년 7월 31일부터 인정)에서부터 1개월 전 내에 계약 갱신을 요구했다면 임대인에게 정당한 갱신 거절 사유가 없는 한 계약은 갱신된다. 갱신이 되면 2년 더 연장이 된 것이므로 2022년 12월 31일까지 임차할 수 있다. 이때 갱신 요구는 해당 통지가 임대인에게 도달한 것을 기준으로 효력이 발생하기 때문에 정해진 기간 내에 통지가 임대인에게 도달해야 한다. 그 도달에 대한 입증 책임은 임차인에게 있다.

갱신 요구권은 임차인에게 1회만 인정된다. 기존에 몇 년의 임대차 기간이 있었는지와는 무관하다. 앞의 사례에 나온 임차인은

2020년에 갱신 요구를 1회 했다면 그 이후에는 더는 할 수 없다. 반면, 묵시적 갱신에는 횟수 제한이 없으므로 임대인이든, 임차인이든 갱신되는 계약이 묵시적 갱신으로 인한 갱신인지, 아니면 임차인의 갱신 요구에 의한 갱신인지를 잘 구별해야 한다. 분쟁이 발생하면 이를 주장하는 사람에게 입증 책임이 있다.

그렇다면 묵시적 갱신 또는 갱신 거절과 갱신 요구권 행사가 동시에 이뤄지면 어떻게 되는지에 대한 의문이 생길 것이다. 좀 더 자세히 말하자면, '임대인이나 임차인이 묵시적 갱신 거절 통지를 하지 않아서 묵시적 갱신이 됐는데 임차인이 갱신 요구를 한 경우라면 갱신 요구권을 1회 사용한 것으로 봐야 하는가?', '임대인이 묵시적 갱신 거절을 통지하는 바람에 묵시적 갱신이 거절되는 상황이 되자 임차인이 적극적으로 갱신 요구를 했다면 계약은 갱신된 것으로 봐야 하는가?'에 대한 의문이다.

개정법은 묵시적 갱신규정에도 불구하고 임차인의 갱신 요구권을 우선하는 것으로 본다. 이런 점에 비춰 보면, 임대차 계약이 묵시적 갱신 요건도 충족하면서 임차인의 갱신 요구도 있었다면 임차인은 갱신 요구권을 1회 행사한 것으로 볼 수 있다. 또한, 임대인이 갱신 거절을 통지한 상황에서 임차인이 갱신 요구를 하면 임대인에게 정당한 거절 사유가 없는 한 임대차 계약은 갱신된 것으로 볼 수 있다.

앞에서도 말했지만, 임차인이 계약 갱신 요구를 할 수 있는 법정 기간은 임대차 종료일 6개월 전부터 1개월 전까지이지만, 2020년

12월 10일 이후 최초로 체결되거나 갱신된 임대차는 6개월 전부터 2개월 전까지로 바뀌었다.

05

임대인의 갱신 거절과
정당한 사유

임대인도 계약 갱신을 거절할 수 있다

임차인은 임대차 기간이 끝나기 6개월 전부터 1개월 전 기간에는 임대차 계약의 갱신을 요구할 수 있다(2020년 12월 10일 이후 최초로 체결하거나 갱신된 임대차부터는 6개월 전부터 2개월 전까지 기간으로 변경됨).

이때 임대인은 정당한 사유 또는 법에서 정한 계약 갱신 거절 관련 사유가 있으면 임차인의 갱신 요구를 거절할 수 있다. 법에서 규정한 임대인의 계약 갱신 거절 사유는 다음의 9가지다.

① 임차인이 2기의 차임액에 해당하는 금액이 될 때까지 차임을 연체한 경우

② 임차인이 거짓이나 그 밖의 부정한 방법으로 임차한 경우

③ 서로 합의해 임대인이 임차인에게 상당한 보상을 제공한 경우

④ 임차인이 임대인의 동의 없이 임차한 주택의 전부 또는 일부를 전대(轉貸)한 경우

⑤ 임차인이 임차한 주택의 전부 또는 일부를 고의나 중대한 과실로 파손한 경우

⑥ 임차한 주택의 전부 또는 일부가 멸실되어 임대차의 목적을 달성하지 못할 경우

⑦ 임대인이 다음 (가)~(다) 중 하나에 해당하는 사유로, 임차한 주택의 전부 또는 대부분을 철거하거나 재건축하기 위해 해당 주택의 점유를 회복할 필요가 있는 경우

    (가) 임대차 계약 체결 당시 공사 시기 및 소요 기간 등을 포함한 철거 또는 재건축 계획을 임차인에게 구체적으로 알리고 그 계획에 따르는 경우

    (나) 건물이 노후, 훼손 또는 일부 멸실 등 안전사고의 우려가 있는 경우

    (다) 다른 법령에 따라 철거 또는 재건축이 이뤄지는 경우

⑧ 임대인(임대인의 직계존비속 포함)이 해당 주택에 실제 거주하려는 경우

⑨ 그 밖에 임차인이 임차인 의무를 현저히 위반하거나 임대차를 계속하기 어려운 중대한 사유가 있는 경우

이 중에서 임대인(임대인의 직계존비속 포함)이 해당 주택에 실제 거주하려는 경우를 제외하고는 상가건물 임대차의 갱신 거절 사유와 거의 유사하다. 그런데 가장 논란이 되는 사유가 있는데 바로 '임대인이 실제 거주하려는 경우'다. 임대인이 실제로 살겠다고 하면 갱신 거절이 인정되지만 잘못하면 손해 배상 책임을 질 수도 있다.

이와 관련해 주택임대차보호법에서 손해 배상 책임에 대해 정해 놓고 있다. 임대인이 실거주를 이유로 갱신을 거절했지만 계약 종료 후 2년간 정당한 사유 없이 제3자에게 주택을 임대하면 손해 배상 책임을 지도록 규정하고 있다. 임대인이 실거주 목적으로 갱신 요구를 거절한 후 발생할 수 있는 상황으로는, 임대인이 실거주 목적으로 갱신을 거절했다가 임대주택을 공실로 두거나 일시적으로 실거주한 후 제3자에게 매도 등으로 처분하거나 공실로 두다가 2년 후에나 실거주를 하는 등 다양하게 있을 수 있다.

법 규정 이외의 사유로 임차인이 손해 배상 청구를 하려면 임대인의 행위가 민법상 불법 행위이면서 임대인의 고의 또는 과실로 손해가 발생했다는 점을 입증해야 한다. 따라서 규정에 정해진 경우 외에는 손해 배상을 받기가 현실적으로 쉽지 않다.

앞에서 말한 임대인의 계약 갱신 거절 사유 중에서 실거주 목적을 제외하고는 비교적 명백해서 입증하기가 쉽다. 사실 임대인뿐만 아니라 그 직계존비속(부모, 조부모, 자녀, 손자녀 등)의 실거주 목적 등을 임차인이 입증하기가 매우 어렵다. 그래서 새로운 임차인의 정보를 확정일자 부여기관을 통해 확인할 수 있도록 하고 있으니 손해 배상을 청구할 때 참고할 수 있다.

계약 갱신 거절권 행사의 기간

주택임대차보호법에는 임대인이 언제까지 계약 갱신을 거절할 수 있는지에 대한 명문규정이 없다. 그래서 임차인의 계약 갱신 요구권은 입법 취지에 따른 형성권으로 보고 임대인이 법에서 정해진 사유를 들어 정당하게 거절하지 않으면 곧바로 계약 갱신의 효과가 발생한다고 보는 견해, 임차인이 계약 갱신 요구를 해도 임대인은 계약 갱신 거절 사유가 발생할 때 갱신 거절을 하면 된다는 견해 등이 있다.

명문규정이 없는 상황에서 해석이 여러 개이면 당장 현실적으로 임대인과 임차인의 권리 및 의무에 큰 영향을 미친다.

예를 하나 들어보겠다. 임차인 H와 임대인 I가 2019년 1월 10일에 2년 기간으로 주택 임대차 계약을 했다. 임차인 H는 임대차 기간이 끝나기 5개월 전인 2020년 8월에 계약 갱신을 요구했다. 그 당시 임대인은 계약 갱신을 거절할 수 있는 사유가 없었지만, 그렇다고 계약 갱신에 동의하는 어떠한 의사 표시도 하지 않았다.

그런데 계약 갱신 요구를 한 임차인이 그 이후부터 3개월 동안 차임을 조금씩 연체하더니 2020년 11월까지 3기의 차임액에 해당하는 차임을 연체했다(임차인이 2기의 차임액에 해당하는 금액을 연체하면 계약 갱신을 거절할 수 있다). 이처럼 임차인의 갱신 요구 이후 갱신 거절 사유가 발생하면 해당 임대차 계약은 갱신이 될 수 있을까?

임차인의 계약 갱신 요구권을 형성권으로 본다면, 임차인의 계약 갱신 요구라는 의사 표시가 상대방인 임대인에게 도달하는 즉시 갱신의 효력이 발생했다고 할 수 있다. 따라서 임차인 H가 계약 갱신 요구를 했을 당시에는 임대인에게 계약 갱신 거절을 할 수 있는 법정 사유가 없었으므로 당사자 간 합의가 없더라도 계약은 갱신되는 것이고, 계약 갱신 요구 이후에 임차인 H가 연체를 했어도 계약을 해지하는 것과는 별개로 임대인은 계약 갱신 요구에 대한 거절을 할 수 없다.

임차인 H의 계약 갱신 요구와 별개로 임대인 I에게 계약 갱신 거절 사유가 발생할 때 갱신을 거절할 수 있다고 본다면, 임대인 I는 이후에 임차인 H의 연체가 발생했다는 이유로 계약 갱신 거절을 할 수 있다.

갱신 거절 사유가 발생하면 언제까지 거절 표시를 하는지에 대한 의문이 들 수 있는데, 상가건물 임대차 관련해서는 임대차 기간이 끝나기 6개월 전부터 1개월 내 가능하다는 견해 등이 있다. 참고로, 헌법재판소는 '상가건물 임대차 관련 임대인의 갱신 거절권은 임대인의 재산권 보호를 위한 규정이다. 이를 행사할 수 있는 시점 등에 대해서는 분명한 규정이 없으므로 임차인의 재산권을 침해하지 않으면서 거절 사유가 발생했다면 임대인이 임차인의 갱신 요구를 거절할 수 있다'라고 판단했다.

임차인이 갱신 요구를 하면 임대인의 갱신 거절이 언제 가능한지에 따라 임대인이든, 임차인이든 권리 및 의무에 상당한 영향을 받는다. 그런데 갱신 요구권이 형성권이라고 하면 임차인으로서는 갱신 요구가 가능한 시기 중 최대한 빠른 시기에 갱신 요구를 하는 것이 유리하다. 갱신 요구 이후 발생하는 갱신 거절 사유를 이유로 갱신 거절이 되지 않기 때문이다.

한편, 갱신 거절 사유가 발생한 때 거절할 수 있다는 견해에 따르면, (논란이 많은) 주택 매매 시 대항력 있는 임차인이 매도인에게 갱신 요구를 했어도 매도인과 임차인 간에 별도 합의가 없는 한 매수인이 소유권 이전 등기를 한 이후 실거주 목적을 들어 갱신 거절이 가능할 수 있다.

논리적으로 보면 후자의 해석이 타당해 보이지만 이러한 논란은 추후 법원의 판결 등이 나와야 결론을 알 수 있을 것으로 보인다.

06

실거주 목적과
손해 배상 책임

실거주 목적으로 거절했을 때 실제 거주해야 하는 기간

임대인이 실제 거주한다면서 갱신을 거절했는데 제3자에게 임대하면 임차인이 손해 배상을 할 수 있다고 앞에서 말했다. 이에 대해 추가로 알아야 할 내용이 있다.

이때 손해 배상의 대상이 되는 기간은 임대인이 갱신을 거절하지 않았더라면 갱신되었을 기간, 즉 임대차 종료 후 2년 동안의 손해에 대한 것이라고 규정되어 있다. 그런데 임대인이 실거주 목적으로 갱신을 거절한 후 제3자에게 임대를 하는 경우 외의 상황에 대해서는 규정이 없다. 즉, 임대인이 실거주 목적으로 임차인의 갱신 요구를 거절한 경우 임대인이 언제부터 언제까지 실거주를 해야 하는지에 대한 실제 거주 의무 기간이 규정되어 있지 않다.

또한 실제 거주한다고 했을 때 (임대인이 기존 계약이 끝나고 2년 이내 기간으로 실제 거주한 다음에) 제3자에게 매도한 경우, (임대인이 기존 계약이 끝나고 2년 이내 기간으로 실제 거주한 다음에) 공실로 두는 경우 등 임대인(임대인의 직계존비속 포함)이 제3자에게 바로 임대하지 않으면 2년 미만이라고 해도 갱신 거절 사유로 인정될 가능성이 크다.

주택임대차보호법상 갱신 거절 사유가 없는 경우 임차인이 갱신을 요구하면 계약은 갱신된 것으로 본다는 규정에 따라 실제 거주 목적은 임대인에게 있어야 한다. 단, 임대인이 실제 거주하는 기간에 대해 명문(明文)으로는 규정되어 있지 않으므로 실제 거주할 의사가 있었다는 점을 입증한다면 계약의 정당한 거절 사유로 인정되어 계약은 종료될 수 있을 것으로 생각한다.

임대인이 실거주 목적을 들어 갱신을 거절하고 일정 기간 공실로 두던 중 2년 내 임대인이 실제 거주를 하면 어떻게 될까? 실제로 임대인이 해외 거주 등의 사유로 바로 입주하지 못할 수 있다.

실거주 목적이 언제부터 언제까지여야 하는지에 대한 규정은 없으므로 계약 종료 후 상당한 기간 내에 실거주한 경우 또는 정당한 사유가 있는 경우라면 실거주 목적의 갱신 거절은 유효한 것으로 볼 가능성이 크다.

정당한 갱신 거절 사유로 계약이 종료됐다면 임대인에게 손해 배상 책임이 있는지에 대한 문제만 남는다. 앞에서 말한 것처럼 임대인이 실거주 목적으로 갱신을 거절했는데 실제 거주하지 않고 2

년 내에 제3자에게 임대를 했다면 손해 배상규정이 적용된다. 그런데 갱신 거절 후에 임대인이 일정 기간 실거주를 했거나 실제 거주를 하지 않고 공실로 둔 경우, 실거주하던 중 매매 또는 경매 등으로 소유권자가 달라진 경우 등 주택임대차보호법에 명시적인 규정이 없다면 임차인이 손해, 인과관계 등을 입증하면서 손해 배상 청구로 다툴 수밖에 없다. 그런데 이러한 임대인의 재산권 행사가 손해 배상 청구의 원인이 되는 불법 행위가 될지는 의문이다.

단, 임대인이 실거주 의사가 없는데도 형식상 갱신 거절 사유를 만들 목적으로 단기간만 거주하고 매각하여 실거주를 하지 않은 경우처럼 갱신 거절을 목적으로 한 형식적인 실거주라고 인정되면 임대인에게 갱신 거절에 대한 책임이 발생할 수 있다.

임대인의 손해 배상 책임

실거주를 한다면서 갱신을 거절했는데도 임대차 기간이 종료된 이후 2년의 기간이 만료되기 전에 정당한 사유 없이 제3자에게 (갱신을 거절했던) 주택을 임대하면 임대인은 임차인이 입은 손해를 배상해야 한다. 즉, 명문규정상 손해 배상 책임은 임대인이 실거주 목적으로 갱신을 거절한 모든 경우를 포함하고 있지 않고 있다. 임차인과의 계약이 종료된 후 2년간 정당한 사유 없이 제3자에게 해당 주택을 임대한 경우만 해당한다. 제3자에게 임대한 경우라도 객관적으로 인정되는 정당한 사유라면 손해 배상 책임에서 벗어날 수 있다.

임차인에게 유리한 손해 배상규정이 적용되기 위한 요건은, ① 임대인이 실거주 목적으로 임차인의 계약 갱신 요구를 거절해야 하고, ② 임차인의 갱신 요구가 거절되지 않았다면 갱신되었을 기간, 즉 2년이 만료되기 전에 제3자에게 목적 주택을 임대한 경우여야 하며, ③ 임대인의 갱신 거절로 인해 발생한 손해여야 한다.

따라서 임대인이 실거주 목적으로 임차인의 계약 갱신 요구를 거절했을 때, 임대차 목적물에 실제 거주하지 않고 공실로 두거나 일정 기간 실거주하던 중 제3자에게 매도하거나 실거주하지 않고 실거주 목적의 제3자에게 매도하거나 하는 등의 경우에는 주택임대차보호법의 손해 배상규정이 적용되지 않는 것이다. 임차인이 실제 손해를 입증해 손해 배상 청구를 할 수밖에 없다.

손해 배상의 요건이 충족될 때 임차인이 임대인에게 청구할 수 있는 손해 배상액은 계약을 거절할 당시 당사자 간에 손해 배상액에 관한 합의가 이뤄지지 않았다면 다음 ①~③의 금액 중 큰 금액으로 한다.

① 갱신 거절 당시 월차임(차임 외에 보증금이 있는 경우에는 환산월차임*)의 3개월분에 해당하는 금액

② 임대인이 제3자에게 임대해 얻은 환산월차임과 갱신 거절

＊ 환산월차임: '은행에서 적용하는 대출금리와 해당 지역의 경제 여건 등을 고려해 대통령령으로 정하는 비율(연 1할)'과 '한국은행에서 공시한 기준금리(0.5%, 2021년 1월 기준)에 대통령령으로 정하는 이율(연 2%, 2020년 9월 29일 개정령 기준)을 더한 비율' 중 낮은 비율→2.5%

당시 환산월차임 간 차액의 2년분에 해당하는 금액

③ 임대인의 실거주 목적을 들어 갱신을 거절됨에 따라 임차인이 입은 손해액

갱신이 거절된 임차인은 임대인 실거주 및 제3자의 임대 여부를 확인할 수 있다. 즉, 임대인의 실거주 목적을 이유로 갱신거절된 임차인은 확정일자 부여기관[주택 소재지의 읍·면사무소, 동주민센터 또는 시(특별시·광역시·특별자치시는 제외, 특별자치도는 포함)·군·구(자치구를 말함)의 출장소, 지방법원 및 그 지원과 등기소 또는 공증인법에 따른 공증인]에 갱신 요구가 거절되지 않았더라면 갱신되었을 기간 중 임대차 목적물에 존속하는 임대차 계약 등에 관한 정보를 제공해달라고 요청할 수 있다.

07

월세 증액과 감액,
그리고 전·월세 전환율

차임 등 증감청구권

'차임 등 증감청구권'은, 임대인과 임차인이 임대차 계약을 할 때 보증금 또는 월세(이하에서는 통칭해 '임대료'라고도 함)를 약정했는데 이후 사정 변경을 이유로 상대방에게 약정했던 임대료에 대한 증액 또는 감액을 청구하는 권리를 말한다. 즉, 임대인 또는 임차인은 기존에 약정한 임대료가 임대한 주택에 관한 조세, 공과금, 그 밖의 부담금 증감이나 경제 사정의 변동으로 인해 객관적으로 적절하지 않다고 볼 때 앞으로 낼 임대료의 증감을 청구할 수 있다는 말이다.

증액 청구는 임대차 계약 또는 약정한 차임이나 보증금의 증액이 있고 난 후 1년 이내에는 하지 못하고 약정한 차임이나 보증금의 20분의 1의 금액을 초과하지 못한다. 단, 특별시·광역시·특별자치시·도 및 특별자치도는 관할 구역 내의 지역별 임대차 시장 여건 등을 고려해 5% 범위 내에서 증액 청구의 상한을 조례로 다르게 정할 수 있다.

정확한 비율은 조례를 따로 확인해야 하지만 2021년 1월 기준으로 서울특별시 조례를 보면 시의회 의안으로 논의만 되었을 뿐 개정되지 않은 것으로 파악된다. 실제로 증액한다면 조례를 반드시 확인할 필요가 있다. 조례에 정해진 기준이 없으면 법에서 정한 '5% 범위 내'라는 기준을 적용하면 된다.

차임이나 보증금의 증감 청구권은 형성권이다. 임차주택에 관한 조세, 공과금, 그 밖의 부담 증감이나 경제 사정의 변동으로 인해 적절하지 않게 된 경우라면 임대차 계약서에 차임 등 관련 약정이 있어도 이와 다르게 증감 청구를 할 수 있다. 증감 청구에 대한 의사표시가 상대방에게 도달하면 그 즉시 객관적으로 상당한 범위로 증감된다. 상당한 범위에 대해 당사자 간 이견이 있다면 법원을 통해 결정될 수밖에 없다. 법원에서 결정되어도 그 증감의 효력 발생 시기는 법원이 결정할 때가 아니라 증감 청구가 상대방에게 도달한 때로 본다.

감액의 경우 재감액에 있어 기간 제한은 없지만 (앞에서 말했듯이) 증액의 경우 증액 청구 이후 1년 내 재증액 청구는 불가능하다.

단, 판례에 따르면 앞에서 말한 증감 청구규정은 임대차 계약의 존속 중 당사자 일방이 약정한 차임 등의 증감을 청구한 때에 한해 적용된다. 임대차 계약이 종료된 후 재계약(갱신 요구권 행사 또는 묵시적 갱신과 같이 법정 갱신된 계약 제외)을 하거나 임대차 계약 종료 전이라도 당사자의 합의로 차임 등이 증액되면 적용되지 않는다.

전·월세 전환율

보증금의 전부 또는 일부를 월 단위의 차임으로 전환할 때 전환되는 금액은 다음 ①~② 중 낮은 비율을 곱한 월차임(月借賃)의 범위를 초과할 수 없다.

① 은행에서 적용하는 대출금리와 해당 지역의 경제 여건 등을 고려해 대통령령으로 정하는 비율(대통령령으로 정하는 비율이란, '연 1할'을 말함)

② 한국은행에서 공시한 기준금리에 대통령령으로 정하는 이율을 더한 비율[한국은행 기준금리: 0.5%(2021년 1월 기준), 대통령령으로 정하는 이율: 연 2%]

전·월세 전환율은 ①과 ②를 비교해 결정된다. ①에 따르면, 연 10%(현재)가 되고, ②에 따르면 연 2.5%(현재 한국은행 기준금리 0.5%+대통령령으로 정하는 이율 2%)가 된다. 이 중 낮은 비율인 연 2.5%를 기준으로 하고 이를 초과하지 않는 범위에서 전·월세 전환이 가능하다. 즉, 전·월세 전환율은 2.5%라고 생각하면 된다(2021년 1월 기준).

전·월세 전환율 계산식: 2.5%≥(월세×12)÷(전세보증금
−월세보증금)×100

예를 들어, 보증금 3억 원(전세보증금)이던 임대차 계약의 조건을
보증금 5,000만 원에 월세 100만 원으로 전환하는 경우 월세 전환
율이 2.5%를 초과하는지 한번 계산해 보자(전세를 반전세로 전환한
경우다).

100만 원(월세)×12÷[3억 원(전세보증금)−5,000만 원(월세
보증금)]×100=4.8%

전·월세 전환율 기준인 2.5%를 초과한다.

전·월세 전환은 임대차 보증금 및 차임의 증액 청구권과 달리 임
대인과 임차인의 일방적인 의사 표시로 변경되지 않는다. 임대인과
임차인의 협의 사항이다. 단, 당사자 간 전·월세로 전환하기로 협의
하다면 그 전환율이 2.5% 이내로 하도록 정해져 있을 뿐이다.

전·월세 전환율을 초과하는 경우 초과분은 무효가 되고 임차인
은 초과분에 대해 부당 이득 반환청구를 할 수 있다.

08

임대주택에서 발생한
하자에 대한 책임

하자에 대한 책임과 면책 특약의 효력

주택이든, 상가든 임대차 계약을 한 이후 가장 많은 분쟁이 생기는 부분 중 하나가 임대차 목적물에 발생한 하자일 것이다. 예를 들어, 비가 새는 현상, 누수 또는 결로 등으로 인한 곰팡이 발생, 보일러 등 설비 고장 등으로 인해 임대차 목적물을 임차 용도대로 사용하지 못하면서 발생하는 문제, 이렇게 발생한 문제 등으로 인해 임차인의 가구 등이 망가지는 추가 손해 등이 있다.

이때 임대인이나 임차인의 고민은 누구 책임이고 어디까지 책임져야 하는지, 이후 계약은 어떻게 되는지 등이다. 판례를 통해 어떻게 되는지 살펴보자.

J는 경기도에 있는 단독주택에서 거주하다가 서울로 이사를 가야

하는 바람에 단독주택을 전세로 내놓았다. 마침, 공예작업과 전원생활을 위해 단독주택을 알아보던 K는 J의 단독주택에 지하실도 있다는 얘기를 듣게 됐다. K는 J의 단독주택이 좀 오래됐지만 넓은 지하실이 마음에 들었고 다른 곳 또한 특별하게 하자가 없어 보였다. 바로 계약이 진행됐다.

관리한 지 오래된 지하실은 비가 새고 있어서 임차인인 K가 자비로 방수 방지공사와 관련 전기 시설공사 등을 하고 들어가기로 약정했다. 그 대신, 보증금과 월세를 낮추기로 했다. 보증금 5,000만 원에 월세 20만 원으로 계약을 체결했다.

입주한 K는 자비로 지하실을 수리한 다음, 공예품 및 작업도구 등을 지하실에 뒀다. 그런데 K는 비가 오면 일부 방에 비가 새고 겨울이 되면 곳곳에 결로가 생겨 곰팡이가 생길 뿐만 아니라 심지어 보일러까지 제대로 작동되지 않는다는 사실을 알게 됐다. 누수 방지공사를 한 지하실도 계속 누수가 되어 더는 공예작업을 하기가 어려워졌다.

장기간으로 계약을 체결한 K는 매년 이런 식으로 곰팡이가 생기고 비가 새면 도저히 살 수 없다고 생각했다. J에게 비 새는 문제와 결로문제를 해결해달라고 했지만 J는 집이 낡아서 원래 그 정도는 발생하는 문제라며 수리를 차일피일 미뤘다. 또한, 지하실은 K가 책임지고 수리하기로 했으니 자신은 책임질 일이 없다고 하는 것이 아닌가! 그렇다면 누구에게 수선 의무가 있는 것일까?

결론적으로, 임대인 J는 책임을 면하는 구체적인 특약이 없는 한

건물의 주요 구성부분에 대한 대수선, 기본적인 설비부분 교체 등의 문제에 대해서는 수선 의무를 부담해야 한다. 단, 지하실 누수문제에 대한 수선 의무에 대해서는 임차인 K가 수리하기로 하는 특약을 체결했기 때문에 책임이 면제될 수 있다.

임대인 J가 자신의 책임으로 수선해야 할 의무를 이행하지 않으면 임차인 K는 수선 의무 불이행을 이유로 손해 배상 청구나 임대차 계약 해지를 할 수 있다. 또한, 수선 의무 불이행으로 임대차 목적물을 사용하고 수익을 낼 수 있도록 하는 데 지장이 있는 한도 내에서 차임의 지급을 거절할 수 있다. 임대인 대신 수선을 했다면, 포기 특약 등이 없는 한 비용 상환 청구권을 행사할 수 있다.

수선이 불가능하다는 이유 등으로 임차물의 일부를 사용할 수 없거나 수익을 낼 수 없다면 그 부분의 비율에 따라 차임의 감액을 청구할 수 있다. 그 잔존부분(하자가 발생하지 않은 부분)으로 임차한 목적을 달성할 수 없다면 임차인은 계약을 해지할 수 있다.

구체적으로 살펴보자. 임대차 계약과 관련해 임대인은 목적물을 임대차 계약 존속 중에 사용하면서 수익을 낼 수 있도록 유지하게 할 수선 의무를 부담한다. 목적물에 파손, 장해 등 하자가 생겼다고 항상 임대인이 수선 의무를 부담하는 것은 아니다. 그 기준은 임대인이 그것을 수선하지 않으면 임차인이 계약의 정해진 목적에 따라 사용할 수 없고 수익을 낼 수 없는 상태가 될 정도인지다.

임차인이 비용을 많이 들이지 않고도 손쉽게 고칠 수 있을 정도의 사소한 하자라서 임차인이 사용하고 수익을 낼 수 있는 데 방해

할 정도가 아니라면 임대인은 수선해주지 않아도 된다. 그런데 수선하지 않으면 안 될 정도로 크다면 임대인은 수선을 해줘야 한다. 이는 자신에게 귀책사유가 있는 임대차 목적물의 훼손은 물론, 자신에게 귀책사유가 없는 훼손인 경우도 마찬가지다.

임대인의 수선 의무를 발생시켜 사용하고 수익을 내는 것의 방해에 해당하는지는 구체적인 사안에 따라 목적물의 종류 및 용도, 파손 또는 장해의 규모와 부위, 이로 인해 목적물을 사용하고 수익을 내는 것에 미치는 영향의 정도, 그 수선이 용이한지 여부와 이에 소요되는 비용, 임대차 계약 당시 목적물의 상태와 차임의 액수 등 제반 사정을 참작해 사회 통념에 의해 판단한다.

임대인의 수선 의무는 특약에 따라 면제하거나 임차인의 부담으로 돌릴 수 있다. 단, 특약으로 임차인이 수선 의무의 부담을 지게 하기 위해서는 수선 의무의 범위를 명시해놔야 한다. 구체적으로 수선 의무의 범위를 명시하지 않고 단순히 임대인의 책임을 면한다거나 임차인의 책임으로 한다는 식의 특약으로 하면, 임대인이 수선 의무를 면하거나 임차인이 그 수선 의무를 부담하게 되는 것은 통상 생길 수 있는 파손의 수선 등 소규모의 수선에 한한다.

결국, 수선 의무에 대해 앞과 같은 특약이 있더라도 구체적으로 수선 의무 범위가 명시되지 않았다면 대파손의 수리, 건물의 주요 구성부분에 대한 대수선, 기본적 설비부분의 교체 등과 같은 대규모의 수선은 포함되지 않고 여전히 임대인이 해줘야 한다.

예를 들어, 임대차 계약 당시 '건물 수리는 입주자가 한다'라는 특약을 정하고 계약서에 기재했다면?

이 정도는 임차인이 부담할 수선 의무 범위가 구체적으로 명시된 것이 아니라고 판시했다. 또한, 그 임차건물에 발생한 누수 현상이 임차건물의 전반에 걸쳐 나타나고 그것이 반복되는 등 임차건물에 대한 전면적인 수리가 요구됐고 그 비용도 거액이 드는 정도라면 대규모 수선이 필요한 경우라고 판시했다. 특별한 사정이 없다면 이러한 경우는 앞에서 정한 특약에 따라 임대인이 수선 의무를 면하고 임차인이 부담하는 것은 아니라고 봤다.

추가로 임대인이 수선 의무를 위반하면 지는 책임에는 공작물책임과 채무불이행책임도 있다.

구(舊) 건축법(2016년 2월 3일, 법률 제14016호로 개정되기 전의 것) 제35조 제1항에서는 '건축물의 소유자나 관리자는 건축물, 대지 및 건축 설비를 관련 규정에 적합하도록 유지·관리해야 한다'라고 정하고 있다. 민법 제623조에서는 '임대인은 계약 존속 중 사용하면서 수익을 내는 데 필요한 상태를 유지하게 할 의무를 부담한다'라고 정하고 있다. 따라서 건물을 타인에게 임대한 소유자가 건물을 적합하게 유지 및 관리할 의무를 위반하는 바람에 임대차 목적물이 안전성을 갖추지 못해 설치 및 보존상의 하자가 생겼고 그 하자로 인해 임차인이 손해를 입었다면 건물의 소유자이자 임대인은 임차인에게 공작물책임과 수선 의무 위반에 따른 채무불이행책임을 진다.

또한, 임대차 계약에서 목적물을 사용하면서 수익을 낼 수 있도록 할 임대인의 의무와 임차인의 차임 지급 의무는 상호 대응 관계에 있다. 그러므로 임대인이 목적물을 사용하면서 수익을 낼 수 있도록 할 의무를 불이행하여 목적물을 사용하는 데 있어 부분적으로 지장이 있다면 임차인은 그 지장의 한도 내에서 차임의 지급을 거절할 수 있다. 임대인이 수선 의무를 이행하는 바람에 목적물을 사용하면서 수익을 내는 데 지장을 초래한 경우도 마찬가지다. 단, 수선 의무 불이행으로 인해 부분적으로 지장이 있지만 사용은 가능하다면 그 지장이 있는 한도를 넘는 차임의 지급 거절은 채무불이행이 될 수 있다.

마지막으로, 임차인 K가 임대차 목적물에 하자가 있는 사실을 모르고 임대차 계약을 체결했다면 경우에 따라서는 사기 취소 또는 목적물의 하자로 인한 계약 해제도 가능하다.

임차주택 화재 시 책임

출퇴근에 너무 많은 시간을 낭비한다고 생각하던 직장인 L은 좀 오래되긴 했지만 직장에서 멀지 않고 주변 시세보다 저렴한 빌라에 전세로 입주했다.

어느 날, 출근한 후 집주인으로부터 전셋집에 불이 나서 대부분 다 타버렸고 그나마 다행히 옆집으로 번지지 않았다는 전화를 받았다. 당황한 L은 급히 집으로 달려갔다.

불이 꺼진 전셋집을 보면서 화재 원인에 대해 생각해봤다. 전자제품 등은 항상 전원을 꺼놓고 나오기 때문에 불이 날 이유가 없으니 어디서 불이 났는지 알 길이 없었다. 그런데 며칠 후 소방서로부터 전기 합선이 원인 같다는 말을 듣게 됐다.

며칠 동안 마음을 추스른 다음, 새롭게 집을 구해야 해서 집주인에게 보증금을 돌려달라고 연락했다. 그런데 집주인은 화재가 임차인인 L이 살던 중에 발생했으므로 L의 잘못이 없다는 것을 증명하지 않으면 손해를 제한 나머지만 돌려주겠다는 것이 아닌가! L은 전기 합선이 원인으로 밝혀졌으니 보증금 전액을 돌려줘야 한다고 강하게 나섰다.

한편, 직장인 M은 결혼하기 전까지는 가전제품을 새로 사기 귀찮아서 이미 갖춰진 집을 알아보던 중에 직장도 가깝고 가전제품 대부분이 빌트인인 오피스텔을 전세로 계약하고 살게 됐다.

그러던 어느 날, M이 출근한 사이에 오피스텔에 불이 나서 대부분 다 타버렸다. 화재 원인은 밝혀지지 않았지만 평소 내던 관리비에 화재보험료가 포함되어 있다는 사실을 기억해냈다. 그런데 보험으로 해결되지 않는 손해 때문에 집주인과 누구 책임인지를 두고 다투게 됐다.

L과 M의 전셋집에 발생한 화재의 피해에 대해서는 누가 책임을 져야 할까?

임대인은 목적물을 임차인에게 인도하고 계약 기간 동안 사용하면서 수익을 낼 수 있도록 필요한 상태를 유지하게 할 의무를 부담한다. 이에 대해 임차인은 선량한 관리자의 주의를 다해 임대차 목적물을 보존해야 한다. 또한, 임대차가 종료되면 임대차 목적물을 원상에 회복해 반환할 의무를 지켜야 한다. 계약상 의무를 지는 채무자가 고의나 과실로 채무의 내용에 따르는 이행을 하지 않았다면 채권자는 손해 배상을 청구할 수 있다.

L의 경우부터 보자. L은 임대인인 집주인에게 부담하는 목적물 반환 의무(임대차 종료 시 임대차 목적물인 주택을 반환해야 하는 의무)가 화재로 이행불능이 됐으므로, 손해 배상 책임을 면하려면 그 이행불능이 임차인인 L의 귀책사유로 인한 것이 아님을 입증해야 한다. 그렇다고 그 이행불능이 임대인의 의무 위반에 원인이 있음이 밝혀진 경우까지 임차인이 별도로 목적물 보존 의무를 다했음을 주장하고 입증해야만 그 책임을 면할 수 있는 것은 아니다.

이때 임대인이 지배 및 관리하는 영역에 존재하는 하자에 대한 보수 및 제거는 임대차 목적물을 사용하면서 수익을 낼 수 있도록 필요한 상태로 유지할 의무를 부담하는 임대인의 의무에 속한다. 예를 들어, 건물을 소유한 쪽이 설치한 (건물구조 일부를 이루는) 전기배선에서 불이 났다면 임대인이 지배 및 관리하는 영역에 존재하는 하자로 볼 수 있다.

L의 사례에서 만약 집주인이 설치한 전기배선에서 발생한 화재로 추단된다면, L은 본인의 귀책사유로 인해 발생한 화재가 아님을 입증하지 못한다고 해도 해당 화재로 인한 주택의 이행불능 등에 관한 손해 배상 책임을 지지 않는다.

M의 사례에서는 화재 원인이 밝혀지지 않았다. 앞에서 언급한 대로 임대차 목적물이 화재 등으로 인해 전부 또는 일부가 소멸되어 M의 목적물 반환 의무가 이행불능이 되거나 손해가 발생했다면, M

은 그 이행불능 등이 자기가 책임질 수 없는 사유로 인한 것이라는 증명을 다 하지 못할 경우 그 이행불능 등으로 인한 손해를 배상할 책임을 진다. 그 화재 등의 구체적인 발생 원인이 밝혀지지 않은 상황이라도 마찬가지라고 본다. 따라서 M은 자신의 잘못이 아니라는 점을 증명하지 못하면 화재에 대해 책임을 지게 된다.

그렇다면 불이 나서 임대차 목적물 외의 다른 곳으로까지 확대되어 손해가 발생했다면 누구의 책임이 될까?

이에 대한 판례가 최근에 나왔다. 임차인이 보전 및 관리 의무를 위반해 화재의 원인을 제공하는 등 화재 발생과 관련된 임차인의 계약상 의무 위반이 있었음이 증명되고 그러한 의무 위반과 임차 외 건물부분의 손해 사이에 상당한 인과관계가 있으며, 임차 외 건물부분의 손해가 그러한 의무 위반에 따른 통상의 손해에 해당하거나 임차인이 그 사정을 알았거나 알 수 있었을 특별한 사정으로 인한 손해에 해당한다면, 임차인은 임차 외 건물부분의 손해에 대해서도 민법 제390조, 제393조에 따라 임대인에게 손해 배상 책임을 부담하게 된다고 판시했다.

2장

상가 임대사업자라면
상가건물임대차보호법을 알아야 한다

상가건물임대차보호법의
적용 범위

상가건물 및 환산보증금에 따른 구분

상가건물임대차보호법은 상가 임차인 보호를 위한 규정이지만, 모든 상가건물의 임차인에게 적용되지는 않는다. 어떤 상가인지, 상가 임대차 보증금은 얼마인지 등에 따라 상가건물임대차보호법의 적용을 받지 않거나 일부만 적용받기도 한다. 따라서 상가건물 임대차와 관련해 분쟁이 발생하면 당사자는 가장 먼저 임차인과의 임대차가 상가건물임대차보호법이 적용되는 상가건물에 해당하는지, 환산보증금액에 따른 해당법의 적용 범위 등을 확인해야 한다.

우선, 상가건물임대차보호법의 보호를 받는 상가건물은 부가가치세법 등에 의해 사업자 등록의 대상이 되어야 한다. 해당 상가건물은 사업용 또는 영업용 건물이어야 하고, 겸용 건물이라면 임대차 목적물의 주된 부분을 영업용으로 사용해야 포함된다.

'사업용 또는 영업용 건물'이란, 영리를 목적으로 하는 영업용으로 사용하는 것을 말한다. 그 판단은 공부상의 표시가 아닌 건물의 현황, 용도 등에 비춰 영업용으로 사용하느냐에 따라 실질적으로 판단한다. 예를 들어, 영업용이 아닌 공장 창고 등은 상가건물임대차보호법의 대상이 아니다. 상가건물임대차보호법이 적용되지 않으면 민법상의 임대차규정이 보충적으로 적용된다.

그다음으로, 사업자 등록의 대상이 되는 상가건물이라도 상가건물임대차보호법의 보호를 받는 상가건물 임대차는 상가건물임대차보호법 시행령에서 정해놓은 환산보증금 기준에 따라 적용 범위가 달라진다. (보증금 외에 차임이 있을 때) 차임액에 100을 곱한 금액과 보증금을 합한 금액을 '환산보증금'이라고 한다.

상가건물임대차보호법의 적용 대상이 되는 환산보증금액의 기준을 정할 때는 해당 지역의 경제 여건, 임대차 목적물의 규모 등을 고려하고 지역별로 구분해 규정한다. 따라서 해당 임대차가 법적으로 정한 환산보증금 기준을 초과하는지를 확인하려면 해당 임대차 목적물이 소재하는 지자체별 환산보증금을 확인해야 한다.

환산보증금의 법정 기준

현행 법령상 환산보증금이 서울특별시는 9억 원, '수도권정비계획법'에 따른 과밀억제권역 및 부산광역시는 6억 9,000만 원, 광역시('수도권정비계획법'에 따른 과밀억제권역에 포함된 지역과 군 지역,

부산광역시는 제외)·세종특별자치시·파주시·화성시·안산시·용인시·김포시 및 광주시는 5억 4,000만 원, 그 밖의 지역은 3억 7,000만 원을 초과하는지에 따라 해당 법이 전부 적용되는지, 일부만 적용되는지가 결정된다. 단, 현행 법령에 따른 환산보증금액 기준은 2019년 4월 17일 이후 체결되거나 갱신되는 상가건물 임대차 계약부터 적용된다.

한편, 환산보증금과 관련해 2018년과 2019년에 상가건물임대차보호법 시행령이 개정됐다. 즉, 상가건물임대차보호법의 적용 범위를 결정하는 환산보증금액은 2018년 1월 26일과 2019년 4월 2일을 기준으로 다음 표와 같이 지자체별로 증액되었다고 보면 된다.

환산보증금액 법정 기준 (법 개정 이후 체결되거나 갱신되는 상가건물 임대차 계약부터 적용)		
2018년 1월 26일 전	2018년 1월 26일 개정	2019년 4월 2일 개정
• 서울특별시: 4억 원 • '수도권정비계획법'에 따른 과밀억제권역(서울특별시 제외): 3억 원 • 광역시(수도권정비계획법에 따른 과밀억제권역에 포함된 지역과 군 지역 제외), 안산시, 용인시, 김포시 및 광주시: 2억 4천만 원 • 그 밖의 지역: 1억 8천만 원	• 서울특별시: 6억 1천만 원 • 수도권정비계획법에 따른 과밀억제권역(서울특별시 제외) 및 부산광역시: 5억 원 • 광역시(수도권정비계획법에 포함된 지역과 군 지역, 부산광역시는 제외), 세종특별시, 파주시, 화성시, 안산시, 용인시, 김포시 및 광주시: 3억 9천만 원 • 그 밖의 지역: 2억 7천만 원	• 서울특별시: 9억 원 • '수도권정비계획법'에 따른 과밀억제권역(서울특별시 제외) 및 부산광역시: 6억 9천만 원 • 광역시(수도권정비계획법에 포함된 지역과 군 지역, 부산광역시는 제외), 세종특별시, 파주시, 화성시, 안산시, 용인시, 김포시 및 광주시: 5억 4천만 원 • 그 밖의 지역: 3억 7천만 원

이처럼 상가건물임대차보호법상 환산보증금 기준의 개정이 여러 번에 걸쳐 있었다. 개정 때마다 부칙을 정해 개정된 법이 어떤 임대 차에 적용되는지 여부(법 시행 이후 체결되거나 갱신되는 상가건물 임 대차 계약부터 적용)를 정해놓았기 때문에 정확한 해석을 통해 어떤 법의 적용을 받는지 판단한 다음에 계약하거나 임대 계약 관리를 해야 불의의 손해를 피할 수 있을 것이다.

예를 들어, 환산보증금액의 기준이 2018년 1월 26일과 2019년 4월 2일에 개정되어 증액됐는데 그 이전부터 존속하는 임대차에는 어느 규정이 적용되는 것일까?

개정 내용은 개정된 시점을 기준으로 그 이후에 갱신되거나 체결 된 임대차 계약에 적용된다. 2018년 1월 26일 이전에 체결된 계약 이 그 이후 현재에 이르기까지 갱신되거나 다시 계약된 적이 없다 면 2018년 1월 26일 이전의 규정이 적용된다고 보고 환산보증금 초과 여부를 살펴보면 된다. 마찬가지로, 2018년 1월 26일 이전에 체결된 계약이라도 그 이후 갱신됐거나 2018년 1월 26일 이후 체 결된 계약은 2018년 1월 26일에 개정된 법을 기준으로 환산보증금 을 확인하면 된다. 또한, 그러한 계약이라도 2019년 4월 2일 이후 에 갱신되거나 다시 계약됐다면 2019년 4월 2일에 개정된 환산보 증금 기준에 따라 판단하면 된다.

환산보증금 초과 여부에 따른 차이점

환산보증금이 법정 기준 이내라면 상가건물임대차보호법이 전부 적용된다. 반면, 환산보증금이 법정 기준을 초과하면 상가건물임대차보호법은 일부만 적용된다. 이때 상가건물임대차보호법이 적용되지 않는 사항들에 대해서는 민법의 임대차 규정이 적용된다.

환산보증금이 법에서 정한 범위를 초과해도 상가건물임대차보호법의 규정이 적용되는 사항들을 살펴보면, ① 제3조(대항력 등), ② 제10조 제1항(계약 갱신 요구), 제2항(계약 갱신 요구 범위), 제3항 본문(계약 갱신 요구에 따른 갱신 효과), ③ 제10조의 2부터 제10조의 8까지의 규정(권리금 등), ④ 제10조의 9(계약 갱신 요구 등에 관한 임시 특례), ⑤ 제19조(표준계약서 작성 권유) 등이 있다[이러한 규정들은 법제처(www.law.go.kr)에서 상가건물임대차보호법을 검색하면 확인할 수 있다]. 예를 들어, 환산보증금 초과 여부를 불문하고 상가건물 임차인은 제3자에 대해서도 대항력을 주장할 수 있다. 또한, 총 10년 범위 내에서 계약 갱신을 요구할 수 있고, 권리금 회수 기회를 보장받는 등의 보호를 받을 수 있다.

환산보증금 초과 임대차의 상가건물임대차보호법 적용 여부

환산보증금이 초과한 상가건물 임대차(상가건물임대차보호법 시행령에서 정한 환산보증금의 기준을 초과하는 상가 임대차를 말함. 이하 동일)의 경우 다음의 사항에 대해서는 상가건물임대차보호법이 적용되지 않는다.

하나, 임대차 목적물에 대한 우선변제권(임차인이 임대차 목적물의 경매, 공매 등이 진행되어 배당절차가 진행될 때 다른 권리자보다 우선해

변제받을 수 있는 권리)이 인정되지 않는다. 따라서 임대차 목적물의 처분절차, 경매절차 등에서 임차인의 대항력(제3자에게 임차권으로 대항할 수 있는 권리)은 인정되지만, 배당절차에서 우선순위에 따른 변제권은 인정되지 않는다.

둘, 환산보증금이 초과한 상가건물 임대차에서 약정된 보증금 또는 차임이 임대차 목적물에 관한 조세, 공과금, 그 밖의 부담 증감이나 감염병의 예방 및 관리에 관한 법률에 따른 제1급 감염병 등의 영향으로 경제 사정에 변동이 생겨 상당하지 않게 된 경우(약정된 보증금 또는 차임을 그대로 유지하는 것이 객관적으로 타당하지 않게 된 상황을 말함) 차임 또는 보증금에 대해 5% 비율 이내 범위에서 증액을 청구할 수 있도록 하는 규정은 적용되지 않는다.

그래서 환산보증금을 초과하는 임대차라면 계약을 갱신할 때 상가건물에 관한 조세, 공과금, 주변 상가건물의 차임 및 보증금, 그 밖의 부담이나 경제 사정의 변동 등을 고려해 차임과 보증금의 증감을 청구할 수 있다(증액 시 5% 제한 없음). 그 외의 경우로는 민법에 따라 임대물에 대한 공과금 부담의 증감, 기타 경제 사정의 변동으로 인해 약정한 차임이 상당하지 않게 된 때 차임의 증감을 청구할 수 있다.

셋, 묵시적 갱신이 적용되지 않는다. 상가건물임대차보호법상 묵시적 갱신규정이 적용될 경우 임대차 계약 기간이 종료되기 6개월 전부터 1개월 전 사이에 임대인이 갱신 거절 또는 조건 변경 관련 통지를 하지 않으면 계약이 만료됐을 때 전과 동일한 조건으로 임대차 계약이 다시 체결된 것으로 본다. 계약이 묵시적으로 갱신되면, 갱신되는 계약은 기존 임대차와 같은 조건으로 1년간 갱신된다. 단, 임차인은 계약이 묵시적으로 갱신되더라도 언제든지 임대차 계약의 해지를 임대인에게 통고할 수 있고, 임대인이 통고받은 날로부터 3개월이 지나면 계약이 종료된다.

그런데 법정 환산보증금 기준 초과인 상가건물 임대차 계약에는 이와 같은 묵시적 갱신규정이 적용되지 않는다. 이때는 민법규정이 적용된다.

민법규정에 따르면, 임대차 기간이 끝난 후에도 임차인이 임차물을 사용하면서 수익을 낼 수 있도록 하고 임대인이 상당한 기간 내에 이의를 제기하지 않으면 전 임대차와 동일한 조건으로 다시 임대차를 한 것으로 본다. 이렇게 갱신된 계약은 전 임대차와 동일한 기간 동안 유지되며, 갱신된 임대차 기간 중 임차인뿐만 아니라 임대인도 언제든지 계약 해지를 통고할 수 있다. 임대인이 통고한 경우에는 6개월, 임차인이 통고한 경우에는 1개월 후에 계약 해지의 효력이 발생한다.

넷, 임차권 등기 명령을 신청할 수 없다. 임대차 계약이 끝났는데도 임대인이 보증금을 돌려주지 않을 경우 임차인은 해당 보증금액이 법정 환산보증금 범위 내라면 임차권 등기 명령 신청을 단독으로 할 수 있다. '임차권 등기 명령'은, 임차인이 혼자서도 보증금에 대한 권리가 있음을 등기할 수 있는 제도다. 이 등기가 있으면 보증금에 대한 우선변제권의 순위가 사업자 등록을 신청하고 상가건물을 인도받은 때로부터 인정받을 수 있으므로 임차인에게 유리하다.

그렇다면 환산보증금이 법 기준을 초과하면 어떻게 되나? 임차인은 임대차 계약이 종료되고 보증금을 돌려받지 못해도 단독으로 임차권 등기 명령을 신청할 수 없다. 최우선 대항력을 갖는 임차인이라면 낙찰자 등에게 임차권이 유효함을 이유로 대항할 수 있을 뿐이다.

다섯, 최단 기간 제한이 없다. 계약 기간을 정하지 않거나 1년 미만으로 정한 임대차는 상가건물임대차보호법상 그 기간을 1년으로 본다. 1년 미만으로 계약했다면 임차인은 1년 미만 계약이 유효함을 주장할 수 있다. 그래서 6개월로 계약 기간을 정해도 임차인은 그 계약이 종료되는 시점에서 계약에 따른 6개월 계약 기간을 주장하든, 법에서 정하는 최단 기간인 1년이라고 주장하든 임차인 선택에 따라 둘 다 유효한 주장이 될 수도 있다.

임대인의 경우는 어떨까? 임대인은 임차인과 달리 1년 미만의 계약이 유효함을 주장할 수 있는 권리가 없다. 따라서 임차인이 6개월로 정한 계약을 1년 계약으로 주장하면 계약 기간이 임대인의 처음 의도와 다르게 1년이 되는 경우가 생길 수 있다.

그러나 법정 환산보증금 기준을 초과하는 임대차에서는 이러한 최단 기간 제한이 없다. 임대차 기간을 6개월로 정하든, 1년으로 정하든 정한대로 유효한 기간이 된다. 임차인 선택에 따라 6개월로 정한 계약 기간이 1년으로 되지 않는다. 즉, 임대인도 1년 미만으로 정한 기간에 대해 유효하다고 주장할 수 있다.

마지막으로, 편면적 강행규정(임대차와 관련한 약정이라도 그 약정이 상가건물임대차보호법에서 정한 내용과 다르고 임차인에게 불리한 것은 무효로 본다는 규정)의 적용을 받지 않기 때문에 상가건물임대차보호법과 다르게 정한 약정이라도, 임차인에게 불리한 약정이라도 유효하게 취급될 수 있다.

이처럼 법에서 정한 환산보증금 범위 내의 상가건물 임대차와는 큰 차이가 발생할 수 있다.

02

대항력과 우선변제권,
임대인 지위 승계

상가건물임대차보호법은 상가의 임대차에 관해 민법에 대한 특례를 규정함으로써 임차인의 임차권을 보호하는 것이 취지다.

임대인은 상가건물임대차보호법이 임차인에게 어떤 권리와 의무를 부여하고 있는지를 알아야 한다. 그것을 통해 임차인과의 관계에서 발생할 수 있는 문제들을 효과적으로 대비할 수 있기 때문이다. 이번에 이에 대해 설명하려고 한다.

임차인의 대항력과 우선변제권의 효력 발생 시기

상가건물임대차보호법이 적용되는 상가건물의 임대차는 등기되어 있지 않아도 임차인이 상가건물의 인도(상가건물에 대한 점유 이전)와 부가가치세법 등에 따른 사업자 등록을 신청하면 그다음 날 0

시부터 제3자에 대해 대항력이라고 하는 효력이 생긴다.

일반적으로 계약은 계약 당사자 간에만 효력이 발생한다. 상가건물 임대차 계약을 체결하면 당사자인 임대인과 임차인 사이에 해당 계약의 내용에 따른 효력이 발생하는 것이다.

그러나 상가건물 임대차 계약의 경우 임차인 보호를 위해 일정한 요건(① 상가건물 인도+② 사업자 등록 신청)만 갖추면 계약 당사자뿐만 아니라 제3자에 대해서도 임대차 계약의 내용에 따른 효력을 주장할 수 있게 된다. 이를 '대항력'이라고 한다.

임차인이 대항력을 갖추고 임대차 계약서에 확정일자까지 받으면 임대차 목적물에 대한 우선변제권이 발생한다. '우선변제권'이란, 임차인이 민사집행법에 따른 경매 또는 국세징수법에 따른 공매가 시작되면 상가건물(임대인 소유의 대지 포함)의 환가대금에서 후순위 권리자나 그 밖의 채권자보다 우선해서 보증금을 변제받을 권리를 말한다.

우선변제권은 주택 임대차처럼 대항력을 갖춘 날을 기준으로 같은 날에 확정일자를 받으면 그다음 날 0시부터, 대항력보다 확정일자를 먼저 받으면 대항력을 갖춘 다음 날 0시부터, 대항력을 갖춘 이후 다른 날에 확정일자를 받으면 확정일자를 받은 때를 기준으로 발생한다.

임차인의 대항력과 우선변제권의 요건

대항력을 갖추기 위해서는 임차인에게 요구되는 요건이 있다.

우선, 상가건물의 인도를 받아야 한다. 임차인이 임대인으로부터 상가건물의 점유를 이전받는 것을 말한다. 여기서 '점유'란, 사회 관념상 어떤 사람의 사실적 지배에 있다고 보이는 객관적 관계를 말하는 것으로써 상가건물의 인도가 현실적으로 이뤄졌는지는 임차인이 상가건물에 대한 지배를 계속 확고하게 취득했는지, 임대인은 물건에 대한 점유를 완전히 종결했는지 등으로 판단한다.

그다음으로, 임차인은 관련법에 따른 사업자 등록을 신청해야 한다. 이때 사업자 등록 신청과 관련해 주의할 점이 있다.

사업자인 임차인이 사업장인 상가를 임차할 때 사업자 등록신청서에 임대차 계약서 사본을 첨부하도록 해서 임대차에 관한 사항의 열람 또는 제공은 첨부한 임대차 계약서의 기재에 의하도록 하고 있다. 그런데 사업자 등록신청서에 첨부한 임대차 계약서상의 임대차 목적물 소재지가 해당 상가건물에 대한 등기부상의 표시와 일치하지 않으면 (특별한 사정이 없는 한) 그 사업자 등록은 제3자에 대한 관계에서 유효한 임대차의 공시방법이 될 수 없다. 즉, 이런 경우 임차인에게 상가건물임대차보호법의 대항력이 인정되지 않는다.

또한, 상가건물을 임차하고 사업자 등록을 마친 사업자가 상가건물의 전대차 등으로 해당 사업을 개시하지 않거나 사실상 폐업하면 그 사업자 등록은 부가가치세법 및 상가건물임대차보호법이 상가임대차의 공시방법으로 요구하는 적법한 사업자 등록이라고 볼 수 없게 된다. 이러한 경우에 임차인이 상가건물임대차보호법의 대항력 및 우선변제권을 유지하기 위해서는 상가건물을 직접 점유하면서 사업을 운영하는 전차인이 그 명의로 사업자 등록을 해야 한다.

사업자 등록 신청이 적법하지 않아서 관할 세무서장이 그 신청을 거부하거나 보완을 명한다면 요건을 갖춰 재신청을 하거나 보완을 했을 때 사업자 등록 신청이 있는 것으로 볼 수 있다.

상가건물의 임대차에 이해관계가 있는 자(해당 상가건물 임대차 계약 관련 임대인, 임차인, 소유자 등)는 상가건물이 있는 관할 세무서장에게 임대차와 사업자 등록에 관한 사항의 열람 또는 제공을 요청할 수 있다. 그러므로 임대인은 임차인의 사업자 등록 여부를 확인해 임차인이 대항력을 갖췄는지를 확인할 수 있다. 한편, 대항력을 갖춘 임차인이 우선변제권을 확보하기 위해서는 확정일자까지 받아야 한다.

앞에서 말한 것처럼, 우선변제권은 임대차 목적물에 관해 경매 등이 진행되면 임차인이 배당절차에서 임대차 보증금을 우선 배당받을 수 있는 권리를 말한다. 임대차 계약 관련 목적물에 대한 우선변제권을 확보하기 위해서는 대항력뿐만 아니라 세무서를 통해 확정일자를 받아야 한다. 단, 법정 환산보증금 기준을 초과하는 임대차라면 임차인의 우선변제권은 인정되지 않고, 확정일자도 받기 어렵다.

마지막으로, 상가건물의 인도와 사업자 등록 신청을 하고 확정일자를 받아 대항력과 우선변제권이 인정되는 경우라도 앞에서 말한 대항력과 우선변제권의 인정 요건은 계속 유지되어야 효력이 인정되는 존속 요건이다. 상가건물의 점유를 상실하거나 폐업 등으로 사업자 등록이 말소되면 그때부터 대항력과 우선변제권의 효력은 상실되는 것이다(대항력과 우선변제권이 인정되지 않음). 즉, 상가건물 인도와 사업자 등록이라는 요건은 대항력 또는 우선변제권의 취득 요건일 뿐만 아니라 존속 요건이기도 하므로 임차인이 우선변제권 행사를 위해서는 배당 요구의 종기(終期)까지 해당 요건을 유지하고 있어야 한다.

상가 처분 시 양수인의 임대인 지위 승계

대항력을 갖춘 임차인이 있는 상가건물이 양도 등으로 소유자가 변동되면 양수인 등 새로운 상가건물의 소유자(이하에서는 '양수인'이라고 함)는 임대인의 지위를 승계한 것으로 본다. 소유권 변동의 원인으로는 매매, 증여 등 당사자 간의 법률 행위나 경매 등 법률의 규정에 따른 것이 있을 수 있다.

양수인은 임차인이 있는 부동산을 양수할 경우 임대인 지위가 승계되는지를 잘 확인해야 한다. 대항력을 갖춘 임차인이 있는 상가건물을 매수하면 해당 임대차의 임대인 지위가 법적으로 당연승계가 되므로, 양수인은 임차인에게 임대차 보증금 반환 의무를 부담해야 하는 등 기존 임대차 내용에 따른 임대인의 권리 및 의무가 발생한다. 단, 상가건물의 소유권이 이전되기 전에 이미 발생한 연체 차임이나 연체 관리비는 별도의 채권 양도절차가 없는 한 원칙적으로 양수인에게 이전되지 않는다.

한편, 양수인이 기존 임차인의 승계를 원하지 않으면 보통 매매 계약서 등에 임차인의 퇴거 조건 등을 명시해 계약한다. 양도인은 임차인의 퇴거를 조건으로 매매 계약을 하는 경우 잔금을 받을 때까지 임차인과의 계약 해지, 상가건물의 인도가 쉽지 않을 수 있으므로 주의한다. 임차인의 계약 갱신 요구 등 상가건물임대차보호법상 강행규정으로 인해 매매 관련 잔금을 지급할 때까지 임차인과의 계약 해지가 불가능할 수 있고, 또한 계약이 해지되었다고 해도 임차인으로부터 상가건물을 인도받는 데 시간이 걸릴 수 있기 때문이다. 앞의 사유로 양도인이 매매 계약과 관련한 잔금을 줄 때까지 임차인을 내보내지 못하면 잔금 지급 때까지 임차인을 퇴거시킨다는 조건을 위반했다는 이유로 양도인에게 매매 계약상 위약금 등의 손해를 배상할 책임이 발생할 수도 있다.

양수인이 임차인의 승계를 원한다면, 보통 매매 계약서 등에 현 상태의 임대차 관계 승계, 임대차 보증금은 매매대금에서 공제한다는 조건 등을 명시하고 계약한다.

임차인이 임대인 지위 승계를 원하지 않으면 임대인이 지위를 승계할 때부터 상당한 기간 이내에 임대인에게 통지해 임대차 계약을 해지할 수 있다는 판례가 있다. 그러므로 매매 계약에 따른 소유권 이전으로 임대인 지위가 법적으로 당연승계가 된다고 해도 미리 임차인에게 임대차 계약의 승계를 동의하는지에 대해 확인하는 것이 안전하다.

03

월세 또는 보증금의
증감 청구권

앞에서도 말했듯이, 상가건물임대차보호법은 임대차 계약시 약정한 환산보증금이 법에서 정한 기준을 초과하는지에 따라 적용 범위가 달라진다. 이번에는 환산보증금에 따라 월세 또는 보증금의 증감 청구권이 어떻게 적용되는지에 대해 좀 더 자세하게 다루고자 한다.

환산보증금에 따른 증감 청구권 구분

임대차 계약의 당사자는 계약할 때 예상하지 못했던 사정 변경 등을 이유로 약정한 차임 또는 보증금에 대하여 증액이나 감액을 청구할 수 있다.

청구의 효력은 상대방에게 증감 청구의 의사 표시가 도달한 때 즉시 발생한다. 만약 증감 청구에 다툼이 발생하면 법원에서 증감 청구의 요건, 증감 비율 등에 대해 다툴 수 있다. 법원 결정이 있더라도 증감 청구의 효력은 증감을 청구할 때 발생한다.

그런데 앞에서도 말했듯이 차임 등 증감 청구의 요건과 효과는 해당 임대차가 상가건물임대차보호법 시행령에서 정한 환산보증금액 기준을 초과하는지에 따라 달라진다.

우선, 법에서 정한 환산보증금액 기준을 초과하는 임대차의 경우를 살펴보자.

임대차 계약을 갱신할 때, 당사자는 상가건물에 관한 조세, 공과금, 주변 상가건물의 차임 및 보증금, 그 밖의 부담이나 경제 사정의 변동 등을 고려해 차임과 보증금의 증감을 청구할 수 있다. 만약, 계약을 갱신하는 경우가 아니라 계약 기간 내에 보증금 증감을 청구하려고 한다면, 민법에 따라 임대물에 대한 공과금 부담의 증감, 기타 경제 사정 변동으로 인해 약정한 차임이 상당하지 않게 될 때(객관적으로 불합리하다고 볼 때) 장래에 대한 차임(해석상 보증금 포함)의 증감을 청구할 수 있다.

환산보증금액을 초과하는 임대차에서 차임 또는 보증금의 증액을 청구하는 경우에는 청구 당시의 차임 또는 보증금의 5%를 초과해 청구할 수 있다(5% 초과 증액 상한 제한규정이 적용되지 않음). 그리고 차임 등의 증액이 있은 지 1년 이내라도 앞에서 말한 사정 변경 등 증액 청구 요건이 다시 충족되면 차임 또는 보증금의 재증액 청구를 할 수 있다(증액 후 1년 이내 재증액 금지규정이 적용되지 않음).

다음으로, 법에서 정한 환산보증금액 기준 이내의 임대차를 살펴보자.

계약할 때 약정한 차임 또는 보증금이 임대건물에 관한 조세, 공과금, 그 밖의 부담 증감이나 '감염병의 예방 및 관리에 관한 법률' 제2조 제2호에 따른 제1급 감염병 등에 의한 경제 사정의 변동으로 인해 상당하지 않으면 당사자는 장래의 차임 또는 보증금에 대해 증감을 청구할 수 있다.

'감염병의 예방 및 관리에 관한 법률' 제2조 제2호에 따른 제1급 감염병에 의한 경제 사정의 변동으로 인해 차임 또는 보증금 증감을 청구할 수 있는 상가 임대차는 2020년 9월 29일 당시 존속 중인 상가 임대차이면서 환산보증금액이 법정 기준 이내여야 한다.

한편, 차임 또는 보증금의 증액 관련 청구를 할 때 증액할 수 있는 금액은 청구 당시의 차임 또는 보증금의 100분의 5를 초과하지 못한다. 증액을 청구할 수 있는 기간에도 제한이 있다. 임대차 계약 또는 약정한 차임 등의 증액이 있은 지 1년 이내에는 하지 못한다.

단, '감염병의 예방 및 관리에 관한 법률' 제2조 제2호에 따른 제1급 감염병에 의한 경제 사정의 변동으로 차임 또는 보증금이 감액된 후에 임대인이 증액을 청구하면 증액된 차임 등이 감액 전 차임 등의 금액에 달할 때까지는 청구 당시의 차임 또는 보증금의 100분의 5를 초과해 청구할 수 있다. 즉, 코로나19 등 제1급 감염병을 이유로 차임 등의 감액을 청구해 감액되면 임대인은 임대건물에 관한 조세, 공과금, 그 밖의 부담 증감이나 '감염병의 예방 및 관리에 관한 법률' 제2조 제2호에 따른 제1급 감염병 등에 의한 경제 사정의 변동으로 인해 상당하지 않게 된 경우에는 장래의 차임 또는 보증금에 대해 증액을 청구할 수 있다.

증액 비율은 감액 전 차임 또는 보증금액에 달할 때까지 5%를 초과해도 된다. 이 경우 5%를 초과해 증액할 수 있다는 점 외에는 기존의 증액 청구와 같은 제한을 받는다. 차임 또는 보증금의 증액 청구는 임대건물에 관한 조세, 공과금, 그 밖의 부담 증감이나 '감염병의 예방 및 관리에 관한 법률' 제2조 제2호에 따른 제1급 감염병 등에 의한 경제 사정의 변동으로 인해 상당하지 않게 된 경우에 가능하며, 임대차 계약 또는 증액 청구로 인한 증액이 있은 지 1년 이내에는 다시 증액 청구를 하지 못하는 것을 말한다.

월 차임 증액의 방법과 고려사항

상가건물임대차보호법이 전부 적용되는 상가 임대차에서 차임 또는 보증금을 증액하려고 할 때, 증액이 가능한 사유가 무엇인지 알고 있어야 한다.

임대차 계약 당시 약정한 차임 또는 보증금이 임대건물에 관한 조세, 공과금, 그 밖의 부담 증감이나 경제 사정의 변동으로 인해 상당하지 않게 되면 이후에 증액이 가능하다. 이에 해당하는지는 그 증액을 요청하는 사람이 입증해야 한다. 판단 기준은 다음과 같다.

① 기존 차임으로 당사자를 구속하는 것이 정의와 형평에 어

굿나 불합리할 정도에 이르렀다고 볼 수 있는지에 대한 여부(예를 들어, 계약 체결 당시 이러한 경제 사정 변동 등을 예측할 수 있었는지 등)

② 차임을 약정한 이후 기존 약정 내용을 변경해야 할 만큼의 물가 상승 등 경제 사정의 변동이 있었는지에 대한 여부

③ 당사자들의 확정적인 의사의 합치로 체결된 장래의 이행을 예정하는 계약은 성립 시점과 이행 시점 사이에 발생하는 사정 변경의 위험을 당사자들에게 배분하는 것이므로 그 계약 내용을 변경하는 것이 예외적으로 허용될 만한 것인지에 대한 여부

이와 같은 사유가 인정되면 어떤 방식으로 증액 청구를 해야 할까?

상가건물임대차보호법 제11조 소정의 차임 등 증액 청구권은 형성권이다. 재판 및 재판 외에서 모두 행사할 수 있다. 재판 외에서 행사한다면, 통지방법에는 정해진 것이 없고 입증이 가능하면 된다. 증액 청구의 의사 표시가 상대방에게 도달하면 바로 차임은 객관적으로 상당한 범위로 증액된다. 당사자가 상당하다고 주장하는 증액 비율이 다르면 법원이 그 상당액을 확정할 수밖에 없다. 이 경우 증액의 효력이 발생하는 것은 증액 청구의 의사 표시가 상대방에게 도달한 때부터로 소급한다.

증액 청구와 관련해서는 임대차 계약 또는 약정한 차임 등의 증

액이 있은 지 1년 이내에는 재증액 청구를 하지 못한다는 점, 차임 또는 보증금의 증액 청구는 청구 당시의 차임 또는 보증금의 100분의 5를 초과하지 못한다는 점을 유의한다.

그런데 증액 청구와 관련한 상한 비율 제한규정은 임대차 계약 기간 중 당사자 일방이 약정한 차임 등의 증감을 청구한 경우에 한해 적용된다. 임대차 계약이 종료되고 재계약을 하거나 임대차 계약 종료 전이라도 당사자의 합의로 차임 등을 증액하면 적용되지 않는다. 따라서 임대차 기간 중이라도 임대인의 변경 등으로 임대인과 임차인이 임대차 계약을 다시 하면서 합의로 차임을 증액했다고 인정되면 임차인은 합의로 증액된 차임을 지급해야 하고, 이를 위반하면 임대인은 차임 연체를 이유로 임대차 계약을 해지할 수도 있다. 다만, 임차인에게 불리한 약정은 무효이므로 약정으로 5%를 초과하는 증액을 해도 그 약정 등의 효력은 무효가 될 수 있으므로 주의한다.

참고로 판례 중에는 법의 입법 목적, 차임의 증감 청구권에 관한 규정의 체계 및 취지 등에 비춰 봤을 때 증액 제한 비율인 5%를 초과해 지급하기로 하는 차임에 관한 약정은 그 증액 비율을 초과하는 범위 내에서 무효로 보고 있다. 또한, 임차인은 초과로 지급된 차임에 대해 부당이득으로 반환을 청구할 수 있다고 보고 있다.

임차인의 갱신 요구권 행사로 계약이 갱신된 경우도 재계약으로 보고 앞에서 말한 증액 청구 제한규정이 적용되지 않는 것으로 볼 수 있을까?

임차인이 계약 갱신 요구권을 행사한 이후, 임차인과 임대인이 종전 임대차 기간이 끝날 무렵에 신규로 임대차 계약의 형식을 취해도 임차인의 계약 갱신 요구권 행사에 따른 갱신의 실질을 갖는다고 평가된다면 종전 임대차에 관한 재계약으로 보지 않는다. 따라서 계약 갱신 요구권 행사로 갱신되는 계약은 앞에서 말한 증액 청구 제한규정(5% 초과 금지)이 적용된다.

마지막으로, 증액 청구에 관한 또 다른 판례를 살펴보자.

임대차 계약에 있어 임대인이 일방적으로 차임을 인상할 수 있고 상대방은 이의를 할 수 없다고 약정했다면 강행법규를 위반하는 약정이고 임차인에게 불리한 내용이므로 효력이 없다고 보고 있다.

또한, 임대차 계약을 할 때 임대인이 임대 후 일정 기간이 경과할 때마다 물가 상승 등 경제 사정의 변경을 이유로 임차인과 협의해 차임을 조정할 수 있도록 약정했다면, 임대인에게 일정 기간이 지날 때마다 물가 상승 등을 고려하여 상호 합의로 차임을 증액할 수 있는 권리를 부여한 것으로 본다. 이에 따라 차임 인상 요인이 생겼는데도 임차인이 그 인상을 거부해 협의가 성립하지 않으면 법원이 물가 상승 등 여러 요인을 고려해 정한 적정한 액수의 차임에 따르기로 약정한 것으로 본다.

04

상가건물 임대차의
존속 기간과 묵시적 갱신

상가건물 임대차의 존속 기간

기간을 정하지 않았거나 1년 미만으로 정한 상가건물 임대차는 그 기간을 1년으로 본다. 단, 임차인은 1년 미만으로 정한 기간이 유효함을 주장할 수 있다.

상가건물 임대차에서 임대인과 임차인 간 계약을 통해 존속 기간을 정할 때 1년 미만의 계약 기간으로 정하면 임차인만 1년 미만이 유효하다고 주장할 수 있다. 임차인의 선택에 따라 1년 미만의 약정이라도 1년 계약이 될 수 있다. 따라서 임대인은 거래 안전상 1년 이상의 기간으로 계약하는 것이 안전할 수 있다.

묵시적 갱신 관련해서 갱신되는 임대차의 존속 기간은 1년으로 본다. 갱신 요구권의 행사로 인해 갱신되는 임대차의 존속 기간은 다르다. 주택임대차보호법과 관련한 갱신 요구권 행사로 갱신되는 임대차의 존속 기간을 2년으로 보는 것과도 다르다. 즉, 상가건물임대차보호법과 관련한 갱신 요구권 행사로 갱신되는 임대차는 전 임대차와 동일한 조건으로 다시 계약된 것으로 본다. 따라서 갱신된 임대차의 존속 기간은 전 임대차의 존속 기간과 동일하게 되는 것이 원칙이다.

갱신 요구권은 최초의 임대차 기간을 포함한 전체 임대차 기간이 10년을 초과하지 않는 범위에서만 행사가 가능하다. 갱신되는 임대차의 존속 기간도 최초 임대차 기간까지 포함한 전체 임대차 기간이 10년을 초과하지 않는 범위에서만 인정되는 것이다. 참고로, 묵시적 갱신과 관련해서는 갱신 요구권에서처럼 기간을 제한하는 규정이 없기 때문에 갱신 요구권 행사와 별개로 묵시적 갱신은 요건만 충족되면 계속 이뤄질 수 있다. 예를 들어, 처음에 임대차 계약 기간을 2년으로 정한 다음, 묵시적 갱신을 하면 1년 단위로 임대차가 갱신되는 것이다. 묵시적 갱신에 기간 제한은 없으므로 10년이든 20년이든 묵시적 갱신 요건만 충족되면 1년 단위로 계속 갱신될 수 있다.

처음 임대차 계약을 할 때 기간을 7년으로 했다면, 계약 만료 전에 계약 갱신 요구권을 행사해서 임대차가 갱신될 경우 갱신되는 임대차의 존속 기간은 3년이다. 계약 갱신 요구권 행사로 갱신되는 임대차는 전 임대차와 동일하게 다시 계약되지만, 최초 임대차 기간인 7년과 갱신되는 임대차 기간을 포함해 임대차 전체 기간이 10년을 초과할 수 없기 때문이다.

상가건물 임대차 관련 묵시적 갱신

임대인이 임대 기간 만료 6개월 전부터 1개월 전 사이에 임차인에게 계약 갱신 거절 또는 조건 변경 관련 통지를 하지 않으면, 임대 기간이 만료된 때에 전 임대차와 동일한 조건(임대차의 존속 기간은 1년)으로 다시 임대한 것으로 본다. 묵시적으로 갱신된 계약에 대해 임차인은 언제든지 임대인에게 계약 해지의 통고로 임대차 계약을 해지할 수 있으며 해지의 효력은 임대인이 통고를 받은 날로부터 3개월이 지나면 발생한다.

그런데 임대차 계약의 환산보증금(보증금만 있는 경우 그 보증금액, 보증금과 월세가 같이 있는 경우 보증금액에 '월세×100'을 더한 금액)이 상가건물임대차보호법의 지자체별 환산보증금 기준을 초과하지 않을 때 적용된다. 환산보증금 기준을 초과하면 적용되지 않는다. 적용되지 않으면 민법에 따라 묵시적 갱신 여부가 결정된다. 즉, 민법상 묵시적 갱신은 임대 기간이 만료된 후 임차인이 임대차 목적물을 계속 사용해서 수익을 내고 있는데도 임대인이 상당한 기간 내에 이의를 제기하지 않으면 전 임대차와 동일한 조건으로 갱신되는 것으로 본다. 민법에 따른 묵시적 갱신이라면 갱신된 기간 중이라도 임대인이나 임차인 모두 중도 해지 통고를 할 수 있다. 임대인이 해지 통고를 하면 상대방이 통고를 받은 날로부터 6개월 뒤, 임차인이 하면 1개월 뒤에 해지 효력이 발생한다.

한편, 주택임대차보호법에서의 묵시적 갱신규정과 다르게 묵시적 갱신과 관련한 통지를 할 수 있는 주체는 법적으로 임대인뿐이다.

(좀 더 자세하게 말하자면) 주택임대차보호법에서는 법에서 정한 기간 동안 상대방에게 계약의 갱신을 원하지 않는다는 통지는 임대인 또는 임차인이 할 수 있다. 반면, 상가건물임대차보호법에서는 임대차 계약이 종료되기 6개월 전부터 1개월 전까지 갱신 거절 통지 등을 할 수 있는 주체는 임대인으로만 규정되어 있다. 여기에서 임차인에 대한 내용은 주택 임대차와 다르게 규정에 없다는 점에서 차이가 있다. 따라서 임차인 입장에서는 계약 종료를 하고 싶어도 임대인이 갱신 거절 통지를 하지 않으면 임대차 계약을 적극적으로 거절할 수단이 없다. 그러므로 묵시적 갱신 관련해서는 중도 해지 규정을 활용할 수밖에 없어 보인다(임대차 계약이 상가건물임대차보호법에 따라 묵시적으로 갱신되는 경우 임차인이 민법상의 묵시적 갱신규정을 적용해 해지를 통지하는 것은 상가건물임대차보호법이 특별법으로써의 지위를 가지므로 힘들 수 있다).

마지막으로 (앞에서도 말했지만) 임차인의 갱신 요구는 최초 임대차 기간을 포함해 총 10년을 넘지 못하지만, 묵시적 갱신은 기간의 제한을 받지 않고 요건이 충족되면 계속될 수 있다. 따라서 환산보증금 범위 내로 임대차 계약을 한 임대인은 약정 기간이 종료되더라도 자동으로 계약이 종료되지 않고 묵시적으로 계속 갱신된다는 점을 유의해야 한다. 임차인의 갱신 요구가 없다고 해도 계약 종료를 원한다면 묵시적 갱신 거절 관련 통지를 법정 기간 내에 할 필요가 있다.

05

상가 임차인의 갱신 요구와
임대인의 갱신 거절

상가건물임대차보호법에 따라 임차인은 임대차 기간이 만료되기 6개월 전부터 1개월 전까지 계약 갱신을 요구할 수 있고, 임대인은 정당한 사유가 없으면 거절하지 못한다.

계약 갱신 요구에 따라 갱신된 임대차 계약은 동일한 조건으로 다시 계약된 것으로 본다. 이때 임차인의 갱신 요구 통지는 임대차 기간이 만료되기 6개월 전부터 1개월 전까지 임대인에게 도달해야 유효하다. 통지의 방법은 법에서 규정된 것이 없으므로 내용증명 등 입증이 가능한 방법이면 상관없다. 갱신 요구 통지가 임대인에 게 도달했는지 여부에 대한 입증 책임은 임차인에게 있다.

임대인은 임차인이 갱신 요구를 했을 때 법에서 정해진 사유를 이유로 거절할 수 있다. 임차인의 갱신 요구에 대한 주택임대차보호법과 상가건물임대차보호법에 있는 임대인의 갱신 거절 사유는 주택임대차보호법의 제8호 사유(실거주 목적 거절)를 제외하고 거의 유사하다. 주택임대차보호법과 관련한 갱신 거절 사유를 해석할 때 상가건물임대차보호법과 관련한 갱신 거절 사유가 어떻게 해석되는지를 참고하면 도움이 될 수 있다. 단, 임차인의 갱신 요구를 거절할 때 갱신 거절 사유가 있는지 여부에 대한 입증 책임은 임대인에게 있다. 그러므로 임차인의 갱신 요구를 정당하게 거절하기 위해서는 임대인은 갱신 거절 사유와 관련해 입증이 가능한 증빙자료 등을 마련해둬야 한다.

임대인이 임차인의 갱신 요구를 거절할 수 있는 사유는 다음과 같다(상가건물임대차보호법에서 인정하는 갱신 거절 사유는 앞에서 말한 주택임대차보호법에서 인정하는 갱신 거절 사유와 유사해 보일 수 있다. 실제로도 표현상 차이가 거의 없는 규정도 있다).

① 임차인이 3기의 차임액에 해당하는 금액에 이르도록 차임을 연체한 사실이 있는 경우

② 임차인이 거짓이나 그 밖의 부정한 방법으로 임차한 경우

③ 서로 합의해 임대인이 임차인에게 상당한 보상을 제공한 경우

④ 임차인이 임대인의 동의 없이 상가건물의 전부 또는 일부를 전대(轉貸)한 경우

⑤ 임차인이 임차한 상가건물의 전부 또는 일부를 고의나 중

대한 과실로 파손한 경우

⑥ 임차한 상가건물의 전부 또는 일부가 멸실되어 임대차의 목적을 달성하지 못할 경우

⑦ 임대인이 다음 (가)~(다) 중 어느 하나에 해당하는 사유로 상가건물의 전부 또는 대부분을 철거하거나 재건축하기 위해 상가건물의 점유를 회복할 필요가 있는 경우

　(가) 임대차 계약 체결 당시 공사 시기 및 소요 기간 등을 포함한 철거 또는 재건축 계획을 임차인에게 구체적으로 고지하고 그 계획에 따르는 경우

　(나) 상가건물이 노후, 훼손 또는 일부 멸실되는 등 안전사고의 우려가 있는 경우

　(다) 다른 법령에 따라 철거 또는 재건축이 이뤄지는 경우

⑧ 그 밖에 임차인이 임차인의 의무를 현저히 위반하거나 임대차를 계속하기 어려운 중대한 사유가 있는 경우

앞에서 말한 갱신 거절 사유 중에서 추가로 설명이 필요한 부분이 있다.

사유 ①인 '임차인이 3기의 차임액에 해당하는 금액에 이르도록 차임을 연체한 사실이 있는 경우'의 의미는 다음과 같다.

'3기의 차임액에 해당하는 금액에 이르도록'은 연속해서 차임을 연체하지 않더라도 누적해서 연체된 차임의 총액이 3기의 차임액에 이르면 해당한다. '차임을 연체한 사실'이란, 차임을 연체한 사

실, 즉 갱신 거절 당시 차임이 3기에 이르도록 연체되어 있어야만 하는 것이 아니고 갱신 거절 당시 또는 이전이라도 차임이 3기에 이르도록 연체한 사실만 있으면 갱신 거절을 할 수 있음을 말한다.

이러한 점에서 보면, 임대인이 상가건물임대차보호법에 있는 계약 해지권을 행사하기 위해서는 계약 해지권 행사 당시까지 임차인의 차임 연체액이 3기의 금액에 이르도록 유지되고 있어야만 하는 상가건물임대차보호법 제10조의 8(차임 연체와 해지)의 '임차인의 차임 연체액이 3기의 차임액에 달하는 때'와는 그 인정 요건이 다르다고 할 수 있다. 예를 들어, 상가 임차인이 3개월분의 월세액에 해당하는 금액을 연체하고 있다면 임대인은 언제든지 계약을 바로 해지할 수 있지만, 3개월분의 월세액을 연체하던 중 임차인이 1개월분 월세액을 지급해 2개월분의 월세액에 해당하는 금액으로 연체액이 줄어들면 임대인은 더 이상 계약 해지는 어렵다. 추후 임차인이 계약 갱신을 요구할 때, 과거에 3개월분의 월세액에 해당하는 금액을 연체한 사실이 있다는 것을 이유로 갱신을 거절할 수 있다.

법 개정(법률 제17490호, 2020년 9월 29일 일부 개정 및 시행)에 따라, 2020년 9월 29일부터 6개월까지의 기간 동안 임차인이 연체한 차임액은 갱신 거절 사유가 되는 3기 연체 차임액의 계산에 포함되지 않는다. 이때 연체 여부는 약정 지급일을 기준으로 판단한다. 약정 지급일이 없으면 매월 말을 기준으로 판단한다. 단, 연체 차임에 대한 별도의 지급 청구 등 다른 권리 행사는 여전히 가능하다.

예를 들어, 2기의 차임액에 해당하는 금액이 연체되어 있다면

2020년 9월 29일 이후 6개월 동안 연체가 추가되어도 그 연체금액은 사유 ①의 '3기의 차임액에 해당하는 금액'의 계산에 포함되지 않기 때문에 이를 이유로 계약 갱신을 거절할 수 없지만 별도로 연체 차임액에 대해서는 지급을 청구할 수 있다. 2020년 9월 29일 전에 이미 연체한 차임액이 3기에 달한 사실이 있었다면 이를 이유로 갱신을 거절할 수 있다.

사유 ⑤인 '임차인이 임차한 상가건물의 전부 또는 일부를 고의나 중대한 과실로 파손한 경우'는 임차인이 임차한 상가건물의 전부 또는 일부를 고의나 중대한 과실로 파손했을 때를 말한다. 경미한 과실로 파손하거나 자연 마모 또는 통상의 손모(임차인이 통상적인 사용을 한 후에 생기는 상가건물의 상태 악화나 가치의 감소를 의미하는데 원칙적으로 원상회복 대상이 되지 않음)의 경우에는 해당되지 않는 것으로 본다.

사유 ⑦의 경우 '가'에서부터 '다'까지에 대해 좀 더 알아둘 필요가 있다.

임대인이 '가'의 사유(임대차 계약 체결 당시 공사 시기 및 소요 기간 등을 포함한 철거 또는 재건축 계획을 임차인에게 구체적으로 고지하고 그 계획에 따르는 경우)로 계약 갱신을 거절하려면, 임대차 계약을 할 때 구체적으로 알려줘야 한다. 만약, 중간에 알려주면 정당한 사유로 인정되지 않을 가능성이 크다. 즉, 추상적으로 '추후 재건축 또는 철거 시 갱신 거절 가능'이라는 표현만으로는 정당한 갱신 거절 사유로 인정되지 않을 가능성이 크다. 임대인은 계약할 때 적어도 실현 가능한 일정(계획)을 최대한 구체적으로 계약서에 명시할 필요가 있다(구체적인 문구 작성 등은 법률 전문가와 협의한다).

'나'의 사유(상가건물이 노후, 훼손 또는 일부 멸실되는 등 안전사고의 우려가 있는 경우)라면, 임대인에게 입증 책임이 있다. 상가건물이 노후 등으로 인해 안전사고 우려가 있음을 객관적으로 증빙하는 자료를 마련해놓고 있어야 한다. 감정 평가를 통해 안전사고 우려가 있는 등급을 받는 것이 정당한 사유를 입증할 때 유리할 것으로 판단된다.

'다'의 사유(다른 법령에 따라 철거 또는 재건축이 이뤄지는 경우)라면, '다른 법령'이 존재해야 하므로 사업주가 임의로 하는 리모델링 등 법령에 따른 철거나 재건축 등이 아닌 경우는 해당하지 않는다.

06

계약 갱신 요구와
묵시적 갱신 거절 간의 관계

상가건물 임대차에 있어 계약 갱신과 관련한 2가지 규정이 있다.

우선, 상가 임차인이 계약의 연장을 원하면 임대차 기간이 끝나기 6개월 전부터 1개월 전 사이에 갱신을 요구할 수 있는 갱신 요구권이 있다. 임대차는 동일한 조건으로 1년 갱신된다. 임차인의 갱신 요구권은 최초 임대차 기간을 포함해 총 10년을 초과하지 않는 범위에서 행사할 수 있다.

그다음으로, 임대인이 임대차 기간이 끝나기 6개월 전부터 1개월 전 사이에 계약의 갱신을 거절하거나 조건 변경의 통지를 하지 않으면 계약은 동일한 조건으로 1년 갱신되는 자동 갱신이 있다.

임대인이 앞에서 말한 기간 내에 갱신을 거절하는 통지를 하면 계약 만기 시 계약은 종료된다. 그렇게 하지 않으면 묵시적 갱신이 될 수 있다.

그런데 이 2가지 규정은 서로 모순되어 보일 수 있다. 임대인이 갱신을 원하지 않아서 갱신 거절을 통지하면 계약이 종료되는 것으로 되어 있는데, 다른 한편으로는 임차인이 계약을 계속 원해 갱신을 요구하면 계약이 종료되지 않고 갱신하도록 규정되어 있기 때문이다. 만약 당사자 간에 입장이 다르면 어떤 쪽이 우선이 될까?

판례는 이 2가지 규정에 나오는 각 임대차 갱신제도는 그 취지와 내용이 다르다고 본다. 즉, 임차인의 계약 갱신 요구권은 임차인 주도로 임대차 계약의 갱신을 달성하려는 것이고, 묵시적 갱신 거절 규정은 기간 만료로 인한 임대차 관계의 종료에 대해 임대인의 적극적인 조치를 요구하는 것이라고 본 것이다.

따라서 임대인의 갱신 거절 통지가 있더라도 임대인의 통지 선후와 관계없이 임차인은 계약 갱신 요구권을 행사할 수 있고, 이러한 임대인의 거절이 법에서 정한 정당한 사유로 인한 것이 아니라면 임차인의 계약 갱신 요구권의 행사로 인해 종전 임대차는 갱신되는 것으로 보고 있다. 즉, 임차인의 계약 갱신 요구권을 우선 보호하는 것이다.

임대차에 대한 갱신 거절 통지도 없고, 임차인의 갱신 요구도 없다면 묵시적 갱신규정에 따라 임대차 계약은 1년 자동 갱신이 된다. 묵시적 갱신규정은 갱신 요구권의 행사 기간이 제한되는 것과 달리 적용 기간에 제한이 없다. 따라서 임차인의 계약 갱신 요구를 할 수 있는 기간이 끝났다고 해도 임대인이 적극적으로 갱신 거절 조치를 하지 않으면 계약은 계속 자동 갱신이 될 수 있다.

여기서 임대인이든, 임차인이든 어떤 조치도 없이 지금까지 말한 규정이 당연히 적용되는 것이 아니라는 점을 주의한다. 상호 간에 미리 협의가 없었다면, 임대차를 종료하기 위해서 임대인은 반드시 정해진 기간 안에 적극적인 갱신 거절을 통지해야 하고, 임대차를 갱신하려는 임차인은 반드시 정해진 기간 안에 갱신을 요구해야 한다. 예를 들어, 임차인이 계약 기간 만료 3개월 전에 임대인의 계약 갱신 거절 통지를 받고도 아무런 조치를 하지 않다가 계약 기간 만료 1주일 전에 갱신 요구를 해도 임차인의 갱신 요구는 없는 것이 되고 계약은 종료된다. 따라서 권리 행사가 필요한 당사자는 정해진 요건에 맞추어 미리미리 적극적으로 할 필요가 있다.

권리금 회수의
기회를 보장하라

'권리금'은, 상가건물의 영업 시설이나 비품 등 유형물의 재산적 가치와 거래처, 신용, 영업상 노하우, 점포 위치에 따른 영업상 이점 등 무형의 재산적 가치의 양도 또는 일정 기간의 이용 대가를 말한다. 이러한 권리금은 보통 임차인에게 지급되는 것이 일반적이지만 분양하는 상가 등의 경우 바닥권리금이라는 명목으로 임대인에게도 지급될 수 있다.

2013년 10월 16일 기준으로 존속하는 임대차부터 임차인은 권리금 회수의 기회를 보장받고 있다. 즉, 임대인은 임대차 기간이 끝나기 6개월(2018년 10월 16일에 개정 및 시행된 법에 따라 기존 3개월에서 6개월로 개정됐으며 개정법 시행 당시 존속 중인 임대차에도 적용) 전부터 임대차가 종료될 때까지 정당한 사유 없이는 임차인이 권리금 회수를 위해 신규 임차인과의 계약을 주선(임차인이 신규 임차인과 임대차와 관련한 영업 양수도 또는 권리금 등에 대한 약정을 하고, 임대인에게 신규 임차인과 새로운 임대차 계약을 체결해 달라는 내용을 통지하는 절차)하고 권리금을 회수하는 행위를 방해해서는 안 된다. 임차인이 앞에서 말한 기간 안에 신규 임차인을 주선하면 하고, 만약 계약 체결 등을 앞에서 말한 기간 이후에 해도 임대인은 권리금 회수의 기회를 방해해서는 안 된다.

달리 해석하면, 임대인은 임대차 기간이 끝나기 6개월 전보다 더 이전이거나 임대차가 종료된 이후 임차인이 주선해 오는 신규 임차인과의 임대차 계약을 정당한 사유 없이 거절해도 당사자 간 특약이 없다면 규정 위반은 아니라고 볼 수 있다.

갱신 요구권 행사가 최초 임대차 계약 기간을 포함해 총 10년간 인정되는 것과 달리 권리금 회수의 기회 보장에 대한 기간 제한은 없다. 최초의 임대차 기간을 포함해 전체 임대차 기간이 10년을 초과해 임차인이 계약 갱신 요구권을 행사할 수 없어도 임대인은 같은 법에 따른 권리금 회수의 기회를 보호해야 하는 의무를 부담한다. 참고로, 전통시장을 제외한 대규모 점포 또는 준대규모 점포의 일부의 경우 등에는 권리금 회수의 기회 관련 규정이 적용되지 않는다('대규모 점포 또는 준대규모 점포의 일부'란, 유통산업발전법 제2조에 따른 대규모 점포 또는 준대규모 점포의 일부인 경우를 의미한다).

방해 행위와 정당한 거절 사유

상가건물임대차보호법에는 임대인의 방해 행위를 규정한 내용이 있다.

① 임차인이 주선한 신규 임차인에게 권리금을 요구하거나 권리금을 수수하는 행위

② 임차인이 주선한 신규 임차인이 임차인에게 권리금을 지급하지 못하게 하는 행위

③ 임차인이 주선한 신규 임차인에게 상가건물에 관한 조세, 공과금, 주변 상가건물의 차임 및 보증금, 그 밖의 부담에 따른 금액에 비춰 현저히 고액인 차임과 보증금을 요구하는 행위

④ 그 밖에 정당한 사유 없이 임차인이 주선한 신규 임차인과 임대차 계약을 임대인이 거절하는 행위

이 중에서 권리금 회수와 관련해 가장 많이 다툼이 발생할 수 있는 방해 행위로는 ③을 들 수 있다.

기존 임차인이 새롭게 주선한 임차인과 임대차 계약을 하면 해당 계약은 새로운 임대차 계약이므로 보증금이나 차임의 증액과 관련해 5% 증액 상한률 제한을 받지 않는다. 그래서 임대인은 원하는 만큼 보증금 등을 증액해 계약하려고 할 수 있다. 반면, 신규 임차인은 기존 임차인 수준으로 계약하려고 할 수 있다.

이때 임대인이 현재 상가건물에 관한 조세, 공과금, 주변 상가건물의 차임 및 보증금, 그 밖의 부담에 따른 금액에 비춰 현저히 높은 차임과 보증금을 요구하는 바람에 신규 임차인과의 계약이 파기되면 방해 행위로 인정받을 수 있다.

단, 현재 상가건물에 관한 조세 등에 비춰 적정 시세에 맞는 정도의 증액이라면 기존 임대료에 대비해 고액의 임대료가 되더라도 그 정도의 증액을 요구하는 임대인의 행위가 방해에 해당하지 않을 가능성이 크다(현실에서 이러한 문제가 발생했다면 방해 행위에 해당하는지는 법률 전문가와 구체적으로 상의할 필요가 있다). 현저한 증액인지 여부에 대한 판단 기준은 증액 당시의 상가건물에 관한 조세, 공과금, 주변 상가건물의 차임 및 보증금 등이기 때문이다.

권리금 회수의 기회를 방해하지 않는다고 보는 임대인의 정당한 거절 사유도 있다.

① 임차인의 계약 갱신 요구에 대해 임대인의 갱신 거절 사유가 정당하다고 인정되는 경우

② 임차인이 주선한 신규 임차인이 보증금 또는 차임을 지급할 자력이 없는 경우

③ 임차인이 주선한 신규 임차인이 임차인의 의무를 위반할 우려가 있거나 그 밖에 임대차를 유지하기 어려운 상당한 사유가 있는 경우

④ 임대차 목적물인 상가건물을 1년 6개월 이상 영리목적으

로 사용하지 않는 경우

⑤ 임대인이 선택한 신규 임차인이 임차인과 권리금 계약을
체결하고 그 권리금을 지급한 경우

이 중 ②, ③과 관련된 확인을 위해 임차인은 자신이 주선한 신규
임차인의 보증금 및 차임을 지급할 자력, 임차인의 의무를 이행할
의사 및 능력에 관해 알고 있는 정보를 임대인에게 제공해야 한다.

권리금 회수를
방해하는 행위와 손해 배상

임대인이 정당한 사유 없이 권리금 회수의 기회를 방해하는 바람에 권리금을 회수하지 못하는 손해를 입은 임차인은 임대인에게 손해 배상 청구를 할 수 있다. 임차인이 임대인에게 손해 배상을 청구할 권리는 임대차가 종료한 날로부터 3년 이내에 행사하지 않으면 시효의 완성으로 소멸한다.

좀 더 구체적으로 보자. 기존 임차인이 적법하게 신규 임차인을 주선했는데도 임대인이 정당한 사유(예를 들어, 기존 임차인이 3기 차임을 연체한 사실이 있거나 무단 전대 등으로 임대차 계약을 위반한 사실이 있는 경우 등) 없이 신규 임차인과의 계약 체결을 거절하는 바람에 기존 임차인이 신규 임차인과의 권리금 계약 파기 등으로 권리금을 회수하지 못하게 되면 임대인에게 손해 배상 책임이 발생할 수 있다. 즉, 임대인에게 손해 배상 책임이 인정되려면 임대인에게 정당한 사유가 없어야 한다는 점뿐만 아니라 임차인이 허위가 아닌 실제 신규 임차인을 주선했다는 점도 인정되어야 한다. 임차인이 임대인에게 권리금 회수의 기회를 보장받기 위해서는 실제로 신규 임차인을 섭외한 상태여야 하는 것이다.

참고로, 관련 판례에서는 임차인이 임대인에게 신규 임차인을 실제로 주선했다면 권리금 회수 방해를 이유로 (임차인이) 손해 배상을 청구했을 때 신규 임차인과 반드시 권리금 계약이 미리 체결되어 있어야 하는 것은 아니라고 봤다. 예외적으로, 임대인이 정당한 거절 사유가 없는 상황에서 '임차인이 신규 임차인을 주선했는데도 임대차 계약을 체결하지 않겠다'는 의사를 확정적으로 표시했다면 실제로 신규 임차인을 임차인이 주선하지 않았더라도 주선 여부를 불문하고 임대인의 거절 행위는 부당하다고 본다.

기존 임차인이 권리금 회수의 기회를 보장받기 위해서는 임대차 기간이 끝나기 6개월 전부터 임대차가 종료할 때까지 새로운 임차인을 찾아서 임대인과 계약하도록 주선해야 한다. 이런 임차인의 주선 행위에 대해 법정 기간 이내라면 임대인이 새로운 임차인과 계약하기를 원하지 않아도 정당한 사유(예를 들어, 기존 임차인이 3기 차임을 연체한 사실이 있거나 무단 전대 등으로 임대차 계약을 위반한 사실이 있는 경우 등)가 없다면 계약 체결을 거절할 수 없다.

법정 기간을 넘겼을 경우, 당사자가 미리 약정했다는 등의 특별한 사정이 없다면 임대인이 권리금 회수의 기회를 방해하는 사유에 해당하는 행위를 해도 권리금 회수 기회에 방해가 되지 않고 임대인에게 손해 배상의 책임도 발생하지 않는다.

손해 배상 책임과 관련해 인정되는 손해액은 신규 임차인으로부터 받기로 한 권리금 상당액과 임대차 종료 당시의 권리금 중 낮은 금액을 넘지 못하도록 규정하고 있다. 손해에 해당하는 임대차 종료 당시의 권리금에 대한 평가는 감정 평가를 통하므로, 권리금 회수에 대한 방해 행위가 있는 경우 임차인은 새로운 임차인에게 받기로 한 권리금 상당액에 대해 전액 보상을 받기 힘들 수 있다.

월세가 밀렸을 때
임대인의 대처방안

3기의 차임 연체

임차인이 차임한 연체액이 3기의 차임액에 달하면 임대인은 계약을 해지할 수 있다.

임대인의 계약 해지권은 임차인이 연체한 차임액이 3기의 차임액에 달할 때 발생한다. 임대인이 계약 해지권을 행사하기 전에 임차인이 연체한 차임의 전부 또는 일부를 지급해 연체한 차임액이 3기의 차임액 이하가 되면 임대인의 계약 해지권은 소멸한다. 단, 임차인이 이렇게 해서 연체한 차임액이 줄어도 3기의 차임액에 달하는 금액에 이르도록 차임을 연체한 사실은 변함이 없으므로 이를 이유로 임대인은 임차인의 갱신 요구에 대한 거절은 가능하다(임대인의 계약 해지권과 갱신 거절 사유, 모두 3기 연체를 기준으로 한다. 그런데 계약 해지권은 3기 연체액에 달하는 상황에서만 행사가 가능한 반면, 갱신 거절 사유는 3기 연체액에 달하는 상황이 아니더라도 그 이전에 3기의 차임액에 달하도록 연체된 사실이 있기만 하면 인정된다는 점에서 차이가 있다).

임대인의 계약 해지권 관련해서는 최근에 관련 규정이 개정됐다. 그래서 2020년 9월 29일을 기준으로 존속 중인 임대차에도 적용되고 있다. 법 개정으로 인해 임차인이 2020년 9월 29일부터 6개월까지의 기간 동안 차임을 연체해도 이 기간 동안 발생한 연체를 이유로는 계약 해지를 할 수 없게 됐다. 연체의 이유는 묻지 않는다. 그렇다면 2020년 9월 29일부터 6개월까지의 기간 동안 임대인의 권리는 어떻게 제한받는가?

차임을 연체했을 때 임대인이 행사할 수 있는 권리 중 개정법과 관련한 내용은 다음 3가지다.

① 임대인은 임차인의 갱신 요구권 행사에 대해 정당한 사유가 있다면 갱신을 거절할 수 있는데 그 사유 중 하나가 '임차인이 3기의 차임액에 해당하는 금액에 이르도록 차임을 연체한 사실이 있는 경우'다.

② ①의 사유를 이유로 임대인이 임차인의 신규 임차인 주선 행위를 방해해도 권리금 회수의 방해로 보지 않는다.

③ 상가건물 임대차에서 임차인의 차임 연체액이 3기의 차임액에 달하면 임대인은 계약을 해지할 수도 있다.

그런데 개정법에 따르면 앞에서 말한 임대인의 권리 행사에서 그 전제 요건인 3기 연체액을 계산할 때 2020년 9월 29일 이후 6개월 간 발생한 연체액은 포함하지 않도록 하고 있다.

예를 들어보자. 임대인 O는 2019년 11월에 임차인 P와 임대 기간 1년, 그리고 보증금 5,000만 원에 월세 250만 원을 매월 초에 지급하기로 하고 임대차 계약을 체결했다. 그런데 임차인 P는 코로나 19 사태의 영향으로 월세를 전부 또는 일부를 연체하게 됐다. 2020년 9월 초까지 밀린 월세가 두 달 치를 넘는 700만 원이 됐다. 그러던 중 임차인은 영업이 계속 어려워져서 10월 지급일에 월세로 50만 원만을 지급했고 결국 연체한 금액이 총 900만 원에 이르렀다.

임차인 P의 경우 임대차 계약의 해지 조건인 금액은 3기의 차임액에 달하는 750만 원이다. 실제 연체액은 900만 원으로 750만 원을 넘지만 개정법에 따라 9월 29일 이후 발생한 연체금액인 200만 원은 앞에서 말한 ①~③의 판단에 포함하지 않는다. 해지 조건 판단에 적용되는 연체금액은 700만 원이 된다.

따라서 임대인은 3기에 달하는 연체를 이유로 계약을 해지할 수 없다. 또한, 임차인이 계약 만료 1개월 전인 2020년 10월경에 계약 갱신을 요구하면 임대인은 차임 연체를 이유로 계약 갱신을 거절할 수 없다. 다른 갱신 거절 사유가 없는 한 계약은 갱신된다.

기간 만료로 계약이 종료되는 상황에서는 연체를 했음에도 불구하고 임차인은 계약 종료 전에 신규 임차인을 주선해 권리금 회수의 행위를 할 수 있다. 임대인은 다른 정당한 사유가 없다면 방해하지 못한다.

단, 개정법에서는 이런 경우에 대해 '연체한 차임액에 대한 임대인의 그 밖의 권리는 영향을 받지 않는다'라고 규정하고 있다. 예를 들어, 임대인은 임대차 관계가 계속되고 있는 동안에는 임대차 보증금에서 연체 차임을 충당할 것인지를 자유롭게 선택할 수 있다. 임차인은 임대차 보증금의 존재를 이유로 차임의 지급을 거절할 수 없다. 임대인은 보증금 공제 외에 연체한 차임의 채권을 양도하거나 지급 청구를 할 수 있는 등 선택 가능한 다른 권리들의 제한을 받지 않는다.

기존의 모든 임대차 관계에 개정법이 적용되므로, 임대인과 임차인 간의 권리 및 의무 관계에 개정법이 어떻게 적용되는지를 꼼꼼히 확인해야 분쟁을 최소화할 수 있을 것이다.

차임 연체에 대한 임대인의 대처방안

경기가 어려워지면 임대차 관계에서 임차인이 월세를 못 내거나 연체하는 상황이 많이 발생한다. 월세를 못 내거나 연체하는 상황에서 연체금액이 3개월 치 월세에 달하면 임대인은 임대차 계약을 해지할 수 있다. 월세 연체를 이유로 임대차가 종료되면 임대인은 임차인에게 연체된 금액 등을 공제하고 보증금을 돌려주면 된다.

보증금을 얼마나 돌려줄 건지, 연체된 금액은 얼마인지는 현실적으로 돌려주는 임대인의 판단으로 우선 결정된다. 그래서 연체금액이 얼마인지, 보증금은 얼마가 남아 있는지 등으로 다투는 경우가 많다. 이런 문제로 다툼이 발생하면 임대인이 알아야 할 사항은 어떤 것이 있을까?*

예를 들어, 임차인 Q가 R의 상가를 임차해 장기간 영업을 하다가 계약 만기로 나가게 됐다고 해보자.

보증금 반환과 관련하여 임대인 R과 임차인 Q 간에 문제가 발생했다. Q는 R에게 계약이 종료됐으니 지급했던 보증금을 돌려달라고 했다. 처음 계약할 때 지급한 보증금은 1,000만 원이고 월세는 100만 원이었다.

R이 통장을 확인해 보니 연체된 월세는 11개월 치, 총액은 1,100만 원이었다. R은 연체한 차임이 보증금액보다 많으므로 돌려줄 돈이 없다고 반환을 거절했다. 그러자 Q는 월세를 가끔 내지 않았지만 이후 일부는 지급했고 일부는 R이 면제해줬다고 주장했다. 결국, Q는 R에게 보증금을 돌려달라고 내용증명을 보내면서 보증금 반환과 관련해 분쟁이 발생했다.

이런 상황과 관련해서는, 우선 보증금의 성격에 대해 주의해야 한다. 부동산 임대차에 있어서 수수된 보증금은 임대인에게 연체 차임 등에 대한 담보가 된다. 임대차 보증금은 연체 차임, 목적물의 멸실 및 훼손 등으로 인한 손해 배상 채무 등 임대차 관계에 따른 임차인의 모든 채무를 담보한다. 그 채무 상당액은 임대차 관계가 끝

---

* 여기서는 상가건물임대차보호법 개정에 따라 2020년 9월 29일 이후 6개월까지의 기간 동안 연체된 차임액은 계약 해지 등과 관련해 적용할 때 차임 연체액으로 보지 않는다는 규정은 다루지 않는다.

나고 목적물이 반환될 때에 (특별한 사정이 없다면) 별도의 의사 표시 없이 보증금에서 당연히 공제된다. 따라서 R은 임대차를 끝낼 때 보증금에서 연체된 월세 등을 공제하고 Q에게 주면 된다.

이렇게 R이 연체된 월세를 공제하고 보증금을 돌려줄 때 관련한 다툼이 생기면 그 입증 책임은 누구에게 있는가를 확인해야 한다.

R은 임대차 보증금에서 연체 차임, 연체 관리비 등을 공제하려면 그 채무를 임대차 보증금에서 공제해야 한다는 주장을 해야 한다. 나아가 그 임대차 보증금에서 공제될 월세 채권, 관리비 채권 등의 발생 원인에 관해 주장하고 입증해야 한다. 발생한 채권이 변제 등의 이유로 소멸했는지는 임차인이 주장하고 입증 책임을 부담한다.

그러므로 임대인은 임대차 계약에 정해진 금액만큼 연체 차임 등을 공제했다고 말하면서 임차인에게 남은 금액을 지급하거나 남은 금액이 없다면 지급 거절이 가능하다. 이때 임차인은 월세를 제대로 냈고 연체된 금액이 없다는 사실을 주장하고 입증해야 한다. 앞에 나온 Q는 보증금을 돌려받으려면 월세를 입금한 내역 등을 제시해 연체된 금액 등이 없음을 주장하고 입증해야 한다.

10

전대차 관계는
어떻게 진행해야 하는가?

전차인에게 적용되는 규정

상가건물임대차보호법에서 임차인에게 인정되는 다음의 규정은 전대인(다시 세를 준 임차인)과 전차인(임차인에게서 세를 얻은 사람) 간의 전대차 관계에도 그대로 적용된다.

① 계약 갱신 요구권 및 묵시적 갱신 관련 규정

② 환산보증금이 법적으로 정해진 금액을 초과하는 임대차의 계약 갱신과 관련해 적용되는 증감 청구권규정

③ 차임 연체액이 3기의 차임액에 달하는 때 발생하는 임대인의 계약 해지규정

④ 개정법에 따라 2020년 9월 29일부터 6개월까지의 기간

동안 연체한 차임액은 (갱신 요구 거절규정이 적용되어) 계약 해지규정으로 적용되는 것과 관련한 차임 연체액으로 보지 않는다는 규정

⑤ 차임 등의 증감 청구권규정

⑥ 월 차임을 전환될 때 산정률의 제한규정

임대인의 동의를 받고 전대차 계약을 체결한 전차인은 임차인의 계약 갱신 요구권 행사 기간 이내에 임차인을 대위해 임대인에게 계약 갱신 요구권을 행사할 수 있다.

전대차에 적용되지 않는 규정으로는 권리금 회수의 기회 보장규정이 있다. 전차인은 전대차 관계를 유지하던 중 계약이 종료되어도 다른 약정이 없다면 임대인 또는 임차인으로부터 상가건물임대차보호법의 권리금 회수 기회를 보장받지 못한다.

상가건물임대차보호법에 정해진 내용이 없으면 민법을 참고한다. 전대차와 관련된 민법을 살펴보면, 우선 무단 전대에 대해서 임차인은 임대인의 동의 없이 그 권리를 양도하거나 임차물을 전대하지 못하며 임차인이 위반하면 임대인은 계약을 해지할 수 있다고 규정하고 있다.

전대의 효과와 관련해 임차인이 임대인의 동의를 얻어 임차물을 전대한다면 전차인은 직접 임대인에 대한 의무를 부담하게 된다. 이 경우 전차인은 전대인에 대한 차임의 지급으로 임대인에게 대항하지 못한다.

또한, 전대차에 대한 동의가 임차인에 대한 임대인의 권리 행사에 영향을 미치지 않는다. 임차인이 임대인의 동의를 얻어 임차물을 전대했다면 임대인과 임차인의 합의로 계약을 종료한 때도 전차인의 권리는 소멸하지 않는다.

임대인과 전차인 간의 권리 및 의무

예를 하나 들어보자. B는 병원을 운영하는 개인사업자다. 현재 임차하고 있는 상가건물로는 늘어난 인원과 장비를 수용하기가 부족하다고 생각해서 좀 더 넓은 상가건물을 물색했다.

그러던 중 현재 있는 상가건물 인근에 신축된 상가건물이 적합하다고 판단했다. 건물주 A와 협의 끝에 장기 임차를 하기로 하고 상가 임대차 계약을 체결했다. 현재 있는 상가건물 1층에서 약국을 운영하던 C도 B와의 원활한 협업을 위해 같이 이전하기로 했다. C는 B가 임차한 상가건물 일부분을 전차하기로 협의하고 건물주 A에게 관련 동의를 구하기로 했다.

만약, 상가건물 소유주이자 임대인인 A가 임차인 B와 전차인 C 간의 전대차 계약에 대해 동의를 하면 임대인 A와 임차인 B 간의 법률 관계, 임차인 B와 전차인 C 간의 법률 관계는 어떻게 될까?

우선, 임대인 B가 임대인 A와 임대차 계약을 체결한 다음, 전차인 C와 전대차 계약을 체결했는데 임대인 A의 동의를 얻지 않은 경우를 살펴보자.

임차인 B가 전대한 부분이 해당 상가건물의 일부분이거나 임차인 B의 전대 행위가 임대인 A에 대한 배신적 행위*라고 할 수 없는 특별한 사정(예를 들어, 부부간 무단 전대 행위)이 인정되는 것처럼 예외적인 사유가 없다면 임대인 A는 임차인 B와의 임대차 계약을 해지할 수 있다.

임대인 A의 동의를 얻어 전차인 C와 전대차 계약을 체결했다면 임대인 A와 임차인 B 사이의 임대차 계약은 계속 유지가 되며 그 임대차 계약의 범위 내에서 임차인 B와 전대차 C 사이에는 별개의 새로운 전대차 계약이 성립한다.

이렇게 새로운 전대차 계약이 성립하면 임대인 A와 임차인 B 간의 임대차 계약의 관계에 변화가 있을 수 있다고 생각하기도 하는데 그런 변화는 없다. 임대인 A는 전대차 계약에 동의해도 임차인 B에 대해 임대차 계약에 따른 권리를 행사할 수 있다. 즉, 임대인 A는 임차인 B에게 차임을 청구하거나 임차인 B가 계약을 불이행하면 해지권을 행사할 수 있다.

임대차 계약이 종료되면 전대차 계약도 원칙적으로 종료된다. 단,

---

*무단 전대와 관련해 '배신적 행위'라는 표현은 판례에서 언급됐다. 즉, 판례는 '임차인이 임대인의 동의 없이 무단으로 전대하면 임대인은 계약 해지를 할 수 있다. 민법상의 임대차 계약은 원래 당사자의 개인적 신뢰를 기초로 하는 계속적 법률 관계임을 고려했을 때 임대인의 인적 신뢰나 경제적 이익을 보호해 이를 해치지 않게 하고자 함에 있다. 그러므로 임차인이 임대인의 승낙 없이 제3자에게 임차물을 사용하고 수익을 내게 하는 것은 임대인에게 임대차 관계를 계속 유지하는 데 어려운 배신적 행위가 될 수 있다. 임대인에게 일방적으로 임대차 관계를 종료시킬 수 있다. 하지만 임차인이 무단 전대를 했다고 해도 임차인의 행위가 임대인에 대한 배신적 행위라고 인정할 수 없는 특별한 사정이 있다면 법에 의한 해지권은 발생하지 않는다'라고 판시했다.

임대차 계약이 해지의 통고로 끝나도 그 임대물이 적법하게 전대되었다면 임대인 A는 전차인 C에 대해서도 그 사유를 통지해야 전차인 C에게도 그 종료를 이유로 상가건물 인도 등의 권리를 주장할 수 있게 된다. 그렇게 하지 않으면, 해지만으로 C에게 대항하지 못한다. 단, 계약 기간 만료 또는 채무불이행에 따른 해지 등의 사유가 아니라 임대인과 임차인 간의 합의로 계약이 종료됐다면 전차인 C의 권리는 소멸하지 않기 때문에 임대인 A는 전차인 C에 대해 전대차에 따른 기간 동안 전차인의 권리를 보호해줘야 한다.

임대인 A와 전차인 C 사이에는 직접적인 계약 관계가 발생하지 않지만, 전차인 C는 임대인 A에 대해 법적 의무를 부담한다. 전차인 C는 전대차 계약에 따라 전차인의 권리(수선 요구, 비용 상환 청구 등)는 임차인이자 전대인인 B에게 행사할 수 있을 뿐이고 전대차 계약의 당사자가 아닌 임대인 A에게는 그러한 권리들을 행사할 수 없다. 그러나 전차인 C는 임차인 B와의 전대차 계약상 의무 외에 임대인 A에 대해서는 전차 목적물 보관 의무, 임대차 계약 종료 시 목적물 반환 의무, 차임 지급 의무 등의 의무를 부담한다.

앞에서 말한 의무에 따라 임대인 A는 임대차 계약 당사자가 아닌 전차인 C에게 직접 차임의 지급을 요구할 수도 있다. 만약, 임차인 B가 차임을 주지 않으면 전차인 C에게 차임 지급을 직접 요구할 수 있다. 이때 전차인 C는 임차인 B에게 차임을 지급했다면서 임대인 A에게 대항할 수 없다. 임대인 A는 임차인 B 또는 전차인 C, 둘 중 누구한테든 차임을 요구할 수 있다. 임대인 A가 둘 중 누구로부터도 차임을 받지 못해 연체되는 경우 임대인 A는 임차인 B와의 임대차 계약을 해지할 수 있다. 임대인 A가 전차인 C에게 이에 대해 통지하면 임차인 B와 전차인 C 간의 전대차 계약도 임대인 A에게 대항할 수 없게 되므로 전차인 C는 상가를 비워줘야 한다.

전차인 C는 전대차 계약에 따라 임차인 B에 대해 부담하는 의무 이상으로 임대인 A에게 의무를 부담하지 않는다. 또한, 임차인 B가 임대차 계약에 따라 임대인 A에 대해 부담하는 의무 이상으로 임대인 A와의 관계에서 의무를 지지 않는다.

전차인 C는 임대인 A의 요구에 대해 임대차 계약 또는 전대차 계약에 따른 의무 중 부담이 적은 쪽을 택하면 된다. 이때 임대인 A와 전차인 C는 계약 자유의 원칙에 따라 전대차 계약상의 차임을 감액하는 것으로 전대차 계약의 내용을 변경할 수 있다. 민법 제630조 제1항에 따라 전차인 C가 임대인 A에 대해 직접 부담하는 의무의 범위가 변경되어도 전대차 계약의 내용 변경이 전대차 계약에 동의한 임대인 보호를 목적으로 한 민법 제630조 제1항의 취지에 반해 이뤄진 것으로 볼 특별한 사정이 없다면 전차인 C는 변경된 전대차 계약의 내용을 임대인 A에게 주장할 수 있다.

마지막으로, 임대인(전대인) B와 전차인 C 간의 관계는 임대인 A에 대한 관계와 별개로 전대차 계약의 내용에 따라 권리를 갖고 의무를 부담하게 된다. 전차인 C는 임대인 A에게 직접 이행한 의무 범위 내에서 전대인 B에 대한 의무를 면할 수 있다.

3부

임대사업을 끝낼 때 필요한 법률 지식

'임차인이 나가면 끝나는 것 아닌가?'라고 단순하게 생각하면 안 된다. 크고 작은 문제가 발생할 가능성이 매우 높다.

이번 3부에는 임대사업을 끝낼 때 임대사업자가 알고 있어야 하는 내용을 담았다. 임대 계약이 끝날 때 보증금은 어떻게 정리해야 하는지, 임차인과 분쟁이 발생하면 어떻게 처리해야 하는지 등에 대한 지식이 있어야 임차인과의 계약을 깔끔하게 마무리할 수 있다.

01

임차인과 계약을
끝낼 수 있는 사유는 많다

계약 종료의 사유

임대차 계약을 끝내는 사유로는 약정 사유 발생, 계약 기간 만료, 계약 위반으로 인한 해지, 중도 해지 등 다양하다. 그런데 다음 사유를 이유로 계약을 끝낼 수 있을까?

하나, 임대인이 임대차 목적물의 소유권을 상실했다면 계약의 종료 사유가 될까? 임대차는 당사자 일방이 상대방에게 목적물을 사용하고 수익을 내도록 약정하고 상대방이 차임 지급을 약정함으로써 성립하는 것이다. 임대인이 해당 목적물에 대한 소유권 등 이를 임대할 권한이 있을 것을 성립 요건으로 하고 있지는 않다(다만, 정당한 권리자에게 대항하지 못할 뿐이다). 따라서 소유자가 아니더라도 당사자끼리 임대차 계약은 유효하게 체결할 수 있다.

소유자인 임대인과 임차인 간에 임대차 계약이 체결된 후 계약 기간 중에 임대인이 임대차 목적물에 대한 소유권을 상실한 사실 그 자체만으로는 바로 임대차의 종료 사유가 되지 않는다.

그런데 임대인으로부터 해당 목적물의 소유권을 양도받은 제3자가 임차인에게 나가라고 하는 등의 요구를 했다면, 임대인이 임차인에게 해당 목적물을 사용하면서 수익을 낼 수 있게 할 의무가 더는 유지될 수 없게 된다. 이를 이행불능이라고도 한다. 이행불능이 일시적이라고 볼 만한 특별한 사정이 없다면 임대차 계약은 당연히 종료된다고 할 수 있다.

둘, 임차인이 있는데 정상적인 임대차 계약 외의 사유로 제3자에 의해 임대차 목적물이 경매로 넘어가면 임대차 계약은 종료될까? 예를 들어, 갑작스럽게 임대차 목적물에 대한 경매가 진행되면 임차인은 그 경매에 참여해 임대차 보증금의 변제를 받기를 원할 수 있다. 임대차 보증금을 돌려받으려면 그 전제가 임대차 계약의 종료다.

이와 같은 경매절차에서 임차인이 경매 법원에 배당 요구를 하면 임대차 계약은 임대인과 별도로 약정한 것이 없어도 당연히 종료된 것으로 볼 수 있을까?

임대차 기간이 만료되지 않았는데도 임대차 목적물에 대한 경매가 진행되는 바람에 임차인이 임대차 보증금을 돌려받으려고 경매 법원에 배당 요구를 하는 것은 임대차 관계의 존속을 더는 원하지 않음을 명백히 표시한 것이다. 다른 특별한 사정이 없다면 임대차

해지의 의사 표시라고 볼 수 있다.

경매 법원이 민사소송법 제606조 제1항에 따라 임대인에게 배당 요구의 사실을 통지해 임차인의 해지 의사가 경매 법원을 통해 임대인에게 전달될 때 임대차 관계는 해지로 종료된다.

셋, 임차한 주택의 소유자가 변경되면 임차인은 계약 기간이 남아있어도 계약을 종료할 수 있을까? 이런 경우 임차인이 계약을 해지할 수 있는지와 관련된 규정은 없다(대항력이 있는 임차인이라면 임대차 목적물을 양도할 때 양수인은 임대인 지위를 승계한다는 규정은 있다).

단, 판례는 임대차인 상황에서 임대인이 주택을 양도한 사안에 대해 '주택의 양수인에게 대항할 수 있는 임차권자라도 스스로 임대차 관계의 승계를 원하지 않으면 일정 기간 내에 승계되는 임대차 관계를 종료시킬 수 있다'라고 판시했다.

넷, 임대인의 동의가 없는 무단 전대는 어떻게 될까? 임대차 계약의 해지 사유가 된다. 예외적으로 무단 전대라고 해도 임대인에게 배신적 행위가 되지 않을 정도라면(예를 들어, 부부간의 무단 전대처럼 임대인이 예상할 수 있고 그 신뢰를 무너뜨리지 않을 정도의 전대 관련 행위) 해지 사유가 되지 않는다고 본다.

임차인이 비록 임대인에게 별도의 승낙을 얻지 않고 제3자에게 임차물을 사용하도록 한 경우라도 임차인의 무단 전대 행위가 임대인에 대한 배신적 행위라고 할 수 없는 특별한 사정이 인정된다면, 임대인은 자신의 동의 없이 전대차가 이뤄졌다는 이유만으로 임대차 계약을 해지할 수 없다. 임차권을 가진 양수인은 임대인에게 임차권에 따른 권리 및 의무를 주장할 수 있고, 전차인은 적법한 전대차임을 이유로 임대인에게 대항할 수 있다.

마지막으로, 사망하면 임대차 계약이 종료될까? 관련해서 특약 등이 없다면 원칙적으로는 임대차 종료 사유가 되지 않는다. 상속 법리에 따라 임대차 관계가 유지된다고 보면 된다.

계약 종료를 원한다면 통지하라

상가건물임대차보호법 또는 주택임대차보호법상 임대차에서는 (특약이 없는 한) 계약 종료의 사유가 발생해도 계약이 당연히 종료되지 않는 경우가 많다. 예를 들어, 상대방이 차임을 연체해도 계약이 당연히 종료되는 것이 아니다. 계약 해지를 할 수 있는 권한만이 발생하는 것이다. 마찬가지로, 임차인이 무단 전대 등으로 계약을 위반해도 임대인에게는 그 이유로 계약을 해지할 수 있는 권한만이 발생하는 것이다.

계약을 종료하기 위해서는 종료 사유만으로는 부족하다. 임대인이 적극적으로 해지에 대한 의사를 표시해야 하고 상대방에게 통지가 되어야 계약이 종료된다.

통지하는 방법은 법으로 정해져 있지 않다. 입증이 가능한 방법이면 된다. 입증 책임은 상대방에게 통지가 도달했음을 주장하는 사람에게 있다. 어떤 방법으로 통지하든 상관은 없지만 해당 통지가 상대방에게 도달했음을 입증할 만한 자료 등을 마련해놓는 것이 분쟁 방지에 도움이 될 수 있다. 그래서 입증이 용이한 내용증명이 많이 활용된다.

　만약, 상대방이 여러 명이면 더욱 주의한다. 민법 제547조 제1항은 '당사자의 일방 또는 쌍방이 수인인 경우 계약의 해지(장래에 향해 계약 종료의 효력이 발생)나 해제(소급해 계약 종료의 효력이 발생)는 그 전원으로부터 또는 전원에게 해야 한다'라고 규정하고 있다. 앞에서 설명했듯이 여러 사람이 공동 임대인이 되어 임차인과 하나의 임대차 계약을 체결했다면, 민법 제547조 제1항의 적용을 배제하는 특약(예를 들어, 다수를 대표하는 대표 임대인 또는 대표 임차인을 정해놓은 경우)이 있는 등의 특별한 사정이 없다면 공동 임대인 전원의 해지 의사 표시에 따라 임대차 계약 전부를 해지해야 한다. 이러한 법리는 임대차 계약을 체결할 당시부터 공동 임대인이었던 경우뿐만 아니라 임대차 목적물 중 일부가 양도되거나 상속되어 관련 임대인의 지위가 승계됨으로써 공동 임대인으로 되는 경우처럼 계약한 이후에 임대인이 여러 명이 될 때도 마찬가지로 적용된다.

02

임대인이 알아야 하는
보증금 공제

임대차 보증금은 임대차 계약이 끝나고 목적물을 인대인에게 명도할 때까지 발생하는, 임대차에 따른 임차인의 모든 채무를 담보한다. 따라서 그 피담보 채무[연체 차임 및 그에 대한 지연 손해금, 목적물의 멸실·훼손(훼손된 건물부분의 원상 복구 비용 상당의 손해 배상 채권 등도 담보) 등으로 인한 손해 배상 채무 등] 상당액은 임대차 관계가 종료하고 목적물이 반환될 때 (특별한 사정이 없는 한) 별도의 의사 표시 없이 보증금에서 당연히 공제된다. 이에 따라, 임대인은 계약 종료 시 임대차 보증금에서 그 피담보 채무를 공제한 나머지만을 임차인에게 반환하면 된다.

보증금을 공제할 때 적법한 공제 여부에 대한 입증 책임은 누구에게 있을까?

임대차 계약에서 임대인에게 약정 보증금을 지급한 사실에 대한 입증 책임은 보증금의 반환을 요구하는 임차인에게 있다. 약정 차임을 임대인에게 지급했다는 입증 책임도 임차인에게 있다. 따라서 임대인은 임대차 보증금에서 피담보 채무 등을 공제하려는 경우 임차인이 어떤 날(매월 말일 등)에 얼마(월세 등)를 지급하기로 했다고 약정한 사실을 주장하고 입증하면 된다. 이에 대해 임차인은 약정대로 월세 등을 지급해 공제될 피담보 채무는 없다는 사실을 주장하고 입증해야 한다.

소멸시효가 완성된 월세 공제 여부

예를 들어보자. 임차인 S는 임대인 T의 상가를 보증금 1억 원에 월세 200만으로 임차해 10년 이상 영업을 하고 있다. S는 영업 상황에 따라 월세를 못 내기도 했다. T는 초반에만 해도 밀린 월세를 언제 줄지에 대해 물었지만 별다른 언급을 하지 않는 S를 보고 더는 묻지 않았다. 보증금이 충분하니 지금 안 주더라도 나중에 보증금에서 공제하면 된다고 생각했기 때문이다.

그렇게 시간이 흘렀다. 나빠진 경기 상황 때문에 더는 영업이 힘들다고 판단한 S는 T에게 이번 계약 기간 만기에 맞춰 그만두겠다고 통지했다. 밀린 월세는 보증금에서 공제하라는 말과 함께.

T는 밀린 월세를 확인해봤다. 최근뿐만 아니라 아주 옛날에 밀린 월세까지 합해보니 총 10개월 치 2,000만 원이나 됐다. 밀린 월세 2,000만 원과 기타 비용 등을 공제하고 돌려줄 돈이 7,500만 원이

며 계약 만기 때 상가를 원상회복해놓으면 주겠다고 통지했다.

그렇거나 월세가 밀린 줄 몰랐던 S는 지인에게 월세도 소멸시효가 적용된다는 이야기를 들었다. 밀린 월세는 3년이 지나면 소멸시효가 완성된다는 것을 인터넷 검색 등으로 확인했다.

S는 2,000만 원 중 3년이 지난 월세가 총 8건, 1,600만 원인 것을 확인하고 T에게 월세를 공제하더라도 공제 시를 기준으로 3년이 지난 1,600만 원에 대한 월세 채권은 소멸시효가 지났으니 나머지 400만 원과 기타 비용만 공제해달라고 통지했다. 이런 경우 S의 주장은 받아들여질 수가 있을까?

법적으로 이자 등 1년 이내의 기간으로 정한 금전의 지급을 목적으로 하는 채권은 3년간 행사하지 않으면 소멸시효가 완성된다. 임대차에서 월세도 보통 1년 이내 기간으로 정해 지급을 목적으로 하는 채권이므로 3년간 행사하지 않으면 소멸시효가 완성된다.

임대차 기간 중에 밀린 월세를 임대차가 종료될 때 보증금에서 일괄 공제한다 등의 특별한 사정이 없다면, 밀린 월세에 대한 소멸시효는 임대차 계약에서 정한 지급기일로부터 기산되어 3년이 지나면 완성된다. 통상의 경우처럼 월말에 월세를 지급하기로 했다면 월말에 미지급한 날부터 월세마다 건별로 소멸시효가 진행된다.

밀린 월세는 원래 건별로 지급했어야 할 때부터 소멸시효가 진행된다고 볼 수 있다. 그때부터 3년이 지난 밀린 월세는 소멸시효가 완성됐다고 볼 수 있다. '소멸시효가 완성됐다'는 다툼에서 월세를 더는 지급할 의무가 없음을 말한다.

단, 판례는 '임대차 보증금의 특수성을 고려해 소멸시효가 완성된 월세도 계약이 종료될 때 보증금에서 공제할 수 있다'라고 본다. 임대차 중에 차임이 연체되고 있어도 임대차 보증금에서 연체 차임을 충당하지 않고 있었던 임대인의 신뢰와 차임을 연체한 상태에서 임대차 관계를 지속한 임차인의 묵시적 의사를 감안하면 연체한 차임은 임대차 보증금에서 공제할 수 있다고 본 것이다.

결국, S의 주장은 받아들여지기 힘들다. 임대차 계약에서 월세가 연체됐다면 연체된 월세에 대한 소멸시효가 완성됐다고 해도 임대인은 연체된 월세 전부를 공제하고 나머지 금액을 임차인에게 돌려주면 된다.

03

임차인의 대항력 등을 유지해주는
임차권 등기 명령제도

주택임대차보호법 또는 상가건물임대차보호법상 대항력과 우선
변제권은 해당 요건이 계속 유지되어야 효력이 있는 것으로 본다.
그래서 해당 요건을 상실하면 그 즉시 대항력 또는 우선변제권의
효력도 상실된다.

예를 들어보자. 임대차 주택에 살던 임차인이 계약이 끝나자 보증
금을 돌려받지 않은 상태에서 이사를 갔다. 아무런 조치도 하지 않
았다.

다른 주택으로 이사를 가는 바람에 점유를 상실하거나 이사를 한
주택으로 전입신고를 하면 기존에 임차해 살던 주택과 관련한 대항
력과 우선변제권은 그 즉시 상실된다. 이때 기존에 살던 주택이 매
매 등으로 처분되면 양수인 등에게 대항할 수 없고 경매로 넘어갔

다면 우선변제권 행사를 하지 못한다. 상가건물임대차의 경우도 마찬가지다. 임차인이 점유하던 건물을 인도하거나 사업자 등록이 말소되면 그 즉시 대항력 및 우선변제권의 효력이 상실된다.

임차인은 임대차가 종료된 이후에도 임대차 보증금을 안전하게 돌려받으려면 대항력과 우선변제권을 유지해야 한다. 그렇지 않으면 앞에서 말한 것처럼 이사 또는 폐업 등의 영향으로 대항력과 우선변제권의 효력을 상실하는 상황이 발생할 수 있다.

이런 상황을 방지하기 위해 법에 규정된 임차인을 위한 보호 조치가 '임차권 등기 명령제도'다. 임대차 계약이 종료됐는데도 임대인에게서 보증금을 돌려받지 못했다면 임차인이 단독으로 임차권 등기 명령을 법원에 신청할 수 있다.

법원의 임차권 등기 명령에 따라 임차권 등기가 완료된다. 임차권 등기는 특정 목적물에 대한 구체적 집행 행위나 보전 처분의 실행을 내용으로 하는 압류, 가압류, 가처분과 달리 어디까지나 임차인이 임대차보호법에 따른 대항력 또는 우선변제권을 취득하거나 이미 취득한 대항력 또는 우선변제권의 효력을 유지하도록 해준다.

임차권 등기 이후라면 임차인이 점유 이전 등으로 대항력을 상실해도 기존의 대항력과 우선변제권은 유지된다. 단, 임차권 등기 명령 신청만으로는 이미 취득한 대항력이나 우선변제권이 유지되지 않는다. 등기 이후부터 이미 취득한 대항력이나 우선변제권이 유지된다.

임차권 등기 명령의 집행에 따른 임차권 등기를 마친 건물을 임차한 소액 임차인의 최우선변제권은 인정되지 않는다. 그래서 임대인은 자신의 건물이 임차권 등기가 있는 건물이 되면 새로운 임차인에게 임대하기가 어려워질 수 있다. 임차권 등기 명령이 부당하다고 판단하면 법원의 임차권 등기 명령 결정에 대해 이의 신청, 취소 신청 등을 할 수 있다.

04

임대인이 알아야 하는
임차인의 원상회복 의무

원상회복의 범위

상가건물 임대차 또는 주택 임대차와 관련해 원상회복의 의무에 대한 직접적인 규정은 없지만 보충적으로 적용되는 민법규정으로 원상회복의 의무가 있다.

임차인이 임대차 목적물을 수리하거나 변경했다면 원칙적으로 수리 및 변경부분을 철거해 임대 당시의 상태로 사용할 수 있도록 해야 한다. 단, 원상회복의 의무 내용과 범위는 임대차 계약의 체결 경위와 내용, 임대 당시 목적물의 상태, 임차인이 수리하거나 변경한 내용 등을 고려해 구체적, 그리고 개별적으로 정해진다.

훼손되는 바람에 수리나 원상 복구가 불가능하다면, 임차인이 부담해야 하는 손해 규모는 훼손 당시의 임대차 목적물의 교환 가치가 된다(이를 '통상손해'라고 한다. 채무불이행 등으로 인해 일반적으로 생긴다고 인정되는 손해를 말한다. 채무자가 그 사정을 알았거나 알 수 있었을 때 한해 손해 배상 책임이 발생하는 특별손해와 구분된다).

수리나 원상복구가 가능하면 해당 수리비나 원상복구비가 통상손해가 된다. 그러나 원상회복이 가능해도 수리비 등이 임대차 목적물의 교환 가치나 감소한 부분을 현저하게 넘으면 (특별한 사정이 없는 한) 일반적으로 경제적인 면에서 수리나 원상복구가 불능이라고 보고 손해 배상 책임은 임대차 목적물의 교환 가치가 감소한 부분 범위 내로 제한한다.

원상회복의 범위는 임차인이 설치한 부분만이다. 현재 임차인의 전 임차인이 설치한 시설물 등에 대해서는 원상회복의 의무를 부담하지 않는다. 만약, 전 임차인이 설치한 시설물을 새 임차인이 그대로 승계했을 때 원상회복의 범위는 어디까지일까? 영업 양수도를 통해 기존 임차인의 시설물을 그대로 인수하는 등 예외적인 경우에는 기존 임차인이 설치한 시설물 등에 대해서도 원상회복의 의무를 부담한다는 판례가 있다. 그런데 특정 사안에 대한 판단이므로 일반적으로 적용되는지에 대해서는 다툼이 생길 수 있다.

원상회복의 의무 이행을 어느 범위까지 해야 하는지는 언제든지 당사자 간에 분쟁의 소지가 될 수 있다. 그러므로 기존 임차인이 건물 인도를 할 때 원상회복을 해야 하는 부분을 명확히 해야 한다. 기존 임차인이 설치한 시설물을 새 임차인이 인수해 영업한다면 원상회복과 관련된 범위를 특정할 필요가 있다.

권리금 회수 기회의 보장과 관련한 규정이 신설된 이후부터 기존 임차인은 권리금 회수 기회를 보장받을 수 있게 됐다. 권리금의 내용인 시설물 등에 대해 신규 임차인에게 이전하고 대가를 받았다면, 기존 임차인이 설치한 시설물 등에 대한 원상회복의 의무가 기존 임차인에게 있는지, 신규 임차인에게 있는지와 관련한 분쟁이 발생할 수 있다. 그러므로 임대인은 기존 임차인의 시설물을 인수한 신규 임차인과 계약할 때 기존 임차인의 시설물에 대한 원상회복 의무 범위에 대해 명확히 정해야 한다. 신규 임차인의 원상회복 의무에 해당하지 않는 부분에 대해 기존 임차인이 원상회복의 의무를 모두 이행하도록 해놓지 않으면 추후 기존 임차인이 설치한 시설물 등에 대한 원상회복을 임대인이 책임질 수도 있다.

임대차 계약도 끝났는데, 임차인의 원상회복 의무가 늦어져서 임대인이 손해를 입었다면 보상받을 수 있을까? 이런 경우에는 이행지체일로부터 임대인이 실제로 원상회복을 완료한 날까지의 임대료 상당액이 아니라 임대인 스스로 원상회복을 할 수 있었던 기간까지의 임대료 상당액이 된다.

임대인이 임차인의 원상회복 의무 불이행을 이유로 들면서 예상되는 손해 배상액을 넘어 보증금 전액의 반환을 거부하는 것은 허용되지 않는다. 즉, 임대인이 임차인에게 반환해야 할 보증금 액수에 비해 원상회복의 의무 지체가 사소하고 원상회복 불이행으로 인한 손해 배상액 역시 소액이라면 임대인은 원상회복의 의무 불이행으로 인한 손해 배상액을 공제한 나머지 보증금은 돌려줘야 한다.

물론, 임대인의 나머지 임대차 보증금 반환 의무도 임차인의 건물 인도 의무와 동시 이행 의무의 관계이므로 임대인은 임차인이 건물을 반환함과 동시에 보증금을 돌려주면 된다.

사례를 들어보자. U는 5년 전부터 안경원을 하고 있다. 전 임차인이 설치한 시설물에다 안경원에 필요한 시설물만 추가해서 시작했다. 최근에 경기 상황이 좋지 않아 폐업하기로 한 U는 임대인에게 한 달 후에 계약이 끝나면 나가겠다고 통지했다. 이후 U는 계약 종료일에 맞춰 인테리어업자를 불러 자신이 설치했던 부분을 철거하고 임대인에게 원상회복이 끝났으니 보증금을 돌려달라고 했다. 그런데 임대인은 U가 5년 전에 들어올 때부터 있었던 전 임차인이 설치한 시설물까지 같이 철거해야 보증금을 돌려줄 수 있다는 것이 아닌가! 이때 U의 원상회복 의무의 범위는 어디까지인가?

우선, 전 임차인이 경영하던 점포를 임차해 내부 시설을 개조 및 단장을 했다면 임대차가 끝났을 때 목적물을 원상회복해 반환할 의무가 임차인에게 있다. 따라서 임차인은 본인의 고의 또는 과실로 임대차 목적물이 변경된 부분에 대해 원상회복의 의무를 부담한다. 단, 통상적인 사용*을 한 후에 생기는 임대차 목적물의 상태 악화나

---

* '통상적인 사용'이란, 일반인의 평균적인 사용을 의미한다. 그런데 이에 대한 명확한 정의가 없다. 관련한 다툼이 발생하면 법원의 판단으로 결정될 수밖에 없다. 예를 들어, 벽지에 그림을 그리는 정도는 아니고 계약 기간 동안 먼지가 쌓여 벽지가 낡아져서 얼룩이 지면 통상적 사용에 따른 것이라고 볼 가능성이 크다. 그런데 (예를 들어) 임대차 목적물에 못을 박는 행위가 통상적인지 물으면 애매해진다. 이럴 때는 몇 개의 못을 어디에 박았는지, 해당 목적물의 상태, 당사자의 계약 내용 등 여러 가지 원인을 바탕으로 해서 통상적인 사용인지 여부를 판단할 수 있다.

가치의 감소를 의미하는 통상의 손모(損耗)에 관해서는 임차인의 귀책사유가 없으므로 그 원상회복 비용은 특약이 없는 한 임대인이 부담한다.

또한, 원상회복은 별도의 약정(기존 임차인의 모든 권리 및 의무를 인수하는 포괄양수도, 계약 인수 등)이 없는 한 임차인이 임차받았을 때의 상태로 반환하면 된다. 따라서 그 이전의 임차인이 시설한 것까지 원상회복할 의무가 있다고 할 수는 없다.

원상회복의 의무에는 임차인이 사용하고 있던 부동산의 점유를 임대인에게 이전하는 것은 물론 임대인이 임대 당시의 부동산 용도에 맞게 다시 사용할 수 있도록 협력할 의무도 포함한다. 임대인 또는 그 승낙을 받은 제3자가 임차 건물부분에서 다시 영업 허가를 받는 데 방해가 되지 않도록 임차인은 임차 건물부분에서의 영업 허가와 관련한 폐업 신고절차를 이행할 의무도 있는 것이다.

그다음으로, (예를 들어) 보증금은 1억 원인 상황에서 원상회복 비용으로 예상되는 금액이 100만 원 정도인데 임대인이 원상회복을 하지 않았다는 이유로 보증금 전액을 돌려주지 않을 수 있을까?

건물 임대차 계약이 종료되었을 경우 목적물을 원상회복하여 임대인에게 반환할 임차인의 의무, 그리고 연체 차임과 건물 명도 의무의 이행에 이르기까지 발생한 손해 배상 채권 등을 공제한 나머지 임대차 보증금을 임차인에게 반환할 임대인의 의무는 서로 동시 이행의 관계에 있다. 따라서 원칙적으로는 임대차 계약이 종료되어도 임차인이 목적물을 원상회복하여 임대인에게 반환하거나 그 이행의 제공을 하기까지 임대인은 동시이행의 항변권을 행사해 임대차 보증금의 반환을 거절할 수 있다. 그 한도 안에서 임대인은 임대차 보증금 반환 채무에 관해 이행 지체의 책임을 지지 않는다.

이에 따라 임대인은 임차인이 원상회복을 마치고 인도하기 전까지 보증금을 돌려주지 않아도 책임지지 않는다. 단, 앞에서 말한 것처럼 임차인이 원상회복해야 할 부분이 사소하고, 별로 비용이 들지 않는데 임대인이 돌려줘야 할 보증금 액수가 그에 비해 많다면 임대인은 원상회복의 의무 불이행에 따른 손해액만큼을 공제한 나머지 임대차 보증금은 임차인에게 반환해야 한다. 따라서 원상회복의 의무를 지체해도 이를 이유로 임대인은 원상회복 불이행에 따른 손해 배상액인 100만 원을 제외한 보증금 전액은 건물을 인도받음과 동시에 반환해줘야 한다.

마지막으로, U가 계약이 끝난 이후에도 원상회복의 의무를 다하지 않았다면 끝난 이후부터 원상회복이 될 때까지 동안의 차임 상당액을 손해로 배상해줘야 하나? 원상회복의 의무가 있는데도 지체하는 바람에 임대인이 손해를 입으면 얼마 정도를 줘야 하는지에 대한 질문이다.

U가 이행을 지체한 날로부터 임대인이 실제로 자신의 비용으로 원상회복을 완료한 날까지의 임대료 상당액이 아니라 임대인이 스스로 원상회복을 할 수 있었던 상당한 기간까지의 임대료 상대액이 된다. 따라서 계약 종료 후 원상회복의 의무를 불이행하는 경우 임대인은 실제로 임대인의 비용으로 원상회복을 한 날까지를 기준

으로 U에게 손해 배상을 청구할 수 있는 것은 아니다. 예를 들어, 2021년 3월에 임대차 계약이 종료되었는데도 임차인이 원상회복의 의무를 이행하지 않고 있는 상황에서 임대인은 2021년 5월까지 임대인의 비용으로 원상회복을 완료할 수 있었지만 실제 원상회복은 2021년 7월이 돼서야 완료했다면, 이로 인한 손해는 5월까지 발생한 임대료 상당액이 된다는 말이다.

임대차 관계에서 원상회복의 의무는 거의 모든 계약서에 들어가는 문구이지만 관련한 다툼은 끊이지 않는 편이다. 임대인이라면 원상회복의 의무가 인정되는 범위 등을 사전에 확인해 불필요한 분쟁에 대비할 필요가 있다.

초판 1쇄 인쇄 2021년 4월 2일
초판 1쇄 발행 2021년 4월 12일

지은이 | 정진형, 곽종규
펴낸이 | 한준희
펴낸곳 | (주)새로운 제안

마케팅 | 문성빈, 김남권, 조용훈
영업지원 | 손옥희, 김진아

등록 | 2005년 12월 22일 제2020-000041호
주소 | (14556) 경기도 부천시 조마루로 385번길 122 삼보테크노타워 2002호
전화 | 032-719-8041 팩스 | 032-719-8042
홈페이지 | www.jean.co.kr
email | webmaster@jean.co.kr

ISBN 978-89-5533-608-5 (13320)
ISBN 978-89-5533-609-2 (15320) 전자책